BASTEI
LÜBBE

Über dieses Buch:

Ende der siebziger Jahre fühlen sich viele Menschen zu dem Guru Bhagwan Shree Rajneesh hingezogen. So auch die Mutter von Maroesja Perizonius. Als Maroesja sechs Jahre alt ist, wird sie Sannyas – Anhängerin von Bhagwan – und erhält den Namen Ma Prem Chandra (Liebesmond). Sieben Jahre später, nachdem sie zweimal auf »der Ranch«, Bhagwans großer Kommune in den USA, gewesen ist, zieht Maroesjas Mutter in die Kommune von Amsterdam, während Maroesja für einige Monate in die Kinderkommune nach England geschickt wird, um danach zu ihrer Mutter nach Amsterdam zurückzukehren. Ihr gemeinsamer Aufenthalt in der Kommune ist allerdings von kurzer Dauer, als der Mutter klar wird, dass dieser Ort ihrer Tochter ganz gewiss kein sicheres Zuhause bieten kann.

In *Der Traum meiner Mutter* berichtet Perizonius offen und unbestechlich über die Bhagwan-Bewegung. Was als eine Utopie begann, mit weltweit Tausenden Anhängern, endete in einer Sekte, in der Macht und Gehorsam eine größere Rolle spielten als persönliche Freiheit.

Über die Autorin:

Maroesja Perizonius, geboren 1971, arbeitete als Researcherin und Redakteurin und nahm im Jahre 2002 am IDFA-Scenario-Workshop teil. 2004 debütierte sie als Regisseurin mit dem Dokumentarfilm *Communekind*, der auf ihren Erfahrungen in der Bhagwan-Bewegung basierte. Der Film wurde beim Niederländischen Filmfestival 2005 mit dem Preis für das beste Debüt ausgezeichnet.

Maroesja Perizonius

Der Traum meiner Mutter

Als Kind in einer
Bagwhan-Kommune

Aus dem Niederländischen von
Axel Plantiko

BASTEI
LÜBBE

BASTEI LÜBBE TASCHENBUCH
Band 61641

1. Auflage: Oktober 2008

Bastei Lübbe Taschenbücher in der Verlagsgruppe Lübbe

Deutsche Erstveröffentlichung
Titel der niederländischen Originalausgabe:
De droom van mijn moeder. Het verhaal van een communekind

Lektorat: Susanne Haffner
Textredaktion: Anja Lademacher, Bonn
Umschlaggestaltung: Studio Ron van Roon
Titelbild sowie alle Fotos im Innenteil:
Privatbesitz der Autorin, mit Zustimmung der Fotografen
Autorenportrait: © Bob Bronshoff
Satz: Textverarbeitung Garbe, Köln
Gesetzt aus der Times Roman
Druck und Verarbeitung: CPI – Ebner & Spiegel, Ulm
Printed in Germany
ISBN 978-3-404-61641-1

Mein Dank gilt meiner Mutter, Sanne Peek, Marianna Sterk, Rob Regter, Boudewijn Geels, Robert ’t Riet, Lolies van Grunsven und Jasper Henderson.

Das Entstehen dieses Buches wurde auch dank der Unterstützung durch den »Fonds Bijzondere Journalistieke Projecten« möglich.

You and me, us have one heart

INHALT

VORWORT

Ich war dreiundzwanzig, als ich meinen ursprünglichen Namen wieder benutzte. Es wurde Zeit, fand ich. Ich hatte einen neuen Freund und lernte seinen Freundeskreis gerade erst ein wenig kennen. Die jungen Leute, die in meinen Augen eine ganz normale Jugend verbracht hatten, wollten alles über meine besonderen Erfahrungen als Kind in der Bhagwan-Bewegung wissen. Natürlich würde ich davon erzählen, denn ich war es gewöhnt, meine Geschichte wieder und wieder zum Besten zu geben.

In einem kleinen Haus in den Ardennen führte eines dieser Gespräche zu einer heftigen Diskussion.

»Du warst also in einer Sekte«, sagte einer der Freunde.

»Nein, was auch immer es war, eine Sekte war es nicht. Mit so was hatten wir nichts zu tun. Dafür waren wir viel zu intelligent.«

Doch je später es an diesem Abend wurde, desto schwerer fiel es mir, die Abschottung von der Außenwelt, die Arroganz, die Waffen, die Rolls-Royce-Flotte, die Skandale und Gerüchte rund um Bhagwan zu erklären und zu verteidigen. Um drei Uhr morgens musste ich eingestehen: Die Bhagwan-Bewegung war eine Sekte, und gegen diesen Gedanken hatte ich mich während meiner ganzen Jugend gewehrt, wie es sich für einen guten Sannyas (Schüler) gehört.

Und weitere zehn Jahre kostete es mich, bis mir klar war, dass ich die ganze Zeit die Ansichten eines anderen verteidigt hatte und dass ich jetzt frei war, mir selbst ein Urteil zu bilden. Ich erkannte, dass die Bewegung mich einer Gehirnwäsche unterzogen hatte, dass es ungeschriebene Gesetze gegeben hatte, an die ich mich damals hielt, an die ich mich aber auch noch Jahre später gehalten habe.

Ich beschloss, einen Dokumentarfilm zu drehen, in dem ich mit diesen Gesetzen kurzen Prozess machen wollte. Ich konfrontierte meine Mutter mit der Frage, warum sie mich in eine Welt mitgenommen hatte, die für ein Kind so unsicher war. Und ich brach das Schweigen über Sex zwischen Erwachsenen und Minderjährigen in den Bhagwan-Kommunen.

Über *Communekind* wurde in den Medien intensiv berichtet, und viele Sannyasins reagierten darauf. Damals Kinder, inzwischen erwachsen, schrieben und erzählten sie mir von ihren Erfahrungen, die den meinen glichen. Doch etliche Sannyasins, vor allem die im Alter meiner Mutter, behaupteten weiterhin, im Herbst 1985 sei nichts »schiefgegangen«, die Bewegung habe sich lediglich »transformiert«. Und sie sagten: »Wenn es Sex mit Minderjährigen gegeben hätte, dann hätten wir davon gewusst.«

Andere Sannyasins empfahlen mir, zu meditieren und nicht alles von seiner negativen und traurigen Seite zu sehen. Immerhin liegt alles, was man tut und was einem widerfährt, in der persönlichen Verantwortung des Individuums. Anderen rieten sie sogar ab, sich meinen Film anzuschauen. Doch aus eigener Erfahrung und durch Gespräche mit Sannyasins aus dem In- und Ausland weiß ich, dass viele Kommunekinder in frühem Alter (eine davon als Vierjährige) Missbrauch oder sexuelle Kontakte erfahren haben und ihre Bhagwan-Zeit als Zeit der Unsicherheit erlebt haben.

Nachdem der Film auf Filmfestivals und im Fernsehen zu sehen gewesen war, wurde mir plötzlich klar, dass ich versucht hatte, den Schaden einigermaßen in Grenzen zu halten. Einige Dinge hatte ich viel harmloser dargestellt, als sie in Wirklichkeit gewesen waren. Als man mich schließlich bat, ein Buch über meine Jugend zu schreiben, wusste ich, dass dies meine Chance sein würde, doch noch die ganze Wahrheit zu erzählen.

In diesem Buch wollte ich darüber berichten, wie ich die Bhagwan-Bewegung erlebt habe. Sehr schnell erkannte ich, dass Vollständigkeit unvermeidlich zu einer negativen Darstellung führen würde. Aber wie sollte diese Geschichte auch anders zu erzählen sein? Da war es wieder, das Schreckgespenst meiner Jugend: Negativ sein und aus der Schule plaudern ist verboten! Ich befürchtete bösartige Reaktionen von Sannyasins. Dennoch habe ich weitergemacht, da ich es wichtig finde, dass deutlich wird, wie Gruppenzwang zu totalem Gehorsam und Unterwerfung führt, mit allen daraus resultierenden desaströsen Folgen.

Ich denke, dass viele Kommunekinder, genau wie ich, jahrelang mit dem zu kämpfen hatten, was sie erlebt haben, oder sich wie gewohnt an die positiven Dinge geklammert haben. Ich glaube, dass praktisch alle Sannyasins, jung oder alt, Schwierigkeiten mit der Erkenntnis haben oder hatten, Teil einer totalitären alternativen Gesellschaft gewesen zu sein, in der Menschen unterdrückt wurden und buchstäblich Mord und Totschlag geherrscht haben. Ich selbst war fassungslos, als ich lesen musste, dass auf der Ranch (Rajneeshpuram, die große Bhagwan-Kommune in Oregon, USA) dem Essen, das ich zubereitete und aß, vermutlich hochwirksame Beruhigungsmittel wie Haldol beigemischt wurden.

Ich habe mich bemüht, meine Erfahrungen so genau wie möglich darzustellen. Ich bin in die Haut des Mädchens geschlüpft, das im Alter von sechs Jahren zum ersten Mal mit seiner Mutter nach Indien reist, um Bhagwan zu begegnen. Ich habe mich zahlreicher Quellen bedient – Bücher, Zeitungsartikel, viele Ausgaben der *Rajneesh Times* und andere Publikationen –, deren Zuverlässigkeit manchmal zu wünschen übrig lässt. Viele »Fakten«, die zu jener Zeit in den Medien über Bhagwan und die Bewegung verbreitet wurden, stammen von den Sannyasins selbst. Von tatsächlich überprüfbaren Informationen konnte und kann häufig keine Rede sein. So ist beispielsweise nur äußerst schwer festzustellen, wie viele Anhänger Bhagwan weltweit wirklich hatte. Oft wird eine Zahl von einer halben Million genannt, doch in einigen Quellen wird von nicht mehr als dreißigtausend Sannyasins gesprochen.

Wer als ehemaliges Sannyas-Kind Bilanz ziehen möchte, wie ich es in meinem Film und jetzt mit diesem Buch versucht habe, kann im Ashram von Poona (dem in den siebziger Jahren und auch heute noch vielbesuchten Hauptquartier der Bewegung) mit wenig Unterstützung rechnen. Nachdem ich mir im Jahre 2003 ein passendes rotes Kleid besorgt, den obligatorischen Aidstest gemacht und mich für einen Besuch des Ashrams angemeldet hatte, wurde mir die Tür gewiesen. »Mit dir und deinem Projekt wollen wir nichts zu tun haben. Du beschäftigst dich mit der Vergangenheit, während wir im Heute leben«, wurde mir gesagt. Manch einer, der sich in die Nähe des Ashrams begeben und ebenfalls keinen Zugang zum spirituellen Zentrum erhalten hatte, riet mir, vorsichtig zu sein. Offenbar werden Menschen auf der Suche nach Informationen als Bedrohung eingestuft. So war denn auch ein Blick in die Archive unmöglich, und selbst wenn er gestattet worden wäre, hätte man immer noch vor der Frage gestanden, wie glaubwürdig diese Archive überhaupt sind.

Was meine eigenen Erfahrungen betrifft: Ich habe mich außer auf mein Gedächtnis auch auf mein Tagebuch und die Briefe, die ich während meiner Aufenthalte in den Kommunen in England und Amsterdam bekam, gestützt. Natürlich sind auch meine Erinnerungen gefärbt, doch ich habe mein Bestes getan, so wahrheitsgetreu wie möglich wiederzugeben, was ich gesehen, gedacht und gefühlt habe. Um Persönlichkeitsrechte zu schützen, habe ich in diesem Buch die Namen mancher Personen geändert.

Die Zeit in der Bewegung und mein Aufenthalt auf der Ranch sowie in der Kommune haben mich zu dem Menschen gemacht, der ich jetzt bin – und sicher nicht nur im negativen Sinne. Ich bin phantastischen, intelligenten, lieben und kreativen Menschen begegnet, habe viel von diesen Leuten gelernt und Freunde fürs Leben gefunden. Bhagwan ist mit Abstand die außergewöhnlichste Person, die ich je getroffen habe. Viele Ideen und Äußerungen Bhagwans erscheinen mir immer noch wertvoll: Es ist gut, von Zeit zu Zeit mit dem Denken und Analysieren aufzuhören, einen Moment zu verharren und zu reflektieren. Um sich bewusst zu werden, wer man ist.

Die achtziger Jahre waren eine Zeit großer Rastlosigkeit, und für viele, zu denen auch meine Mutter zählte, war diese Oberflächlichkeit äußerst unbefriedigend. Ich habe Verständnis für ihre Suche nach einer Lebensform, in der Freiheit, Liebe, Wahrhaftigkeit und Selbstverwirklichung im Vordergrund standen. Sie glaubte, dies in der Bhagwan-Bewegung zu finden. Doch ich selbst hätte mich nie dafür entschieden, mit meinem Kind in einer Kommune zu leben, die der verlängerte Arm einer größeren Kommune mit einem Mann an der Spitze ist, der in seiner Stadt Waffen erlaubt. Dass meine Mutter dies dennoch tat, schreibe ich ihrem Hang zum Experiment zu, ihrer Utopie, ihrem Traum.

Die Suche nach der ultimativen, alternativen Gesellschaft stand ihr und den anderen Sannyasins natürlich frei. Das Bittere daran ist nur, dass gerade jene Freiheit, die sie sich groß auf die Fahnen geschrieben hatten, zu Unfreiheit und einem Tabu für Tabus geführt hat. Alle Betroffenen haben in ihrem persönlichen Leben die Folgen hiervon zu spüren bekommen. Doch vor allem den Kindern, die derart früh als Erwachsene behandelt wurden und so viel zu ertragen hatten, hätte ich mehr Sicherheit, Ruhe und Ausgewogenheit gewünscht.

Maroesja Perizonius

KAPITEL 1

Du sollst Ma Prem Chandra heißen!

1978 Poona, Indien

Wie warm der Wind hier ist«, sage ich, als wir am Flughafen von Bombay aus dem Flugzeug steigen. Es ist brütend heiß und riecht ganz anders als zu Hause. Der Flugplatz ist übersät mit Menschen, die auf der Erde schlafen, und überall sind rote Flecken auf dem Boden.

Ich bin sechs Jahre alt, und wir reisen nach Indien, weil meine Mutter einen besonderen Mann treffen will. Er heißt Bhagwan und trägt ein weißes Kleid. Da sind ganz viele Leute, die bei ihm wohnen und mit ihm reden wollen. Meine Mutter hat von Bhagwan geträumt, was ich komisch finde, weil sie ihn eigentlich gar nicht kennt. Sie hat eine gute Freundin, die heißt Neeta und ist schon seit längerer Zeit bei Bhagwan zu Besuch, und meine Mutter hat sie in einem Telegramm gefragt, ob sie uns in Bombay abholen kann, weil sie einen verstauchten Fuß hat und sich auch noch um mich kümmern muss.

Der Doktor hat uns vorher Spritzen gegeben. Auf eine Stelle hat er ein Pflaster gemacht, das drei Wochen draufbleiben muss und nicht nass werden darf. Da hat er mich gegen Pocken geimpft, sagt meine Mutter. Und dass das Pflaster nicht nass werden darf, findet sie lästig, weil in Indien Regenzeit ist. Ich kann mir nicht vorstellen, dass man in ein Land will, in dem es andauernd regnet. Aber meine Mutter findet es spannend, das kann man ihr ansehen.

Neeta winkt und lacht, und dann nimmt sie uns mit zum nächsten Flugzeug, das uns nach Poona bringt, in die Stadt, in der Bhagwan lebt. Sie ist fröhlich, redet in einem fort und sieht anders aus als früher, mit roten Kleidern und einer Perlenkette um den Hals.

Als wir in Poona ankommen, wo es übrigens nicht regnet, müssen wir noch mit einer Rikscha zu unserem Hotel: dem Grand Hotel. Meine Mutter und Neeta lachen sich halb krumm, als sie den Namen hören, das Hotel ist nämlich winzig. Wir bekommen ein Zimmer mit drei Betten, ein paar Stühlen und einem Tisch. An der Decke hängt ein Ventilator, der kühle Luft machen soll, es aber nur selten tut, weil die Elektrizität oft ausfällt.

»Pass gut auf die Wanzen auf«, sagt Neeta. Sie erklärt, dass das kleine Tierchen sind, die in den Betten hausen. »Sie sind etwas kleiner als Flöhe und setzen sich nachts auf deine Haut.«

Ich muss mich andauernd vor etwas in Acht nehmen. Ich darf nicht mit den Händen an die Augen kommen und die Finger nicht in den Mund stecken. Wir dürfen kein Wasser aus der Leitung trinken, und den ganzen Tag über müssen wir unsere Hände waschen. Das mit dem Händewaschen ist lästig, weil es nicht so viel Wasser gibt: Morgens zwischen sieben und acht Uhr, abends zwischen fünf und sechs. Dann machen wir die Tonne im Badezimmer bis zum Rand voll.

An der Wand im Hotelzimmer klebt ein scheußliches Tier, aber Neeta sagt, es wäre ein gutes Wesen, weil es Mücken frisst. Es ist ein Gecko, und er ist unser Freund. Wir füttern ihn mit kleinen Brocken *Chappati*, einem indischen Brötchen.

»Wann gehen wir zum Ashram?«, fragt meine Mutter Neeta.

»Ihr müsst euch erst noch ein bisschen eingewöhnen, es dauert ungefähr eine Woche, bevor ihr wirklich in Indien angekommen seid«, antwortet Neeta. »Ihr müsst die westliche Getriebenheit ablegen.«

Meine Mutter und Neeta wissen beide, was der Unterschied zwischen Indien und unserem Zuhause ist. Es hat etwas mit Stillsitzen zu tun, mit geschlossenen Augen und ganz ernsthaft sein, was man auch bei Bhagwan macht, aber nicht in den Niederlanden.

Am ersten Tag besichtigen wir Poona in einer Rikscha. Die ständig hupenden Fahrer sind sehr nett, machen aber oft Witze über die Preise, und das ist gemein, weil die Zähler in allen Rikschas kaputt sind, und darum weiß man nie, ob sie lügen. Die Inder wollen für alles Geld haben, sagt meine Mutter. Es ist auch schwer, mit ihnen zu reden, denn sie schütteln nicht den Kopf, um »Nein« zu sagen, und sie nicken auch kein »Ja«. Sie schütteln ihren Kopf hin und her, als wenn irgendetwas mit ihrem Hals nicht stimmt. Und dann weiß man nicht, was sie eigentlich meinen.

Meine Mutter erklärt mir, dass die Menschen in Indien arm sind und oft Krankheiten haben. Auf der Straße sehe ich viele Kinder ohne Arme und Beine, die sich auf Skateboards fortbewegen. Es gibt auch viele Bettler, die uns anstarren und ihre Hand aufhalten.

»Woher kommen die roten Flecken?«, frage ich Neeta, als wir über die M.G. Road schlendern, die nach Mahatma Gandhi benannt wurde.

»Von Blättern, auf denen die Inder ganz lange herumkauen. Das macht sie fröhlich. Und wenn sie damit fertig sind, spucken sie den Rest auf die Straße.« Neeta erzählt auch von den Sikhs. Wenn man auf der Straße etwas wissen will, muss man so einen Sikh mit einem Turban fragen, denn der weiß immer alles.

Draußen wimmelt es von Menschen. Auf dem Bürgersteig kann man fast nicht laufen, überall verkaufen die Leute auf ausgebreiteten Decken ihre Waren: Essen, Plastikkram, Töpfe und Pfannen. Sie schreien, rufen und rupfen einen an den Kleidern.

»Miss, Miss! Extra good price!« Da sind Radfahrer, Autos, Rikschas und Lastwagen, aber auch Kühe, die sich mitten auf die Straße stellen und nicht mehr weiterlaufen wollen.

Plötzlich fängt es ganz fürchterlich an zu regnen. Meine Mutter schützt mit ihrer Hand mein Pockenpflaster, während wir in einen Laden flüchten. Es ist das Geschäft von einem Fotografen, wo wir auch gleich Passfotos machen lassen, weil wir die für den Ashram brauchen.

»Regnet das jetzt immer weiter?«, frage ich. Meine Mutter sagt mir, dass es in der Regenzeit nur ab und zu ganz heftig regnet. Das ist nicht schlimm, denn der Regen ist nicht kalt, eigentlich ist es genau wie eine Dusche.

Wir kaufen indische Tücher und kleine Bilder von Göttern, und dann lassen wir uns indische Kleider machen. Ich bekomme ein schönes langes Tuch geschenkt, das ich drei Mal um die Hüfte wickeln muss, außerdem eine Bluse, die meinen Bauch frei lässt. Auf dem Markt kaufen wir Papayas und Granatäpfel, beim Joghurthändler holen wir indischen Joghurt, den wir in einem Plastikbeutel mit einem Bindfaden drum mitbekommen.

Im Hotel bestellen wir dann drei Gläser mit warmer Milch, aber kurze Zeit später kommt der Hoteldiener und sagt, dass er leider nur zwei Gläser hat. Auch die Zubereitung des Essens macht Probleme. Meine Mutter braucht einen Büchsenöffner, der in einem Schrank der Hotelküche liegt. Aber wir kommen nicht dran. Der Schlüssel für den Schrank steckt in der Hose des Hotelbesitzers, und der liegt gerade in der Badewanne.

Ich mache Zeichnungen und lerne von Neeta Indisch. Wenn man will, dass jemand verschwinden soll, dann ruft man ganz laut: *»Chello! Chello!«* Und man sagt *»Acha!«*, wenn man deutlich machen will, dass man verstanden hat, was ein anderer einem gesagt hat.

Um die Zeit totzuschlagen, bis wir wirklich in Indien angekommen sind, singen wir Lieder. Weil Neeta genau wie wir etwas indonesisches Blut in sich hat, singen wir »Was leuchtet dort auf den Bergen? *Tukang kajunjang bakar kaju«*, was »Das Licht des Holzfällers« bedeutet. Und wir singen das Lied vom Pflanzer in Malaysia. Wir üben, Sachen auf unseren Kopf zu stellen und dann aufrecht durchs Zimmer zu laufen, genau wie die indischen Frauen. Und wir malen uns rote Punkte auf die Stirn.

Als es fast so weit ist, zum Ashram zu gehen, erklärt Neeta meiner Mutter, dass es allerlei Regeln gibt, an die man sich halten muss, wenn man Bhagwan besuchen will. Zuerst muss man sich bei einem Büro melden und den Grund für den Besuch bei Bhagwan nennen. Wenn sie mit der Begründung einverstanden sind, darf man einmal an einer Lesung teilnehmen. Die Lesungen werden jeden Morgen auf Englisch oder Indisch abgehalten, und das wechselt alle paar Wochen. Anschließend kann man Sannyas werden. Aber meine Mutter will gar kein Sannyas werden, und ich auch nicht. Sie will nur Bhagwan treffen, außerdem einer Bekannten von Opa, die für Bhagwan arbeitet, ein Päckchen überreichen und sich mal kurz im Ashram umschauen.

Wir fahren mit dem Rad, denn immer mit der Rikscha zu fahren ist zu teuer. Es ist ein langer Weg, und wir fahren über eine große Brücke, unter der lauter Menschen wohnen. Langsam wird es etwas ruhiger, und dann sind wir in einem Viertel mit Bäumen und großen Häusern. Als wir durch eine Straße mit großen Villen auf beiden Seiten und vielen westlichen Menschen in roten Kleidern radeln, ruft meine Mutter plötzlich: »Davon habe ich geträumt! Das ist der Ashram!«

»Stimmt«, sagt Neeta. »Aber das hier ist nur der Hintereingang.«

Ich versuche zu verstehen, warum Bhagwan so ein besonderer Mann ist.

»Es ist, als ob er alles weiß«, sagt meine Mutter. »Er kann fast durch dich hindurchschauen.«

Neeta und meine Mutter reden ständig davon, dass Bhagwan »erleuchtet« ist. Ich denke dabei an Lampen, aber darüber müssen sie lachen, und dann erklären sie, dass das bedeutet, dass Bhagwan Dinge weiß, die andere noch nicht wissen. »Dass es bei ihm schon hell ist, wo bei uns noch Dunkelheit herrscht.«

Als meine Mutter im Büro erzählt, dass sie ein Päckchen für Aditi hat, stellt sich heraus, dass die eine sehr wichtige Frau ist. Für ein Treffen mit ihr muss meine Mutter sich in einer langen Reihe anstellen. Als sie Aditi endlich gegenübersteht, merke ich, dass sie sich schon lange kennen. Sie haben an derselben Universität studiert. Anschließend reden sie über den Ashram und wie das da alles läuft.

»Möchtest du Bhagwan begegnen? Möchtest du Sannyas werden?«, fragt Aditi meine Mutter. »Du hättest doch sicher gerne einen Termin bei ihm.«

»Ob ich Sannyas werde, überlasse ich ihm, aber ich würde ihn schon gerne treffen.«

Aditi beginnt herzhaft zu lachen und umarmt meine Mutter. »Wir wissen doch alle, was dann geschieht.«

Danach führt uns Neeta durch den Ashram. Der Eingang, ein großes Tor mit zwei Holztüren, ist sagenhaft. Der Ashram selbst ist wie eine Art Ferienpark. Statt der Löcher im Boden gibt es richtige Toiletten, man hat frisches Trinkwasser und kann bedenkenlos gesund essen. Es gibt eine Post, ein Restaurant mit Selbstbedienung, kleine Läden, und überall sind Marmorbänke, auf die man sich setzen kann, um sich die schönen Pflanzen und Bäume oder die Wasserfälle anzugucken, die die Sannyasins gebaut haben. Hier sind nur wenige Inder, und keiner sieht arm aus.

Nach ein paar Lesungen darf meine Mutter schon zu einem *Sannyas Darshan*, einem Abend, an dem Bhagwan den Leuten, die Sannyasins werden wollen, einen indischen Namen und eine Kette mit seinem Bild daran, die *Mala*, gibt. Meine Mutter will keine Schülerin werden, aber im Hotel, wo Neeta und ich gewartet haben, erzählt sie viel über Bhagwan.

»Wenn er fast durch einen hindurchschauen kann, kann er dann auch sehen, was man denkt?«, frage ich.

»Vielleicht kann man das so nennen«, antwortet meine Mutter.

Komisch, dass einer sehen kann, was man denkt. Kein Wunder, dass das ein besonderer Mann ist.

Meine Mutter ist schlecht gelaunt, weil Aditi ihr gesagt hat, dass sie jetzt eigentlich rote Kleider tragen müsste, denn das wäre die Farbe der Morgenröte, und Bhagwan will, dass jeder Besucher des Ashrams in roten Kleidern herumläuft. Sie hätte zwar von Bhagwan geträumt, aber sie hätte nicht vor, bei einem Guru in die Lehre zu gehen, sagt meine Mutter zu Neeta. Ich weiß nicht, was ein Guru ist, aber Neeta schaut meine Mutter an, als würde sie sie sehr gut verstehen, und dann gibt sie ihr ein Buch von Bhagwan darüber, wie man Sannyas wird, *Ich bin die Pforte*. Während Neeta und ich häkeln, liest meine Mutter in dem Buch und sagt vor dem Schlafengehen: »Bhagwan meint, wenn man über sich selbst in roten Kleidern träumen kann, braucht man sie nicht mehr zu tragen. Das werde ich jetzt mal ausprobieren.«

Neeta und ich probieren es auch. Aber ich träume von großen Kühen und von Joghurt in einem Plastikbeutel.

Eine Woche später, als meine Mutter wieder zu einem Sannyas Darshan geht, darf sie mit Bhagwan reden. Sie würde schon merken, wenn er sie zur Sannyas macht, sagt sie. Ich darf eigentlich auch mitkommen, aber einen Tag vorher kriege ich eine Augenentzündung. Anscheinend habe ich doch mit den Fingern in den Augen gepult. Neeta besorgt Rosenwasser in der Drogerie und träufelt es mir in die Augen.

Wenn man irgendetwas hat, wie zum Beispiel ich mit meiner Augenentzündung, dann darf man Bhagwan nicht zu nahe kommen. Er ist allergisch gegen Staub und unangenehme Gerüche, und er ist sehr empfindlich. Und weil er so ein wichtiger Mann ist, muss man warten, bis es einem wieder gut geht. Wenn man in Bhagwans Nähe kommen will, wie bei einer Lesung, muss man erst durch ein Tor gehen, wo zwei Leute stehen, die einen wie ein Hund beschnüffeln. Die achten darauf, dass man nicht nach Shampoo, Seife oder Parfüm riecht, weil Bhagwan das nicht leiden kann. Meine Mutter hat Glück und wird durchgelassen. Jetzt hat sie sich doch ein rotes Kleid gekauft, obwohl sie es geschafft hat, von sich in roten Kleidern zu träumen. Es ist nämlich Pflicht, auch wenn es in dem Buch anders steht.

Als meine Mutter von dem Sannyas Darshan zurückkommt, erzählt sie, dass Bhagwan sie zur Sannyas gemacht hat. Sie sieht jetzt genauso aus wie all die anderen Leute im Ashram, mit einer langen Perlenkette um den Hals. Er hat ihr auch einen neuen Namen gegeben: Ma Anand Rupi. Ihr Name steht in goldenen Buchstaben auf einem Papier. Man muss ihn aussprechen wie Rupie. Die Wörter bedeuten »Die Form der Glückseligkeit«, und meine Mutter erklärt, dass Bhagwan ihr aufgetragen hat, in Zukunft vor allem auf Liebe und Schönheit zu achten, denn die ruhen in allen Dingen auf dieser Erde.

Alle sind sich jetzt ganz ähnlich, nur ich nicht. Jeder hat eine Kette und einen Namen. Ich will auch dazugehören. Welchen Namen würde Bhagwan sich wohl für mich ausdenken?

»Ich will es auch«, sage ich am nächsten Tag zu meiner Mutter. »Ich will auch so eine Kette und einen hübschen Namen!«

»Du brauchst es nicht zu tun, nur weil ich es tue«, sagt meine Mutter.

»Aber ich will es doch selbst!«, rufe ich.

Meine Mutter bleibt dabei, dass ich sie nicht nachäffen soll. Aber als ich ein paar Tage später immer noch Sannyas werden will, machen wir bei Aditi einen Termin für einen Sannyas Darshan. Ich muss Aditi selbst sagen, dass ich Sannyas werden will.

Vor dem Treffen mit Bhagwan kaufen wir ein rotes Kleidchen für mich. Ich bin nervös und fühle mich genauso wie am 5. Dezember, als ich mich beim Nikolaus auf den Schoß setzen musste, um zu hören, ob ich böse oder lieb gewesen bin. Genau wie bei Nikolaus mit seinem Knecht Ruprecht stehen da ein paar Typen um ihn herum, die alles genau beobachten. Vom Nikolaus weiß ich, dass es ihn gar nicht gibt. Aber dieser Bhagwan ist echt, genauso wie sein langer Bart.

Ich sitze neben meiner Mutter. Sie hat mir erklärt, dass ich genau das tun muss, was Bhagwan verlangt, zum Beispiel die Augen auf- oder zumachen. Wenn er etwas sagt, will sie es mir übersetzen, weil ich nur ganz wenig Englisch verstehe.

Als mein Name aufgerufen wird, schiebe ich mich nach vorne und knie mich hin wie die anderen Anwesenden. Im Saal ist es still geworden. Aus der Nähe ist Bhagwan ein imposanter Mann. Sein Gewand ist schneeweiß mit einer scharfen Falte an den Ärmeln. Sein Bart ist gekämmt und fällt ihm auf die Brust. Er riecht nach nichts. Bhagwan guckt mich an und lacht, aber ich habe doch ein bisschen Angst. Er wendet sich nach links, und jemand gibt ihm eine winzige Perlenkette. Ich muss mich nach vorne beugen, und Bhagwan hängt mir die Kette um den Hals. Mein Haar liegt noch unter der Kette, es kitzelt. Dann sagt er: *»Close your eyes«*, was mir meine Mutter übersetzt. Ich mache die Augen zu, und Bhagwan legt seinen Daumen auf meine Stirn. Es dauert eine Weile. Jetzt erst verstehe ich, dass er ein besonderer Mann ist, denn seine Hand wird ganz schrecklich warm. So warm sind Hände nie.

Eine Frau neben ihm reicht ihm ein Papier, auf das er einen Namen schreibt, den er dann laut vorliest: *»Your name is Ma Prem Chandra«*. Das bedeutet »Mond aus Liebe«, wie mir meine Mutter sagt. »Menschen mit dem Mond in ihrem Namen müssen bei Vollmond tanzen, das tut ihnen gut. Willst du noch etwas sagen oder fragen?«

Ich weiß nicht, was ich sagen soll. Da sind so viele Leute um uns herum. Vielleicht ist es leichter, wenn Bhagwan mal bei uns vorbeikommt. Weil ich nicht lange nachdenken kann, sage ich einfach: »Kraaierstraat 38, Leiden, falls du mal Tee trinken willst, wenn du in den Niederlanden bist.« Meine Mutter prustet vor Lachen und versucht gleichzeitig zu übersetzen. Dann wiehert alles im Saal. »Ja«, erklärt mir meine Mutter später, »das wünscht sich natürlich jeder, dass Bhagwan mal auf einen Tee vorbeikommt.«

Nach der Zeremonie, die sehr lange dauert, weil auch viele andere Leute Sannyasins werden wollen und Bhagwan ausführlich mit ihnen redet, schaue ich mir meine Kinderkette etwas genauer an. Sie besteht aus 108 kleinen Perlen aus ganz dunklem Rosenholz. Unten an der Kette hängt ein winziges Foto von Bhagwan. Eigentlich sind es zwei Fotos, denn auf der anderen Seite ist noch mal das gleiche Foto. Die Kette glänzt, weil sie mit Öl eingeschmiert ist. Wenn man sie immer schön haben will, muss man das regelmäßig machen.

»Wie heiße ich auch wieder?«, frage ich am nächsten Morgen meine Mutter. Ich vergesse andauernd, dass ich jetzt dazugehöre und einen neuen Namen habe. Wir üben, indem wir uns rufen. »Chandra? Chaaaaaandra!« Das klingt ganz anders als Roesja. »Ruupiiiie!«, schreie ich zurück. Ma Prem benutzt man nur bei offiziellen Anlässen. *Ma* sagt man zu einer Frau, die man nicht kennt, und *Swami* zu einem fremden Mann, wenn man ihn anspricht. »Ma Prem« gebraucht man aber auch, um die verschiedenen Chandras zu unterscheiden. Einige heißen Ma Anand Chandra oder Ma Deva Chandra. Neeta erzählt, dass Chandra auch einer von Bhagwans Vornamen ist. Das ist eine besondere Ehre, findet sie. Eigentlich ist es in Indien nämlich ein Name für Jungen. Ich habe noch Glück gehabt, sagt sie, denn manche Leute haben einen furchtbar komplizierten Namen, den sich niederländische Freunde nur ganz schwer merken können.

Die Niederlande, denke ich, sind jetzt weit, weit weg. Was halten Papa und Oma wohl davon, dass ich jetzt anders heiße? Zum Glück kennt mich in meiner neuen Schule in Leiderdorp noch niemand. Nach den Ferien komme ich in die erste Klasse, wo ich als Maroesja angemeldet worden bin.

Meine Mutter hat im Ashram einen Freund kennengelernt. Sie stand in dem kleinen Postamt, wo sich ganz viele Leute herumschubsten, um auf der Liste nachzuschauen, ob sie irgendwelche Post bekommen haben. Sie konnte nichts sehen, bis sie plötzlich von einem Mann hochgehoben wurde. Er heißt Bodhi und ist sehr nett. Er arbeitet im Ashram, und wir begegnen ihm oft. Manchmal treffen wir ihn auch außerhalb des Ashrams, dann trinken wir mit seinen Freunden Tee und sitzen in deren Hotelzimmern auf Matratzen. Bei den Gesprächen geht es meistens um Bhagwan, den Ashram oder Indien und Reisen.

Seit wir Sannyasins geworden sind, gehen wir nicht mehr jeden Tag in den Ashram. Meine Mutter möchte nämlich auch etwas von Indien sehen, und deshalb machen wir viele Tagesreisen – wir gucken uns Büffel an, die im Fluss schwimmen, wir besuchen Klöster, hängen uns an Taue, die aus den Bäumen kommen, beobachten rote und grüne Papageien, trinken überall *Chai*, den indischen Tee mit Milch, und bewundern tanzende Kobras.

In der M. G. Road kaufen wir Kleider und Schmucksachen, die wir mit in die Niederlande nehmen können. Wir bekommen auch noch ein ganz besonderes Geschenk, weil Bhagwan allen Leuten, die im Juli und August Sannyasins geworden sind, ein Kästchen aus Rosenholz überreichen will.

»Was ist da drin?«, fragt meine Mutter eine Ma.

»Da drin befindet sich ein Haar oder ein Fingernagel von Bhagwan selbst. Aber du darfst das Kästchen niemals öffnen. Er hat das herstellen lassen, damit jeder einen kleinen Teil seiner Energie mit nach Hause nehmen kann. Wenn du es öffnest, verschwindet die Kraft.«

Manche Kästchen haben viele Ecken, andere sind rund. Ich glaube, man kann sie nicht so leicht öffnen. Ich nehme ein rundes, das sich ganz glatt anfühlt.

»Du musst sehr vorsichtig damit umgehen, hörst du?«, sagt meine Mutter.

Ich finde es nett von Bhagwan, dass er mir ein Kästchen geschenkt hat, und ich nehme mir vor, es gut aufzuheben und nicht zu öffnen. Ich finde überhaupt viele Menschen nett, denen wir im Ashram begegnen. Sie sind vielleicht ein bisschen komisch, weil sie sich andauernd umarmen. Vielleicht haben sie sich lange nicht mehr gesehen, aber so wirkt es eigentlich nicht. Sie fallen einander um den Hals und umarmen sich sehr lange. Oft lachen oder weinen sie dabei. Männer umklammern Männer oder Frauen, das ist ganz egal.

Es ist auch normal, dass man den anderen anfasst, wenn man mit ihm redet. Eine Hand festhalten oder den Arm auf das Knie legen. Und dass man oft die Augen zumacht und überhaupt nichts sagt.

Rupi erzählt, Bhagwan hätte es gern, wenn seine Anhänger auch an Gruppensitzungen teilnehmen. Das ist eine Art Unterricht von ein paar Tagen oder Wochen, bei dem man sich auf eine einzige Sache konzentriert. Zum Beispiel darauf, wie deine Familie früher war oder warum man mit seiner Arbeit nie glücklich geworden ist. Manche Gruppen sind ganz streng. Die Sannyasins dürfen dann tagelang nicht sprechen oder müssen untereinander ein bisschen kämpfen, damit sie ihren Ärger loswerden. »Sich von alten Mustern lösen, nennt man das«, sagt Rupi. Ich verstehe nicht viel davon.

Der Name, den Bhagwan einem gibt, kann dabei helfen, denn mit dem neuen Namen kann man ganz von vorne anfangen. Ich frage mich, ob alle Menschen zuerst ganz unglücklich gewesen sind und jetzt durch Bhagwan endlich zufrieden sein können. Es scheint fast so.

Das Ende der Ferien rückt schnell näher. Neeta bleibt, aber wir müssen wieder zurück. Meine Mutter geht in den letzten Tagen besonders oft zu Bhagwans Lesungen. Ich bleibe dann mit Neeta im Hotel, und dann häkeln und stricken wir. Wir kennen die Menschen dort schon gut. Am letzten Tag machen wir ein Foto vom Personal.

Die Rückreise aus Indien ist anstrengend. Unsere Taschen sind schwerer als auf der Hinreise, weil wir viele Sachen gekauft haben. In Heathrow, als wir schon einen großen Teil der Reise hinter uns haben und nur noch von London nach Amsterdam fliegen müssen, werden wir von einem Zöllner angehalten. Er will in unsere Taschen gucken und ist sehr unfreundlich.

»Sie haben bestimmt Haschisch bei sich, wenn Sie aus Indien kommen, was?«, schnauzt er meine Mutter an.

Meine Mutter hat kein Haschisch bei sich, aber der Mann findet in ihrer Tasche eine silberne Pillendose mit einem halb gelutschten Fisherman's Friend. Er nimmt das Bonbon heraus.

»Schau an, da haben wir ja schon was. Das geht ins Labor.« Er ruft einen anderen Mann herbei, der das Döschen mitnimmt.

Meine Mutter ruft noch: »Das ist ein Bonbon!«, aber der Mann glaubt, jetzt hätte er uns geschnappt. »Verabschieden Sie sich schon mal von Ihrer Tochter. Sie wandern ins Gefängnis.«

»Er behauptet, ich müsste ins Gefängnis, aber das stimmt nicht, hörst du?«, sagt sie zu mir.

Die Zöllner bringen meine Mutter in einen kleinen Raum, in dem eine Zollbeamtin sie untersucht. Als sie zurückkommt, ist sie ganz bleich im Gesicht. Der Zöllner wühlt noch in anderen Taschen herum, macht die kleinen Drucke von Hindugöttern kaputt und reißt Bücher auseinander.

»Sicher beim Bhagwan-Meister gewesen, was?«, sagt er. »Davon gibt es einige. Ihr fallt auf.«

Der andere Mann kommt mit der Nachricht zurück, dass es tatsächlich ein Lutschbonbon gewesen ist. Aber das Döschen, in dem sich das Bonbon befunden hat, enthält Spuren von Haschisch.

»Das kommt daher, dass ich es auf einem indischen Flohmarkt gekauft habe«, sagt meine Mutter. »Wahrscheinlich ist es gebraucht. Wenn das hier noch länger dauert, verpassen wir unser Flugzeug nach Hause.«

Der Mann blickt auf seine Uhr und dann auf uns. Ich versuche, ganz schrecklich müde auszusehen, was auch gar nicht schwierig ist. Glücklicherweise beschließt er, dass wir weiterreisen dürfen.

KAPITEL 2

Ist das dein Opa?

1978 – 1983 Leiden

In den Niederlanden ist es kalt, und ich komme mir in den roten Kleidern, die wir gekauft haben, komisch vor. Rupi trägt sie noch eine Zeit lang, aber ich tausche sie so schnell wie möglich gegen meine normale Kleidung. Es ist verrückt, dass man hier das Wasser einfach aus der Leitung trinken kann und alles so sauber ist.

Meine Oma reagiert schockiert auf unsere neuen Namen und die Kleider. Es ist überhaupt nicht das, was sie sich unter ordentlich und wie es sich gehört vorstellt. Ich merke sehr schnell, wie sich die Leute darüber wundern, dass wir Sannyasins geworden sind. Mein Vater wusste es zwar schon aus den Briefen, die wir ihm und seiner zweiten Frau geschickt haben, aber er runzelt trotzdem die Stirn. Heimlich hat er sich Bücher von Bhagwan gekauft, weil er doch neugierig ist, was wir da machten, erzählt meine Mutter. Doch es bleibt beim Bücherkauf, denn er denkt gar nicht daran, selbst Sannyas zu werden.

Für meinen ersten Schultag suche ich ganz sorgfältig meine Kleider aus und hänge auch meine Mala um. »Willst du das wirklich tun?«, fragt meine Mutter. Mit ihrer Frage verwirrt sie mich. Sie selbst trägt sie doch auch. Sind wir denn keine ernsthaften Sannyasins? Ich beschließe also, sie anzubehalten.

Es dauert nicht lange, bis ich es wieder sein lasse. Gleich am ersten Tag schreit ein Junge aus meiner Klasse: »He, ist das etwa dein Opa? Oder ist das dein Hund?«

Weil mir keine Antwort auf die Hänseleien einfällt, nehme ich die Kette ab, um sie für den Rest des Jahres nicht mehr anzuziehen.

So kommt es, dass ich zuhause Chandra heiße, manchmal rote Kleider anhabe und meine Mala trage. Bei meiner Oma und meinem Vater heiße ich Roesja und trage, was mir gefällt. Und in der Schule werde ich Maroesja genannt.

Zuhause macht meine Mutter immer mehr Sannyas-Dinge. In der Küche vollzieht sie ihre *Kundalini*-Meditation. Dabei muss man eine Stunde lang zu indischer Musik den Körper schütteln. Manchmal macht sie auch den *Nadabrahama*. Das ist lustiger, weil man da einfach stillsitzen kann und mit den Händen kreist, während man dazu summt.

Wie die anderen Sannyasins hat Rupi im Haus Fotos von Bhagwan aufgehängt und hört sich Tonbänder mit Lesungen an. Wenn ich vom Spielen nach Hause komme, höre ich oft schon draußen seine Stimme. Aber Sannyas sein bedeutet vor allem, häufig über Bhagwan zu reden, oder über sich selbst, am besten mit anderen Sannyasins, und dass man viel meditiert, damit man erleuchtet wird. Wir machen auch viele indische Sachen, wie auf einem Teppich auf der Erde essen und viele Kerzen anzünden und Weihrauch dazu.

Eines Tages öffnen wir heimlich die Bhagwan-Kästchen. Wir schnuppern an der indischen Luft, die darin ist. Bei mir ist wirklich ein Haar drin. Rupi hat auch ein Haar, an dem sogar noch die Wurzel dran ist.

Die ›normalen‹ Freundinnen meiner Mutter stellen viele Fragen über Bhagwan. Eigentlich halten sie Rupi nicht für den Typ

Mensch, der sich von einem »Meister« Dinge vorschreiben lässt, weil sie immer so eigensinnig ist. Aber sie kann ihnen gut klarmachen, wie es damit steht: Sie ist eine Anhängerin von Bhagwan, sie findet ihn einfach schön und interessant. Dass sie immer öfter rote Kleider trägt, fällt ihr selbst eigentlich gar nicht auf. Wenn wir in der Stadt Kleider einkaufen gehen, sagt sie häufig, dass etwas schön ist, nur weil es rot ist. Ich habe jetzt eine rote Jacke, rote Stiefel, einen roten Rock und eine rote Netzstrumpfhose.

Ich darf meine Mutter nicht mehr mit ihrem Vornamen anreden. Ich darf sie auch nicht Mama nennen, denn das ist für sie Unsinn. Dann sagt sie: »Ja, Tochter?« Ich muss jetzt also immer Rupi sagen, auch wenn ich alleine mit ihr bin. Auf dem Schulhof, wo sie mich abholen kommt, finde ich das blöde. Die anderen Kinder haben eine Mutter, die normal aussieht und bestimmt nicht zitternd, sich schüttelnd und schwitzend in der Küche meditiert, und die heißen auch alle Mama. Meistens rufe ich meine Mutter nicht, sondern schreie »Hallo!« oder »He!«.

Papa, der einfach Papa heißt, will viele Sachen von mir wissen, wenn ich bei ihm übernachte. Wie ich Bhagwan finde und wie meine Mutter darüber denkt. Er selbst hält Bhagwan für einen komischen Vogel. Papa weigert sich, mich Chandra zu nennen. »Habe ich dir nicht selbst den Namen Roesja gegeben?«

Wenn das Telefon klingelt, wird es ganz schwierig, weil ich nicht weiß, welchen Namen ich benutzen soll. Was passiert, wenn es ein Sannyas-Freund von Rupi ist, der gar nicht weiß, dass ich eigentlich Maroesja heiße? Oder wenn ich mich mit Chandra melde und es ist mein Vater?

In Leiden kennen wir nur ein paar Sannyasins, die uns manchmal besuchen. Dann trinken sie Chai und schwatzen lange mit meiner Mutter. Manchmal hören sie sich gemeinsam ein Tonband mit einer Lesung oder Musik an und lesen aus einem Buch von Bhagwan vor. Ein Sannyas erzählte, dass es in Leiden eine

Wohngemeinschaft von Leuten gibt, die zusammen ein Sannyas-Zentrum errichten wollen. So können leicht andere Leute dazukommen, die dann vielleicht auch Sannyasins werden wollen. Und da können dann auch Meditationen und Feste abgehalten werden. Sie wollen einen Ort, der dem Ashram ähnlich ist.

In der Schule läuft es gut, aber alle wissen, dass ich anders bin. Der Lehrer fragt, ob wir zuhause Weihnachten feiern. Ich fühle mich seltsam, weil die Leute mir Fragen stellen.

Übrigens feiern wir ganz normal Weihnachten. Nur nicht mit Weihnachtskugeln, sondern mit Kugeln aus Alufolie, manchmal auch ohne Weihnachtsbaum. Rupi findet Weihnachten furchtbar kommerziell. Am ersten Weihnachtstag gehen wir immer zu meiner Oma, wo wir mit der Familie essen. Oma möchte gern, dass wir hübsch aussehen, deshalb ziehen wir dann ein rotes Kleid oder einen roten Rock an. Oma besteht immer darauf, dass sich meine Mutter vor dem Essen das Haar kämmt. Bei Papa feiere ich natürlich noch einmal Weihnachten.

Aber wir feiern auch neue Dinge, zum Beispiel Guru Poornima Day. Das ist der Tag, an dem man festlich begeht, dass es Gurus oder Meister gibt, wie Buddha und Bhagwan, und dieser Tag fällt in den Sommer. Dann zünden wir viele Kerzen an, wie sich das in Indien gehört. Und Bhagwans Geburtstag am 11. Dezember feiern wir natürlich auch, genauso wie den Tag seiner Erleuchtung, den Mahaparanirvana Day am 21. März. An unseren Geburtstagen, nicht den gewöhnlichen, sondern den Sannyas-Geburtstagen, feiern wir unser neues Alter, ab dem Moment, als wir Sannyasins wurden.

Die meisten Freundinnen und Freunde meiner Mutter sind keine Sannyasins, werden es aber im Laufe der Zeit. Dafür braucht man nicht mehr nach Indien zu reisen, um Bhagwan selbst zu begegnen. Man kann ihm einen Brief schreiben und ihn darin fragen, ob man Sannyas werden darf. Dann bekommt man eine Antwort mit einem neuen Namen. Die Kette kann man während einer Zeremonie in einem Sannyas-Zentrum in Empfang nehmen, zum Beispiel in Den Haag, Amsterdam oder Rotterdam.

Beim »Orange Full Moon Festival« in einem Stadion in Amsterdam feiern wir den Guru Poornima Day zusammen mit vielen anderen Sannyasins und Interessierten. Es wird Musik gemacht, und viele neue Leute werden Sannyasins. Es ist ein besonderer Tag. Jetzt sieht man erst richtig, wie viele wir schon sind. Komisch ist nur, dass alle über Bhagwan und die Tatsache reden, dass er nicht mehr in Poona ist. Die Leute sagen, vielleicht wäre er verreist, weil er Schwierigkeiten mit dem Rücken hat und in Indien nicht behandelt werden kann. Die Leute machen sich Sorgen, sagen aber gleichzeitig, dass sie Bhagwan vertrauen müssen. Es wird schon alles gut mit ihm werden, und bestimmt kommt er wieder zurück. Sie erzählen auch, dass Bhagwan keine Lesungen mehr halten will. Er macht eine Pause, weil er vorläufig genug gesagt hat. Wenn er uns trotzdem etwas mitteilen will, wird er es über seine Assistenten weitergeben. Es ist, obwohl Bhagwan verschwunden ist, ein fröhliches Fest.

In Leiden kann man noch nicht im Sannyas-Zentrum Sannyas werden, weil es gerade erst errichtet wird. Unten soll es einen Meditationsraum, eine Bar und ein Café geben. Am Wochenende darf ich beim Anstreichen helfen. An die Fenster kommt der Name des Zentrums: *Shanti Niket*. Bhagwan hat sich den Namen ausgedacht, nachdem sie ihn in einem Brief gefragt haben, wie das neue Zentrum heißen soll.

Die Malerarbeiten machen wir in Overalls und zu Musik von den Beatles. Weil mir meine Mala im Weg ist, man sie tagsüber aber nicht ablegen soll, stecke ich einen Arm durch die Kette, sodass sie mir halb über die Schulter hängt. Mit großen Farbrollen machen wir alle Wände weiß. Ich finde es spannend, die Breestraat liegt mitten in der Innenstadt von Leiden, und jetzt wird jeder sehen, dass wir viele Sannyasins sind.

Die Bhagwan-Bewegung bekommt sowieso immer mehr Aufmerksamkeit. Manche Zeitungen schreiben über Bhagwan, und es werden auch immer mehr Bücher über Bhagwan verkauft, wie *Oorspronkelijk gezicht* (etwa: Tiefe Wahrnehmung) von Jan Foudraine, der bei uns zu Besuch gewesen ist.

Wenn meine Mutter und ich zum Markt gehen, rufen Leute hinter uns her. »He, da laufen die Bhagwans!« Die meisten Menschen sind nicht sehr freundlich. Ich wünsche mir manchmal, sie könnten es mir nicht so direkt ansehen. Aber meine Mutter will nur noch rote Kleider tragen. Aber die gibt es nicht immer zu kaufen, denn das hängt von der Mode ab. Deshalb färbt meine Mutter die Kleidung, die sie noch hat. Dadurch verfärbt sich die Innenseite der Waschmaschine, und die Wäsche, die nicht rot werden soll, zum Beispiel die Bettlaken, wird rosa. Das sieht ganz scheußlich aus.

Shanti Niket wird mit einem großen Fest eröffnet. Viele Leute sind da, und mehr als die Hälfte von ihnen sind Sannyasins. Einige Leute haben Kinder. Das sind eigentlich die ersten Sannyas-Kinder, die ich kennenlerne, etwas jünger als ich.

Auf dem Fest wird zuerst eine Video-Lesung von Bhagwan gezeigt. Danach wird ausgelassen getanzt, aber ich stehe abseits, denn ich mag Tanzen überhaupt nicht, und ganz bestimmt nicht so, wie sie es hier tun. Genau wie in Indien tanzen die Leute mit geschlossenen Augen, bewegen ihre Arme in alle Richtungen und seufzen und schwitzen dabei. Dann kommt Narendra auf mich zu.

»Warum stehst du hier so alleine herum? Lass dich einfach gehen, deine Energie muss strömen, sagt Bhagwan.«

Ich habe keine Lust, meine Energie strömen zu lassen, und denke an die Feste mit meinen Klassenkameraden. Da tanzt nie jemand. Aber widerwillig gebe ich mir einen Ruck und gehe auf die Tanzfläche. Es muss wohl so sein, hier ist das normal.

Narendra besucht uns manchmal. Er ist Shiatsu-Masseur. Meine Mutter bekommt ab und zu so eine Massage, und sie will, dass ich auch mal eine nehme, weil ich oft sehr müde bin. Wir machen einen Termin aus, und ich kriege auch diese seltsame Massage. Eigentlich massiert Narendra nicht wirklich, sondern drückt auf bestimmte Stellen, wie zum Beispiel auf die Seiten des Kopfes. Das macht mich etwas nervös. Es ist ganz lange still und erinnert ein bisschen an Meditation.

Später sagt mir meine Mutter, Narendra findet, dass ich mich sehr gut entspannen kann, aber zu viel mit meinen Fingern herumspiele. Na und, denke ich. Was geht das ihn denn an?

Ich bin froh, dass meine Klassenkameraden mich in solchen Momenten nicht sehen können. In der Schule tue ich alles, um so gut wie möglich dazuzugehören. Wir tanzen zu »Thriller« von Michael Jackson, das ich kenne, weil Sannyasins auch manchmal dazu tanzen. Oder zu »Grease«, das ich nicht kenne. Ich komme mir dumm vor, weil ich diese Musik noch nie gehört habe, und ich bin wirklich die Einzige. In der ersten Klasse habe ich schon gesungen: »Ich liebe John Travolta.« Dabei wusste ich eigentlich gar nicht, wer das ist. Jetzt lerne ich die Lieder auswendig. Meine Mutter findet, das wäre ziemlich schlechte Musik, verglichen mit Joan Armatrading und Van Morisson. »Du brauchst doch nicht mit der Meute mitzulaufen, nur weil angeblich jeder es mag«, sagt sie. Aber ich bin da anderer Meinung.

Langsam, aber sicher wird die Klasse immer gemeiner. Meine besondere Kleidung und die Tatsache, dass ich zu Hause anders heiße als in der Schule, spielen keine große Rolle mehr. Abgesehen von ein paar Freundinnen, deren Eltern mich komisch finden, interessieren sich die Jungen und Mädchen aus meiner Klasse nicht für mich. Schlimmer ist, dass sie mich ärgern und oft nachäffen. Einem Mädchen, das Bianca heißt, gelingt es, die ganze Klasse gegen mich aufzuhetzen. Ich fliehe in ein Wäldchen, aber sie verfolgen mich. Ich kann mich kaum gegen sie wehren.

Wenig hilfreich ist auch, dass meine Mutter in der Schule Lesestunden abhalten will. In ihrem roten Kleid, der Mala um den Hals und mit ungekämmtem Haar erscheint sie auf dem Flur. Ich schäme mich zu Tode und möchte eigentlich nicht zusammen mit ihr gesehen werden.

Die Weihnachtstage verbringen wir in einem besonders großen Sannyas-Zentrum in der Nähe von Soest, das von einem Mann mit dem Namen Santosh geleitet wird. Er ist selbst Sannyas, aber auch eine Art Guru und beschäftigt sich mit Hypnosetherapie. Meine Mutter macht einen Kurs bei ihm. Ich habe richtig Lust, dorthin zu fahren, weil ich dann vielleicht in der Küche helfen darf.

Das Zentrum liegt in einem Wald. Viele Sannyasins aus Leiden und Amsterdam sind dort. Tagsüber nehmen sie alle an einem Kurs teil und reden dann nicht. Ich finde es furchtbar langweilig.

Ich darf wirklich in der Küche arbeiten, mit Malika, dem Koch. Zusammen schauen wir in die Kochbücher, um etwas für das Weihnachtsessen auszusuchen, aber das erscheint mir alles nicht so lecker wie bei Oma oder Papa. Und ich verpasse auch die *Top 100 aller Zeiten* im Autoradio, weil wir ja nicht nach Den Haag fahren.

Morgens machen wir Sannyas-Aerobic. Ich habe meinen rosa Aerobic-Anzug mit der rosa Strumpfhose an. Die anderen tragen rote Gymnastik-Anzüge. Danach zieht sich jeder zum Meditieren zurück, aber ich gehe raus. Am meisten gefällt mir hier das PP. PP bedeutet, dass jeder eine halbe Stunde lang wirklich intensive Hausarbeit macht. Es ist ganz egal, was man macht, wenn man nur für eine gewisse Zeit wirklich hart arbeitet und etwas Nützliches tut. Danach ist alles wieder sauber.

Richtig gemütlich ist es nur, wenn Teestunde ist, vormittags um halb elf und nachmittags um halb vier. Alle sind dann plötzlich viel fröhlicher, essen Plätzchen und hängen draußen rum. Außer den Leuten, die im Kurs stecken und deshalb nicht reden dürfen, die sind miesepetrig. Sie reden vor allem nachts im Schlaf, und das kann ganz schönen Radau machen.

Es sind nicht viele Kinder da, außer Deeva und ihrer kleinen Schwester. Sie wohnen mit ihrer Mutter in einem Wohnmobil im Garten des Zentrums. Manchmal gehe ich dorthin, um etwas zu spielen.

Zum Weihnachtsfest kommen mehr Sannyasins, unter anderem Mütter mit Kindern. Eines der Kinder starrt mich lange an. Es spricht mit der Mutter, während mich beide ganz starr angucken. Sie reden über mich, denke ich.

»Redet ihr über mich?«, frage ich und gehe auf sie zu.

»Ja, wir reden über dich. Wie heißt du?«

»Chandra. Und du?«

»Ich heiße Sajala. Und das hier ist meine Schwester.« Ihre große Schwester fängt an, über Judo zu erzählen. Auf den Matratzen, oben im Meditationsraum, machen wir Judo, bis ihre Mutter wieder nach Hause will. Sajala wohnt weit weg, aber wir vereinbaren, dass wir uns gegenseitig Briefe schreiben.

Nach den Weihnachtstagen wird es im Zentrum wieder ruhig, und meine Mutter und ich fahren auch bald zurück. Ich weiß nicht mehr, was ich tun soll. Ich versuche, etwas zu schreiben, aber dafür ist es nicht wirklich ruhig genug. Immer laufen irgendwelche Leute in der Gegend herum. Manchmal gibt es ein *Meeting*, in dem es um Bhagwan geht, weil es neue Nachrichten gibt, und danach haben wir unser PP oder meditieren. Statt zu meditieren stibitze ich mir einen Becher Schlagsahne aus dem großen Kühlschrank und trinke ihn aus.

Es gibt Neuigkeiten über Bhagwan, erzählt Rupi ein paar Wochen später. Soweit ich das verstehe, will Bhagwan in Amerika leben. Der Ashram in Poona ist zu klein geworden, und deshalb will er eine neue Kommune gründen. Aber die Amerikaner erlauben ihm nicht, dazubleiben, weil sie Angst vor ihm haben. Warum? Er tut doch niemandem etwas. Meine Mutter findet genau wie die anderen, dass man Bhagwan erlauben muss, in Amerika zu wohnen. Deshalb demonstrieren wir mit Spruchbändern für ihn.

Es ist kalt, aber in Brüssel wird uns schnell warm. Wir laufen durch die Straßen, und alle zusammen singen wir nach der Musik von *America* aus dem Musical *West Side Story: »We want Bhagwan in America, we want Bhagwan in America, we want Bhagwan in Americaaaaaaaa.«* Es geht mir nicht mehr aus dem Kopf, auch wenn es nicht gerade schön klingt, weil die meisten die letzte Zeile falsch singen.

Später am Tag versammeln wir uns in einer großen Halle, wo ein Fest ist und Ramses Shaffy auftritt. Er ist auch Sannyas, und alle sind stolz auf ihn. Es ist da sehr schön, aber ich tanze nicht. Dann wird eine Rede über Bhagwan gehalten, der bestimmt sehr froh über unsere Demonstration ist.

Wir lernen ein Gebet, das man die Gachchhami nennt. Es ist ein buddhistisches Gebet, das überall in Indien gesungen wird und von Buddha handelt. Wir singen: *»Buddham Sharanam Gachchhami, Sangham Sharanam Gachchhami, Dhammam Sharanam Gachchhami.«* Es bedeutet ungefähr: »Ich gehe zu den Füßen des Meisters, ich gehe zu den Füßen der Kommune des Meisters, ich gehe zu den Füßen der Wahrheit des Meisters.« Während man das singt, kniet man, hält die Hände gefaltet vor sich hin und macht drei Mal langsam eine Verbeugung. Es klingt sehr schön, wenn wir es alle zusammen gleichzeitig beten, aber wieder hört man ganz deutlich, dass nicht jeder sauber singen kann.

Wir sind natürlich keine Buddhisten, aber alle gemeinsam bilden wir ein *Buddhafeld*. Bhagwan sagt, dass wir alle kleine Buddhas sind, die ein spirituelles Energiefeld miteinander teilen.

Als meine Mutter wieder eine Meditationswoche einlegen will, muss ich so lange irgendwo anders unterkommen. Sie einigt sich mit der Familie meines Klassenkameraden Roelof, dass ich dort wohnen kann. Die Eltern sind sehr gesittet und beten vor dem Essen. Die Kinder werden wie Kinder behandelt und beteiligen sich nicht an den Gesprächen der Erwachsenen. Sie haben einen Geschirrspüler und einen sehr netten Bäcker, der ihnen samstags die frischen Brötchen vor die Haustür legt. Das Essen finde ich sehr lecker, ich bekomme süßen Aufstrich aufs Brot, und abends gibt es Fleisch. Aber für Roelof und mich ist es etwas komisch. In der Schule haben wir nicht viel miteinander zu tun, bei ihm zu Hause plötzlich wohl.

Meine Mutter hat angerufen, und ich kriege auch einen Brief von ihr aus Soest. »Hallo, mein lieber großer und kleiner Schatz«, schreibt sie. »Heute Abend dürfen wir mit niemandem reden, und deshalb habe ich Zeit, dir kurz zu schreiben. Wir stehen um 6.15 Uhr auf und machen dann mit sechzig Leuten auf nackten Füßen eine Art Gymnastik im taunassen Gras. Danach wird gefrühstückt, anschließend spielen wir uns selber, so wie es unserer Erinnerung an uns selbst entspricht, die so weit wie möglich zurück zur Geburt und noch in die Zeit davor gehen sollte. Habe mich an Dinge erinnert, von denen ich nichts mehr wusste. Ich zeige dir dann auch Übungen, die du machen kannst. Aber es ist einfacher, wenn ich es dir erzähle. Ich genieße hier alles sehr, Santosh ist nach Bhagwan der schönste Mensch, den ich jemals gesehen habe. Jeden Dienstagabend kann man ihn sprechen und Fragen stellen. Ich bin froh, dass es dir dort gut geht. Es ist ein schönes Gefühl, dass du mich nicht vermisst und dich dort wohl fühlst. Tschüss, Schatz, bis bald, ich fühle mich wie mein eigenes Kind und meine eigene Mutter, ich umarme dich, xx Rupi.«

Als ich den Brief lese, denke ich, dass ich mich vielleicht etwas mehr um meine Mutter kümmern muss.

Fast sieht es so aus, als wären zurzeit überall Sannyasins. Unser Club wird immer größer. Jetzt sind noch mehr berühmte Leute zu uns gekommen, wie Albert Mol. Manchmal sind wir im Fernsehen zu sehen, und oft steht etwas über uns in der Zeitung.

Im Shanti Niket kann man sich jetzt jede Woche Videos mit alten Lesungen von Bhagwan anschauen. Wir gehen oft dorthin, aber anstatt mir die Videos anzugucken, hänge ich lieber in der Bar herum, wo man Kaffee und Tee trinken kann. Eine Ma fragt mich, ob ich nicht schon mal Tee für all die Leute machen kann, die sich das Video anschauen. Dann kommt noch ein Swami, der sich verspätet hat. Er schaut mir zu, wie ich den Tee aufsetze. Bevor das Video beendet ist, sagt er: »Du machst alles sehr bewusst.« Ich habe keine Ahnung, was er damit meint.

Unsere Demonstrationen sind erfolgreich: Bhagwan darf vorläufig in Amerika bleiben. Viele Sannyasins unterhalten sich darüber, dass sie Indien sehr gemocht haben, weil die Energie dort so spirituell ist, und jetzt fragen sie sich, wie das wohl in Amerika sein wird. Sie erzählen auch, dass Bhagwan vielleicht immer schon ein bisschen von Amerika geträumt hat, weil er in einem armen Land aufgewachsen ist. Man erwartet, dass Bhagwan durch seinen Aufenthalt in Amerika viel bekannter wird und noch mehr Anhänger bekommt. Im Shanti Niket werden Videos vom Umzug gezeigt. Darin sieht man, wie hart die Menschen gearbeitet haben und wie viele Bagger, Bulldozer, Lastwagen und anderes Gerät für die Umbauten nötig waren und wie viel Spaß die Sannyasins bei der Arbeit hatten. In der Welt um uns herum ist alles so ernsthaft, aber die Sannyasins entdecken in allem das Lustige. Als ich in dem Video sehe, wie viel sie erreicht haben, bin ich sehr stolz. Auch ein bisschen auf mich selbst, denn ich habe während der Demonstration in Brüssel auf der Straße ganz laut gesungen und eine ganze Menge fremde Leute auf der Straße dabei angeguckt.

Eines Tages findet in einem Hotel ein großes Treffen statt, wo uns gesagt wird, dass es Bhagwan gut geht. Wir hören aber auch, dass er eine Botschaft für uns hat: Eine Krankheit breitet sich aus, von der die Weltbevölkerung noch nichts weiß und an der zwei Drittel der ganzen Menschheit sterben werden. Die Krankheit heißt Aids, und man kann noch nicht genau sagen, wodurch man sie bekommt, aber sie muss etwas mit Sex zu tun haben. Deshalb will Bhagwan, dass wir alle Kondome und Handschuhe benutzen. Vielleicht steckt die Krankheit aber auch im Schweiß und im Speichel, das ist noch nicht bekannt.

Wir müssen sowieso aufpassen, sagt er, da die Welt innerhalb der nächsten fünfzehn Jahre zugrunde gehen wird, weil Atomkriege und Naturkatastrophen bevorstehen. Tatsächlich werden die fünfzehn Katastrophenjahre schon nach Silvester beginnen, also mit dem Jahr 1984. Nur die Menschen, die meditieren können und sicher in Amerika oder in einer der anderen Bhagwan-Kommunen wohnen, werden das Unheil überleben.

Ich finde die ganze Welt chaotisch und würde alles verändern wollen, wenn ich könnte. Robben werden totgeschlagen, es gibt Krieg und Massentierhaltung, und freundliche Menschen wie Nelson Mandela sitzen im Gefängnis. Viele reiche Menschen tragen Pelzmäntel, und es gibt viel, sehr viel Armut. Und jetzt stehen auch noch Atomkriege und Naturkatastrophen bevor. Trotzdem sind wir alle froh, weil wir das alles wissen, und auch, weil man alles feiern muss, wie Bhagwan sagt. Das Treffen endet mit einem großen Fest.

Bei allem, was Bhagwan macht, hilft ihm seine neue Sekretärin Sheela. Sheela hat dafür gesorgt, dass Bhagwans neue Kommune groß genug ist, um alle Sannyasins der Welt darin wohnen zu lassen. Das Gebiet hat nämlich die Größe der Provinz Utrecht und erinnert ein bisschen an eine amerikanische Ranch. Wir können die Geschichten über Rajneeshpuram, so heißt die Kommune, jetzt auch in unserer eigenen Sannyas-Zeitung lesen, der *Rajneesh Times*. Viele Menschen haben vor, für längere oder kürzere Zeit dorthin zu fahren, und sie sparen schon für die Reise. Das ist ziemlich schwierig, denn der Dollar steht sehr hoch, sagt meine Mutter. Ein Dollar kostet ungefähr zweieinhalb Gulden.

Wenn ich mit meiner Mutter und anderen Sannyasins zusammen bin, finde ich es ein schönes Gefühl, dass wir alle zueinander gehören. Aber noch lieber gehöre ich in die normale Welt. Bei meinem Vater, seiner Frau und meinem gerade erst geborenen Halbbruder sieht mir niemand an, dass ich eigentlich ein Sannyas bin. Da trage ich dann keine roten Kleider. Wenn ich wieder nach Hause komme, finde ich meine Mutter, die Bhagwan-Tonbänder, die Kundalini und all die Bhagwan-Fotos eigentlich nur noch komisch.

KAPITEL 3

Traveling home

1983 Rajneeshpuram, die Ranch

Das erste große Fest auf der Ranch, die *First Annual World Celebration*, hatte schon ein Mal stattgefunden, aber da war das Festival noch so neu, dass es nur von wenigen Menschen besucht wurde. Die Leute, die dort wohnen, verbringen das ganze Jahr an diesem Ort, aber im Sommer organisieren sie ein Festival für Sannyasins aus aller Welt.

Für die Besucher bauen sie Zeltlager, denn es kommen mehr als zehntausend Sannyasins, und die passen nicht alle in die Wohnwagen, Gebäude und A-frames (kleine, dreieckige Häuschen), die sie schon errichtet haben. In Prospekten und in der *Rajneesh Times* werden die Sannyasins aufgefordert zu kommen, denn Bhagwans Wunsch ist es, dass alle gleichzeitig da sind.

Aber die Reise nach Amerika ist teuer, und der Aufenthalt ist auch nicht billig. Meine Mutter schimpft über die Preise. In einem Prospekt steht, dass man bei der ganzen Arbeit mithelfen darf, dass man dafür aber vierzig Dollar pro Tag bezahlen muss. Trotzdem ist es ein einzigartiger Ort, den man da besuchen kann. Es ist unglaublich, wie die Sannyasins ein einsames und leeres Gebiet in ein Paradies verwandelt haben. Dämme wurden gebaut und Seen angelegt, große Gebäude wurden aus dem Boden gestampft, Straßen wurden gebaut, kurzum, es ist eine Stadt entstanden.

Meine Mutter beschließt, mit mir acht Tage zu Bhagwan auf die Ranch zu reisen. Es ist eine ziemlich lange Reise. Zuerst nehmen wir das Flugzeug nach London, wo wir einen halben Tag warten müssen, und danach fliegen wir weiter nach Seattle.

In Seattle wirkt es so, als wenn die Amerikaner gar nicht so glücklich darüber sind, dass wir kommen. Wir müssen in endlosen schlangenförmigen Reihen stehen und bestimmt vier Stunden warten. Als wir endlich beim Zoll angekommen sind, schauen uns die Beamten hinter dem Schalter streng an, machen aber nach vielen Fragen doch einen Stempel in unseren Pass.

Im Flughafen von Portland, wo wir auf einen Bus warten müssen, stehen mehrere Sannyasins, die Reklame für Air Rajneesh machen. Für hundertfünfzig Dollar ist man mit dem Flugzeug innerhalb einer Stunde auf der Ranch, und außerdem braucht man nicht lange zu warten, bis man in sein Zelt darf. Meine Mutter ist müde, und ich bin auch total erschöpft, aber vor allem die Aussicht, echte Sannyas-Stewardessen zu sehen, bringt meine Mutter dazu, das Angebot zu nutzen.

Kurz darauf laufen wir mit unseren Koffern zu der kleinen Propellermaschine. Sie ist weiß und blau, und an der Seite steht ganz groß AIR RAJNEESH. Am Heck prangt das Symbol mit den beiden fliegenden kleinen Vögeln, Bhagwans Zeichen. Siebzehn Leute passen in diese Maschine, und es gibt keine Druckkabine, heißt es, aber wir bekommen etwas zu essen und zu trinken. Die Sannyas-Stewardessen tragen rote Anzüge und die Mala. Es sieht komisch und trotzdem chic aus, und ich bin sehr stolz, dass alles so »echt« ist.

Alle nehmen Platz, und wir sind fertig zum Abflug, aber dann will das linke Triebwerk nicht anspringen. Ein paar Mal stottert es, mehr nicht.

»Ein guter Scherz!«, ruft eine der Stewardessen laut lachend. Nach anderthalb Stunden vergeblichen Probierens und Diskussionen mit dem Piloten hat sie die Lösung. »Wir machen zusammen die Gachchhami.«

Die meisten halten das für einen Scherz, falten aber trotzdem die Hände.

»Da bin ich aber neugierig«, sagt meine Mutter mit einem Augenzwinkern zu mir.

»Konzentriert euch auf das linke Triebwerk, und bittet Bhagwan, den Motor wieder laufen zu lassen«, sagt die Stewardess.

Leise beginnen alle mit den Gachchhami: *»Buddham Sharanam Gachchhami …«* Unsere Stimmen sind bei dem Krach des rechten Triebwerks kaum zu hören. Ich sehe, wie der Pilot im Cockpit auch mitbetet. Als wir fertig sind, startet er das linke Triebwerk, und es springt sofort an. Kurze Zeit später fliegen wir mit zwei funktionierenden Triebwerken über die Berge. »Vielleicht wäre der Bus doch die bessere Idee gewesen«, seufzt meine Mutter.

»Was ist eigentlich eine Druckkabine?«, frage ich sie. Aber sie braucht nichts mehr zu erklären, denn schon spüre ich einen enormen Druck im Magen und auf den Ohren. Unsere kleinen Pappschachteln mit einem lachenden Bhagwan auf dem Deckel und Muffins darin sowie der frische Orangensaft aus Kalifornien bleiben unberührt.

Als wir auf der Ranch angekommen sind, warten dort bei der Anmeldung unheimlich viele Menschen. Sannyasins untersuchen alle Taschen, die wir in einer Reihe auf die Erde stellen müssen. Als wir endlich dran sind, sagt eine Frau: *»Welcome lovers*, wie heißt ihr?« Sie schreibt meinen Namen auf ein gelbes Armband aus Plastik. »Ma Prem Chandra.« Dann notiert sie noch ein paar Zahlen darauf. »Deine Nummer ist B 1796, und du schläfst in K1E5B.« Die Frau legt mir das Armband um. »Es geht nicht mehr ab«, sagt sie. »Jetzt könnt ihr zu Rajneesh Transport gehen.«

Mit einem echten gelben amerikanischen Schulbus, vollgestopft mit übermüdeten ausländischen Sannyasins, fahren wir Richtung Kabir, unserem Zeltlager. In ein Zelt passen vier Personen.

Zum Glück liegt Kabir in der Nähe des Flugplatzes. In unserem Zelt sind schon Matratzen, auf die wir unsere Laken legen. Auf dem Kissen finden wir ein Begrüßungspäckchen mit einer Karte der Region, einem Prospekt der Eisdiele und des Einkaufszentrums sowie einem Foto von Bhagwan mit dem Text: *»Welcome to this very place, the Lotus Paradise.«*

Als wir am nächsten Tag durch das staubige Rajneeshpuram laufen, wird uns erst klar, wie unglaublich groß es ist. Von Kabir aus passiert man die RIMU – Rajneesh International Meditation University –, danach das Postamt, ein Einkaufszentrum mit einem tollen Restaurant darin, eine Pizzeria und die Eisdiele, daneben Buchhandlungen und ein Fahrradgeschäft. Etwas weiter gibt es eine gigantische Kantine, Zarathustra genannt, außerdem Pythagoras (das Krankenhaus), mehrere Lokale, eine Spielhalle (»Das Leben ist ein Spiel«, sagt Bhagwan) und ein Hotel für reiche Sannyasins. Um von einem Ort zum anderen zu kommen, kann man kostenlos den Bus benutzen, der den ganzen Tag herumfährt. So kommt man auch zum Damm und zu den beiden Seen – dem Patanjali-See für die Bewohner und dem Krishnamurti-See für Gäste –, außerdem zu anderen Filialen des Zarathustra, zu allen Zeltlagern, den Gewächshäusern oder der Dairy Farm, dem Bauernhof.

Es ist viel zu viel, um das alles auf einmal zu besichtigen, aber schon bald wissen wir, welchen Weg wir vom Zelt zum Zarathustra nehmen müssen.

Unterwegs schaut sich meine Mutter im Einkaufszentrum rote Kleidung an. »Hundert Dollar für den kleinen Pullover?«, sagt meine Mutter entsetzt. »Das sind ungefähr zweihundertfünfzig Gulden!«

Ich schaue mir die Accessoires an. Da gibt es Abzeichen mit Bhagwan darauf, Uhren, Anhänger, Armbänder mit dem Vogelsymbol, Mützen, Schals, außerdem T-Shirts mit der riesigen Aufschrift WE LOVE YOU BHAGWAN und Diamanten, die man in die Mala einsetzen lassen kann. Meine Mutter und ich sind tief beeindruckt.

Überall laufen Leute herum, in jedem Alter, jeder Hautfarbe, jeder Größe und aus allen Ländern. Es ist kaum zu fassen, wie viele hier sind, und natürlich sind sie alle in Rot, Orange oder Violett gekleidet. Ich wundere mich darüber, dass so viele Kleider in diesen Farben hergestellt werden. Um uns herum hören wir die verschiedensten Sprachen und auffallend oft Japanisch. Die Japaner sind am seltsamsten. Sie lachen und weinen am lautesten von allen, oder sie sind mucksmäuschenstill. Rupi sagt, das kommt daher, dass sie in ihrem Land kaum Gefühle zeigen dürfen.

Bhagwans Haus, Lao Tzu (Laotse) genannt, liegt etwas abseits des Weges. Man will nicht, dass man da herumschnüffelt, und so wird es von vielen *Guards* bewacht. Wir gehen trotzdem hin, und man darf sich auf den Rasen gegenüber setzen. Wir sehen den schön angelegten Garten, in dem Pfauen und weiße und schwarze Schwäne herumlaufen. Es gibt einen Weiher mit Goldfischen, der mit Bambus umgeben ist. Das Haus, das einer großen Villa gleicht, steht verborgen hinter Bäumen. Rupi will einfach nur ruhig sitzen, um Bhagwan spüren zu können.

Später kommen wir noch an Sheelas Haus vorbei, Jesus Grove, das gleichzeitig als Büro genutzt wird. Dort herrscht sehr viel Betrieb, und man darf es nicht betreten.

Das Essen ist das gleiche wie auf einem Fest oder in Soest, nur dass es für viel mehr Menschen gemacht wird. Zarathustra ist eine Filiale von Magdalena, wo es die größte Küche gibt. An langen Holztischen kann man drinnen oder draußen sitzen. In den anderen Filialen gibt es nur ein Dach, man sitzt draußen, aber gut geschützt. Das Essen besteht aus großen Schalen mit Reis, Gemüse, Salaten, Saucen, Früchten und Nachtisch. Der Nachtisch ist immer ganz schnell weg. In fast allen Saucen ist Knoblauch, und jeder riecht auch danach. Auffallend ist, dass es viele »Sprossen« gibt, das sind Keimlinge von Saatgut, die komisch aussehen und von den Leuten in den Salat gestopft werden.

Manche gehen auch zum Essen in das tolle Restaurant, in dem man von Sannyasins in Uniform bedient wird. Aber meine Mutter meint, es ist unverschämt teuer, deshalb gehen wir da auch nicht rein. In der Eisdiele ist es ständig rappelvoll, und das Eis hat da auch ganz andere Namen als bei uns zu Hause. Jeder isst Chocolate Chip Cookies, typisch amerikanische Plätzchen. Das ist mal etwas ganz anderes als die Mangos und Papayas in Poona.

An all diesen Orten sitzen, stehen und laufen so viele Leute herum, dass man nie jemanden wiedererkennt. Jeder in dieser Stadt sieht wie der andere aus. Der Unterschied zu einer normalen Stadt ist, dass jeder hier Bhagwan liebt und es keine Kriminalität gibt. Man muss zwar aufpassen, dass man seine Tasche nicht irgendwo liegen lässt, genau wie überall, aber es gibt keine Räuber oder Mörder.

Nach dem Essen gehen wir in eine Buchhandlung. Dort kann man nichts anderes als Bücher, Postkarten, Musik, Videos und Tonbänder von Bhagwan kaufen. Zeitungen gibt es auch, aber nur die *Rajneesh Times* aus den verschiedenen Ländern. An der Kasse steht wieder eine endlose Schlange, woraus wir schließen können, dass die Leute doch noch nicht alle Bücher in ihrem Regal stehen haben.

Wir kaufen ein paar Postkarten, sodass ich meinem Vater einen Gruß schreiben kann. Ich finde es komisch, ihm eine Karte mit Bhagwan darauf zu schicken.

Neben der Buchhandlung steht auf einem roten Teppich einer von Bhagwans Rolls Royce. Man kann ihn gewinnen, wenn man ein Los für die große Lotterie kauft, die am Ende des Festivals veranstaltet wird.

Bhagwan liebte schon in Indien schöne Autos, aber weil er Schwierigkeiten mit seinem Rücken hat, braucht er ein sowohl gutes als auch schönes Auto, dessen Sitze ihn genügend stützen. Der Rolls Royce ist ein sehr teures Auto, erzählt meine Mutter, und dann sagt sie noch, es würde gemunkelt, reiche Sannyasins, die ihn sehr lieben, würden ihm immer wieder neue Rolls Royce schenken. Bhagwan hat schon Witze darüber gemacht. Er will für jeden Tag des Jahres einen Rolls Royce haben!

Das Programm auf der Ranch ist ziemlich voll. Während des Festivals wird an jedem Morgen *Satsang* gehalten. Meine Mutter erklärt mir, dass Bhagwan dann ein paar Stunden im Mandir sitzt, dem großen Meditationsraum, und dass wir dort alle singen und Musik machen oder aber auch ganz still sind. Vor dem Satsang muss man bereits gefrühstückt haben. Und danach beginnt schon wieder das Mittagessen, wobei man sich beeilen muss, um rechtzeitig beim Drive-by zu sein: In einem seiner Rolls Royce fährt Bhagwan durch die Straßen, an denen alle stehen, um ihn zu grüßen. Wenn sich alle Sannyasins, die zurzeit da sind, in einer Reihe aufstellen würden, wäre Rajneeshpuram fast voll!

Am Nachmittag hat man meistens nichts zu tun, und dann kann man rumlaufen. Viele gehen zum Schwimmen an den See, denn es ist hier unheimlich heiß, oder sie legen sich irgendwo ins Gras und reden miteinander. Es gibt genügend Cafés und andere Dinge, wo man hingehen kann, und man kann auch in den Bergen wandern oder eine Tour mit einem Jeep machen, weil die Gegend wahnsinnig schön ist. Die Ranch ist umgeben von Bergen, und man kann diese von jeder Stelle auf der Ranch aus sehen. Ich verstehe sehr gut, warum Bhagwan hierhin wollte, obwohl es genauso staubig und heiß ist wie in Indien.

Viele Sannyasins beschäftigen sich auch mit anderen Dingen. Wenn man nachmittags oder abends durch das Zeltlager geht, hört man regelmäßig die Geräusche von Leuten, die miteinander Sex haben. Bhagwan hat sehr viel über Sex gesprochen. Der ist erlaubt und gesund und so weiter, aber so oft wie hier … Mir bereitet das Bauchschmerzen. Niemand schämt sich deswegen, und es scheint so, dass Bhagwan möchte, dass man dabei laut schreit. Alle tun es. Es passiert sogar in unserem Zelt, während wir dabei sind.

Wenn ich da herumlaufe, kommt mir ständig vom Asphalt zusammengepappter Kies in die leichten Schuhe. Ich muss aufpassen, dass ich nicht irgendwo festklebe, denn an vielen Stellen ist der Asphalt durch die brennende Sonne geschmolzen. Meine Mutter habe ich heute Nachmittag noch nicht gesehen. Morgens wollte sie bei Sonnenaufgang auf einem der Berge meditieren, aber damit müsste sie jetzt eigentlich fertig sein.

Es ist 38 Grad heiß, und alle scheinen durch die Hitze erschöpft zu sein. Trotzdem stellen sich bereits viele Sannyasins für das Drive-by am Straßenrand auf. Es ist Viertel vor zwei, in fünfzehn Minuten beginnt Bhagwan mit seiner Autofahrt. Ich muss noch versuchen, innerhalb der Viertelstunde einen Platz in der Reihe zu ergattern, aber in der Nähe von Zarathustra, wo ich hergekommen bin, ist es zu eng. Das bedeutet einen langen Fußmarsch, wie ich weiß, weil ich hier gestern noch mit meiner Mutter gewesen bin, und kurz vor dem Drive-by fahren keine Busse.

Erst einen Kilometer weiter ist es etwas ruhiger, auch wenn dort eine kleine Band Musik macht. *»Yes, Bhagwan, yes, we dance at your feet, yes, Bhagwan, yes«,* singen sie. Als ich vorbeikomme, werde ich aufgefordert, mitzutanzen und zu singen, aber ich gehe lieber weiter und klemme mich in der Kurve zwischen einen Mann mit geschlossenen Augen und ein knutschendes Pärchen.

Links und rechts von mir ist die Reihe der Sannyasins so lang, dass ich bis zum Horizont nichts sehe außer redenden, singenden und sich umarmenden roten Leuten. Die meisten halten eine Rose in der Hand, die ihnen gegeben wurde, um sie auf die Motorhaube von Bhagwans Auto zu legen. Ich nicht, ich habe eine Zeichnung gemacht, die ich ihm geben will.

Nach einer halben Stunde Warten scheint sich etwas zu tun. Hier und da wird gejubelt, und tatsächlich taucht in der Ferne die Nase eines von Bhagwans glitzernden Rolls Royce auf. Jetzt ist es nur noch eine Frage von ein paar Minuten, bis er uns erreicht.

Langsam wird es stiller, und alle stehen jetzt mit gefalteten Händen. Dann kommen die Guards vorbei, die Bewacher, die vor dem Auto herlaufen, um Bhagwan zu beschützen. Sie betrachten jeden aus den Augenwinkeln, auch mich, weil ich in meiner Tasche herumkrame, denn darin habe ich meine Zeichnung. Nur noch wenige Meter, dann ist Bhagwan da. Wenn man einen Blick mit ihm wechseln will, muss man das tun, bevor das Auto vorbeifährt, da er sonst schon die Leute anguckt, die nach einem kommen. Beim ersten Mal habe ich es nicht gewagt, ihn anzuschauen, weil ich Angst hatte, er würde mich aus Indien wiedererkennen und etwas sagen. Diesmal werde ich ihn angucken, beschließe ich, und ich mache ein ernstes Gesicht. Dann sieht er mich. Seine Augen sind eine halbe Sekunde auf mich gerichtet, und ich habe ein komisches Gefühl, als wenn die Zeit stillsteht, als wenn er weiß, wer ich bin, obwohl er das eigentlich gar nicht wissen kann.

Als das Auto einen Moment später vorbeifährt, werfe ich die Zeichnung auf die Motorhaube. Sie liegt auf hunderten Rosen, und ich bin froh, dass sie trotz des Windes nicht herunterfällt. Aber plötzlich entsteht Panik. Ein Guard kommt hinter dem Auto hervorgeschossen, nimmt die Zeichnung weg und dreht sie um.

Ich kann nicht sehen, was er damit macht, weil mich plötzlich jemand an meinem T-Shirt nach hinten reißt. Ich falle auf den Grünstreifen neben der Straße und erschrecke über den wütenden Blick des Bewachers.

»Was war da drin?«, schreit der Mann, während mich alle anstarren. Er hält mich an der Schulter fest.

»Nichts, es ist eine Zeichnung«, stammele ich auf Englisch.

»Nie wieder tun! Das ist gefährlich«, sagt der Mann und verschwindet.

Ich wische den Schmutz von meinen Beinen und hoffe, dass Bhagwan sich über meine Zeichnung freut.

Die Menschen um mich herum freuen sich jedenfalls über das Drive-by. Manche weinen, und bei anderen zuckt der Körper, als wenn sie Kundalini machen. Viele bleiben noch lange mit geschlossenen Augen stehen. Es ist ein komisches Gefühl, jetzt einfach weggehen zu wollen, um irgendetwas anderes Schönes zu tun. Anscheinend erwartet man von uns, dass man etwas spüren muss, aber ich spüre nichts mehr. Um nicht unangenehm aufzufallen, bleibe ich auch noch eine Weile stehen.

Meine Mutter und ich ziehen unsere schönsten Kleider an und gehen in Richtung Mandir, wo es schon von unzähligen Menschen wimmelt.

Heute ist der Höhepunkt des Festivals. Master's Day Darshan. Am Master's Day sitzen alle Sannyasins zusammen im Mandir, erklärt mir meine Mutter, und Bhagwan kommt auch dazu, um ein paar Stunden zu feiern, dass wir hier sein können. Bhagwan wird nicht sprechen, sondern sich unsere Musik und die Lieder anhören. Master's Day ist das Gleiche wie der Guru Poornima Day, den wir schon immer im Sommer feiern.

Jeder möchte gerne vorne sitzen, um Bhagwan möglichst nahe zu sein. Deshalb schiebt mich meine Mutter zu der Reihe, die am kürzesten aussieht. Überall um mich herum auf dem Weg zum Mandir, im Bus, auf den Straßen, die zum Mandir führen, begegnet man fröhlichen Sannyasins, die dem Fest entgegenfiebern.

Als Sannyas muss man sich für alles in einer Reihe anstellen, weil da so viele Leute sind, aber dies hier dauert wirklich sehr lange. Schließlich setzen sich die meisten auf die Erde und lehnen sich aneinander. Es wird viel geknutscht und gelacht. Die Sannyasins, die dort arbeiten, verteilen Zettel mit dem Programm und den Texten der Lieder, die wir gleich singen sollen.

Endlich dürfen wir weitergehen. Aber schon nach kurzer Zeit rennen alle los, und auch wir laufen wie die Verrückten in die Halle. Meine Mutter fasst mich bei der Hand und zieht mich so weit wie möglich mit nach vorne. Wir finden eine Stelle, die ziemlich dicht am Podium ist, und wir setzen uns im Schneidersitz auf die Kissen, die meine Mutter vorsorglich mitgenommen hat.

Es dauert lange, bis etwas passiert. Erst muss die ganze Halle voll sein, und wir wissen, dass hier fünfzehntausend Menschen reinpassen. Die Leute um uns herum sprechen nicht, sondern sitzen mit geschlossenen Augen und meditieren. Meine Mutter auch. Ich versuche in der Zwischenzeit, die Texte der Lieder auswendig zu lernen.

Dann kommt eine Autokolonne vorbei, und es wird gejubelt: Bhagwan ist da. Nach ungefähr fünf Minuten betritt er das Podium, mit gefalteten Händen und einem breiten Lachen im Gesicht. Spannend ist das! Er sieht aus, als wenn ihm diese Feier, die extra für ihn gemacht wird, richtig Spaß macht. Er hat ein schönes Kleid an, mit Schulterpolstern und Gummibändern am Ende der weiten Ärmel. Er trägt auch eine Uhr und eine auffällige Mütze. Er sieht ganz anders aus als in Indien, wo er nur einfache weiße Kleider trug.

Als sich Bhagwan mit übereinandergeschlagenen Beinen gesetzt hat, beginnt endlich die Musik. Ganz hinten in der Halle steht die Music Group auf einem Podium. Ein Swami singt den Text des ersten Liedes vor: *»Bhagwan, I feel you take me to the depths of my being, Bhagwan, I feel you take me to the depths of my heart.«*

Ich weiß nicht genau, was diese Worte bedeuten, singe aber aus voller Brust mit. Das Lied wird ungefähr zehn Mal wiederholt. Alle werden immer fröhlicher. Das Gleiche gilt ganz bestimmt auch für das nächste Lied. Eine glückliche Ma singt: *»We're flowers in your garden, opening, opening. We're your lovers and your friends, travelling home, home. In your love, your light, your joy delight, oh yes, oh yes Bhagwan.«* Der Refrain, *»La die la die la«*, ist ungeheuer ansteckend, und wirklicher jeder singt mit. Nach einem weiteren Lied wird es langweilig. Wir müssen die Gachchhami im Gebet herunterleiern. Danach beginnt das Summen. Es dauert ungefähr zehn Minuten, und meine Mutter summt am lautesten. Ich habe Angst, dass sie Halsschmerzen kriegt, und versuche, ihre Aufmerksamkeit zu erregen, aber sie geht völlig darin auf. Ich versuche auch, selbst mitzumachen, fürchte aber, dass meine Mutter mich hört. Anstatt zu summen, betrachte ich die Socken der Menschen um mich herum. Ein paar Leute haben Socken, bei denen der große Zeh extra gestrickt ist, sodass er in die indischen Sandalen passt, die auch Bhagwan trägt.

Im Saal gibt es ein paar Leute, die überhaupt nicht meditieren und mitmachen. Zum Beispiel der Kameramann, der Bhagwan filmt, und die Guards, die um das Podium herum stehen. Sie passen genau auf. Ansonsten herrscht aber totale Zusammengehörigkeit. Ab und zu schaut Bhagwan uns an, dann macht er kurz die Augen auf.

Als das Summen zu Ende ist, fängt eine indische Ma mit einem unheimlich langen Lied an. Ich möchte eigentlich, dass alles vorüber ist, aber ich kann nicht weg.

Zum Glück gibt es endlich wieder Musik. Vier Lieder kommen noch, und ich singe jedes Mal mit. *»Disappearing into you«*, und: *»Your lovers are here tonight, to celebrate in delight, oh, Bhagwan, we're so in love with you.«* Das verstehe ich sogar, wir sind in Bhagwan verliebt. Um mich herum tanzen die Leute immer ausgelassener mit den Armen in der Luft, und die Musik wird ekstatischer. Es beginnt ganz schlimm nach Schweiß zu stinken, als wir *»Haleluyah, I sit at the feet of my master«* singen.

Wir enden mit *»Yes, Bhagwan, yes, we dance at your feet, we celebrate everything«*, und Bhagwan weiß auch, dass es fast vorüber ist, denn plötzlich steht er auf und streckt seine Arme in die Luft. Er bewegt sie auf und nieder, als Zeichen dafür, dass wir wie verrückt tanzen sollen. Alle Leute, die vorher noch gesessen haben, stehen jetzt auch auf und klatschen und singen mit. Ich wage es nicht, denn meine Mutter steht in der Nähe, und unsere Kissen verschwinden fast in der Menschenmenge. Aber ich versuche, mich etwas mitzubewegen und gleichzeitig die Kissen mit meinen Füßen zu beschützen.

Dann verlässt Bhagwan langsam das Podium. Das Singen und Klatschen wird noch heftiger, als er hinter der Wand verschwunden ist, bis die Musik schließlich abbricht und die Feier beendet ist.

Dieser Abend ist ein Festabend, und das merkt man beim Essen: Jeder bekommt eine Pappschachtel mit besonders leckeren Dingen darin. Genau wie im Flugzeug ist auch hier ein kleines Foto von Bhagwan auf den Deckel geklebt. In der Schachtel sind unter anderem Erdbeeren und eine Süßigkeit. Leider darf man nur eine einzige Schachtel mitnehmen.

KAPITEL 4

Mach mal die Dynamics

1984 Die Ranch

Zurück in den Niederlanden, muss ich mich gewaltig daran gewöhnen, wieder in der normalen Welt zu sein, denn niemand versteht, wo wir gewesen sind. In der Schule, wo ich jetzt in die sechste Klasse komme, erzähle ich lieber nichts, und ich versuche auch, keine roten Kleider zu tragen.

Ich erzähle auch nicht, dass wir zu Hause plötzlich Sprossen essen und manchmal die erste große niederländische Kommune in Amsterdam besuchen, die gerade gegründet worden ist.

Die Kommune ist in einem alten, leer stehenden Gefängnis untergebracht. Ich weiß nicht genau, wie viele Leute da leben, aber es sind sehr viele, und sie wohnen in den Zellen des schönsten Flügels dieses Gebäudes.

Wir gehen in die Kommune, weil meine Mutter dort Karateunterricht gibt. Eigentlich übersetzt meine Mutter Bücher, und zurzeit übersetzt sie sogar Bücher von Bhagwan, aber sie macht auch Karate, und den Sannyasins gefällt es, darin unterrichtet zu werden.

Der Flügel, in dem die Sannyasins wohnen, ist renoviert und weiß gestrichen. Es ist ziemlich spannend, in einem echten Gefängnis herumzulaufen, auch wenn es jetzt anders aussieht. Vier Flügel enden auf einem zentralen Innenhof, und alles ist aus Metall. Die anderen Flügel, die nicht gestrichen wurden, sind dunkel und ein bisschen unheimlich.

Dort wohnen auch Kinder, vor allem Jungen. Es sind nicht sehr viele, aber während des Karateunterrichts spielen wir auf dem Stapel Matratzen, die für die Meditationen und zum Anschauen der Bhagwan-Videos bestimmt sind. In dem Gefängnis hängen viele Fotos von Bhagwan. Sie sind größer als alle anderen, die ich gesehen habe.

Manchmal unterhält sich meine Mutter mit den Leuten, die die Kommune leiten. In den Niederlanden gibt es eine Menge kleiner Kommunen, in denen wie im Shanti Niket Leute wohnen. All diese kleinen Kommunen sollen am Ende zu einer großen Kommune in Amsterdam werden. Es wurde schon nach einem neuen Gelände gesucht, weil das Gefängnis nach einiger Zeit zu klein werden wird. Sie fragen, ob Rupi mit mir in eine Kommune ziehen will. Meine Mutter hält nicht viel davon, denn sie will lieber alleine wohnen. Außerdem will sie mich in ihrer Nähe haben, und die meisten Sannyas-Kinder leben zusammen in einer eigenen Kommune irgendwo in den Wäldern. Dort gibt es auch eine Schule, aber meine Mutter will, dass ich auf eine normale Schule gehe.

Alles weist darauf hin, dass Bhagwans Voraussagen eintreffen. Darum halte ich mich mehr an die Kindersendungen im Fernsehen und meine Jugendbücher, und natürlich kümmere ich mich um die Schule und meinen kleinen Halbbruder. Wenn man die Nachrichten nicht einschaltet, scheint es wenigstens noch einigermaßen zu gehen. Abends im Bett, wenn ich wegen der Welt und der ganzen Verschmutzung traurig bin, halte ich manchmal Bhagwans Kästchen in den Händen.

In der sechsten Klasse läuft es sehr gut, und mir wird empfohlen, eine höhere Schule zu besuchen. Wir überlegen, welche weiterführende Schule für mich das Beste wäre. Viele Kinder gehen auf Schulen in Leiden, aber weil Rupi gerne möchte, dass ich eine Montessori-Schule besuche, schauen wir uns in Amsterdam und Den Haag um. Wir entscheiden uns für Den Haag.

Bevor die Sommerferien beginnen, feiern wir auf meiner Grundschule das Lustrum, das Fünfjahresfest. Für die Hauptrolle des Musicals braucht man jemanden, der singen kann und rotes Haar hat. Mein Lehrer denkt sofort an mich. Ich halte es für eine große Ehre, bin etwas unsicher, spiele aber dennoch mit dem Gedanken, mitzumachen. Es bedeutet, dass ich viel üben und am letzten Tag vor den Ferien auftreten muss. Doch es kommt nicht dazu: Meine Mutter will im Sommer zwei Monate auf die Ranch, und weil die Ferien nur sechs Wochen dauern und danach die höhere Schule anfängt, müssen wir früher abreisen, vor allem, wenn ich mitfahren will.

Zwei Monate Ferien in Amerika klingen nicht schlecht, selbst wenn es zwei Monate auf der Ranch sind. Aber dann kann ich nicht die Hauptrolle im Musical spielen. Das liegt mir schwer im Magen. Können wir nicht später fahren? Nein, denn Rupi will an einem Kurs teilnehmen und auch nicht das Festival, die Third Annual World Celebration, verpassen. Außerdem macht das Gerücht die Runde, Bhagwan gehe es nicht gut und er könne vielleicht sterben. Deshalb setzt jeder alles daran, schnell nach Oregon reisen zu können. Schließlich entscheide ich mich dafür, mit nach Oregon zu fahren, auch wenn ich dadurch den Jahresabschluss und das Lustrum verpasse.

Da auch ich Angst habe, Bhagwan könne möglicherweise sterben, mache ich eine Zeichnung für ihn, auf der er in seinem Sessel sitzt, umringt von Hunderten Menschen. Meine Mutter findet die Zeichnung schön. Wir schicken das Bild schon mal zur Ranch.

Wie gern die Leute in diesem Jahr auf die Ranch wollen, weil sie befürchten, Bhagwan sonst nie mehr zu sehen, geht aus den Geschichten hervor, die erzählt werden. Jeder braucht Geld und nimmt die verrücktesten Jobs an, um etwas zu verdienen. Wir hören, dass manche Frauen sogar als »Begleiterinnen« arbeiten, um ihr Ticket innerhalb von ein oder zwei Wochen zusammenzusparen. Meine Mutter würde so etwas nie tun. Zum Glück erhält sie einen Vorschuss auf das Buch, das sie gerade übersetzt. Der feste Freund meiner Mutter, der ab und zu bei uns wohnt, fährt nicht mit, da ihm das Geld fehlt.

Diesmal kommen wir auf der Ranch in einem A-frame unter. Meine Mutter und ich sind getrennt voneinander untergebracht, weil meine Mutter einen Kurs macht und ich arbeiten werde. Die Leute werden nach dem, was sie auf der Ranch machen, eingeteilt.

Mein A-frame steht neben einem kleinen Pfad, der zu einem Berg hochführt. Es ist ein kleines Holzhaus mit einer Dusche und einem Zimmer, das genügend Platz für zwei Matratzen bietet. Ich teile den Raum mit einem amerikanischen Mädchen von ungefähr vierzehn Jahren, Marsha. Ich bin froh, nicht in einem Zelt schlafen zu müssen, denn so brauche ich mir wenigstens nicht die ganzen Sexgeräusche anzuhören.

Meine Arbeit fängt erst in zwei Wochen an, weil wir zunächst das Festival feiern. Mir fällt auf, wie viel Erfahrung die Leute inzwischen mit diesem Ort haben und damit, wie hier alles abläuft. Auch ich finde mich gut zurecht. Im Prinzip ist die Ranch noch dieselbe, selbst wenn mehrere Gebäude hinzugekommen sind. Eine gewaltige Veränderung gibt es allerdings: Es laufen viel mehr Guards herum, die plötzlich Waffen tragen. Die Atmosphäre ist auch irgendwie anders. Wir hören viel Kritik über die exorbitant hohen Preise, und bei der Ankunft gibt es mehr Kontrollen.

Während des Festivals schwirrt es von Gerüchten über die Prophezeiung, Bhagwan würde im Laufe der Feierlichkeiten sterben. Viele Sannyasins haben Angst, dies könne tatsächlich geschehen. Ich weiß nicht, ob die Gerüchte stimmen und ob ich Angst haben muss. Ich liebe Bhagwan und will nicht, dass er stirbt. Gleichzeitig kann ich mir aber auch nicht vorstellen, dass er plötzlich nicht mehr da ist oder nicht stark genug sein soll, welche Krankheit auch immer zu überwinden. Er ist erleuchtet, und weiß man dann nicht alles, weiß man dann nicht auch, was man dagegen unternehmen muss? Bhagwan hat genügend Leute um sich herum, die für ihn sorgen. Da ist jemand, der sein Essen kocht, jemand macht die Wäsche, es gibt ein ganzes Heer von Ärzten: Alles, was er braucht, ist vorhanden. Wenn er plötzlich Haarausfall oder irgendetwas anderes Unheimliches hat, fällt das dann nicht sofort auf?

Jeder befürchtet auch einen Überfall. Die Amerikaner haben zwar erlaubt, dass Bhagwan sich vorläufig in Amerika niederlässt, doch das heißt noch lange nicht, dass sie ihn auch gastfreundlich behandeln. Es heißt, die Leute in Oregon sind nicht gerade die liberalsten Menschen, die sich damit abfinden, dass plötzlich ein Guru mit Hunderttausenden Anhängern aus der ganzen Welt so in ihrer Nähe wohnt. Aber wenn man auf der Ranch ist, kommt man nie von dem Gelände herunter. Man kommt mit niemandem außer den Sannyasins in Berührung, und deshalb merkt man nicht, wie die Amerikaner wirklich sind, und so vermutet man vielleicht das Schlimmste.

Bhagwan hat sich für das Drive-by etwas Neues einfallen lassen: Das Verteilen von kleinen Geschenken. Er lässt das Auto anhalten und reicht willkürlich an irgendeinen Sannyas ein Geschenk durchs Fenster. Meistens sind es kleine Spiele, seltsame Objekte oder eines seiner eigenen Kleider. Die Beschenkten reagieren begeistert. Ich finde es nett, aber ziemlich blöde, dass er sich das ausgedacht hat. Ich stelle mir vor, dass er bei mir anhält. Soll ich dann auch gleichzeitig lachen und weinen und überglücklich sein? Ich habe eine Höllenangst.

Den Drive-by finde ich sowieso nicht mehr so schön, und außerdem ist es sehr warm. Ich habe keine Lust, anderthalb Stunden draußen zu stehen, und deshalb begebe ich mich zu der kleinen Kantine, die ich neben den Büros über dem Einkaufszentrum entdeckt habe.

Die meisten Leute, denen ich begegne, haben gerade gegessen oder Tee getrunken und machen Anstalten, zum Drive-by zu gehen.

»Ich bin neugierig, welche Farbe sein Rolls Royce heute wohl hat«, sagt eine Ma im Alter meiner Mutter zu einer anderen Ma, als sie die Kantine verlassen.

»Bestimmt eine Farbe, die wir noch nicht gesehen haben«, sagt die andere Ma. »Hast du übrigens gehört, dass Bhagwan selbst am Steuer gesessen hat? Er ist den ganzen Weg bis zum See gefahren, und anscheinend rast er richtig gerne, denn er soll über hundert Sachen draufgehabt haben. Er ist auch mit einem Rennboot gefahren …« Den Rest verstehe ich nicht mehr, weil sie schon zu weit weg sind.

Ich nehme eine Tasse Tee und merke, dass es hier sehr still ist, beinahe ausgestorben. Das ist eine angenehme Abwechslung, denn auf der Ranch wimmelt es von Menschen. Aber plötzlich höre ich Schritte auf der Treppe, und ein Guard guckt um die Ecke.

»Was machst du hier? Musst du nicht zum Drive-by?«

»Ich habe Pause und trinke Tee.«

»Beeil dich, es ist Zeit.« Der Guard geht wieder, und ich sage mir: Denkste, ich bleibe hier!

Zehn Minuten später, als ich in der *Rajneesh Times* lese und Chocolate Chip Cookies esse, höre ich wieder dieselben Schritte auf der Treppe.

»Sag mal, bist du immer noch nicht weg? Verschwinde!«

»Ich gehe jeden Tag, ich habe Bhagwan wirklich schon oft gesehen, und jetzt will ich eben mal nicht gehen.«

»Bist du wegen Bhagwan hier, oder nicht? Und wir wollen nicht, dass jemand in den Büros rumwühlt.«

»Ich gehe nicht.«

»Du gehst, und zwar sofort!«

»Nein, Sie können mir nichts befehlen!«, rufe ich.

Der Mann schaut mich starr an, nimmt seine Maschinenpistole, richtet sie auf mich und sagt: »Du gehst jetzt!«

Ich traue meinen Augen nicht – jemand richtet einfach eine Waffe auf mich. Keuchend rase ich die Treppe runter, renne so schnell wie nie zuvor, durch das Geschäft, zum Ausgang des Einkaufszentrums, über die Holztreppe, auf den Bürgersteig, zum Drive-by.

In dieser Nacht liege ich auf meiner Matratze und lausche den Geräuschen aus Marshas Walkman. Leise höre ich Sting singen: *»Every move you make, every step you take, I'll be watching you.«* Sie kann nicht einschlafen, wenn sie es nicht jeden Tag hört. Sie hat den Song mehrere Male hintereinander auf ihr Band gespielt.

Ich habe niemandem von dem Gewehr erzählt, auch nicht meiner Mutter. Ich kann fast nicht glauben, dass es wirklich geschehen ist. Warum durfte ich nicht in der Nähe der Büros bleiben? Noch nie habe ich Menschen unter Androhung von Waffengewalt zu einer Kirche oder in eine Moschee gehen sehen. Und ganz gewiss kein Kind. Warum geschieht so etwas hier, wenn wir doch besser sind als die anderen Religionen? Ich dachte, die Waffen wären zum Schutz gegen die Außenwelt bestimmt, gegen Menschen, die uns etwas antun wollen. Ich muss es schnell vergessen.

Auch in diesem Jahr wird erst ein paar Tage lang Satsang gehalten, bevor wir Master's Day im Mandir feiern. Es ist so ziemlich dasselbe wie beim letzten Mal, aber es ist schön, mit anzusehen und zu spüren, wie Bhagwan sich freut, dass wir für ihn singen und tanzen. Diesmal sind mehr Kameras dabei, und Bhagwan hat sich noch phantastischer herausgeputzt als letztes Jahr. Sein Kleid ist mit prächtigen Bordüren verziert, er sieht aus wie ein König. Und Sheela gleicht einer Königin. Sie ist sehr wichtig, hat alles unter Kontrolle, und ihre Kleidung macht einen schönen und teuren Eindruck.

Die Musik beim Master's Day ist, abgesehen von einigen sehr aufputschenden Stücken, etwas ruhiger als im vergangenen Jahr. Ein Musikstück finde ich besonders schön, weil es auf einem Xylophon gespielt wird und eine traurige Melodie hat. Alle weinen. Ich auch. Es scheint, als würden wir alle im Saal das Gleiche fühlen, und das finde ich toll. Am Tag nach der Master's Day Celebration ist die Kassette mit dem Lied ausverkauft.

Am Ende der Feier macht Bhagwan einen gelungenen Scherz. Wir klatschen und singen alle nach seinen Anweisungen, indem er uns mit seinen Händen in der Luft dirigiert, auf und ab zu springen, bis er wie erwartet das Podium verlässt. Wir gehen alle davon aus, dass er gegangen ist, doch kurz darauf kommt er wieder aufs Podium wie ein Schauspieler auf die Bühne. Es ist so witzig, dass sich alle kaputtlachen. Meine Lachmuskeln tun mir anschließend weh.

Nachdem das Festival beendet ist und Bhagwan immer noch lebt, verschwinden die meisten Leute wieder, mit Ausnahme derjenigen, die hier leben oder einen Kurs absolvieren. Es dauert ein paar

Tage, bis alle weg sind, denn in diesem Jahr waren fünfzehntausend Besucher hier. Doch schon bald sind die Schlangen kürzer, und man kann es an den meisten Orten etwas besser aushalten.

Meine Mutter hat heute mit ihrem Kurs begonnen. Ich weiß nicht genau, was sie da macht, irgendetwas mit psychischen Sachen. Ich habe beim Visitor's Centre gefragt, wo ich arbeiten kann, und soll mich beim Bike Shop melden, vorläufig für halbe Tage. Der Fahrradladen liegt neben dem Postamt und gegenüber vom Einkaufszentrum. Dort arbeiten drei Swamis, und sie vermieten und reparieren Mountainbikes, die ich in den Niederlanden noch nie gesehen habe.

Am ersten Tag muss ich mich erst ein bisschen eingewöhnen, denn ich habe keine Ahnung, was ich tun soll, und verstehe außerdem nichts von Fahrrädern. Zu Hause wird mein Rad meistens von meinem Vater repariert. Die Swamis haben Nackenschmerzen, und ich muss ihnen den Rücken massieren. Ansonsten soll ich dort saubermachen, Kaffee kochen oder Chocolate Chip Cookies aus der Kantine über dem Einkaufszentrum holen. Es ist richtig gemütlich. Einer der Swamis ist ein älterer Mann. Eigentlich sollte er nicht in einem Fahrradgeschäft arbeiten, denn er ist alt und außerdem Bildhauer. Er zeigt mir seine Plastiken, die draußen stehen. Sie sind sehr schön, und deshalb verkauft er sie für viel Geld im Hotel.

Ich bin noch nie im Hotel gewesen, darum gehe ich nach der Arbeit dorthin, um mir anzuschauen, wie es da aussieht. Die Leute, die dort arbeiten, tragen tolle Uniformen, und am Eingang stehen Kunstwerke und teure Bänke mit schönen Kissen darauf. Auf einem Schild steht, dass man ein Bett in der Form eines Herzens wählen kann. So ein Zimmer kostet aber auch Hunderte Dollar pro Nacht. Es laufen nur ein paar Sannyasins herum, die sich offenbar diese teuren Zimmer leisten können.

Die Tage im Fahrradgeschäft gehen quälend langsam vorüber. Ich kann die Fahrräder zur Reparatur nicht alleine in die Ständer hängen, denn sie sind zu schwer, und außer Aufräumen gibt es nichts zu tun. Die Swamis sagen deshalb auch oft, dass ich gehen kann. Meine Mutter ist den ganzen Tag mit ihrem Kurs beschäftigt, weshalb ich die Zeit alleine verbringen muss. Es gibt noch mehr Kinder, aber die kommen alle aus anderen Ländern. Freundschaft schließen würde deshalb höchstens auf das gegenseitige Schreiben von Briefen hinauslaufen. Das hat nicht sonderlich viel Sinn.

Manchmal gehe ich zu dem kleinen Fluss und werfe Steine ins Wasser. Oder ich gehe zu Zarathustra in der Nähe der Buchhandlung. Dort ist es gemütlich, denn man bekommt Tee und Plätzchen, und manchmal hängen da Leute von der Musikgruppe herum. Ich wage es nicht, mich zu dicht neben sie zu setzen oder einfach mitzumachen, denn ich will nicht laut mitsingen und auffallen, aber ich summe die Lieder aus sicherem Abstand mit.

Es gibt noch mehr Leute, die nicht den ganzen Tag arbeiten. Wenn man irgendwo sitzt, grüßen sie oder kommen und halten ein Schwätzchen. Die Mas sind ziemlich nett, die Swamis auch, aber oft machen sie Komplimente, und ich weiß nicht, wie ich darauf reagieren soll. In den Niederlanden machen die Männer das nicht. Hier sagen sie es sofort, wenn sie finden, dass man gut aussieht. Sie sagen auch verrückte Dinge: dass man eine besondere Energie hat oder wie eine Frau geht. Dass machen die Erwachsenen untereinander auch, und manchmal sieht es so aus, als wäre jeder verliebt.

Ich war noch nie am See, und ich beschließe, wenn ich mal wieder nichts zu tun habe, meinen Bikini zu holen und baden zu gehen. Zum Krishnamurti-See muss man mit dem Bus ein ganzes

Stück fahren, am Flugplatz und an der Universität vorbei. Auf dem Weg dorthin erklärt eine Ma die Vorschriften der Anti-Aids-Politik. Man ist ungeheuer streng in diesen Dingen.

»Säubern Sie bitte in der Umkleidekabine mit den Alkoholtüchern Ihre Genitalien. Das ist wirklich wichtig, weil Bhagwan sagt, dass das Aids-Virus in allen Körperflüssigkeiten sitzen kann. Werfen Sie die benutzten Tücher anschließend in die Abfalleimer, auf denen steht: KONTAMINIERTER ABFALL. Und vergessen Sie nicht: Wenn Sie Ihre Periode haben, dürfen Sie auf keinen Fall schwimmen!« Die Frau schaut dabei drein, als wenn sie die Prinzipien des Schnell-Tests erklärt.

In der Umkleidekabine tut jeder, was die Ma gesagt hat, aber als ich vor dem Schwimmen noch eben auf die Toilette gehe, beschleicht mich das Gefühl, dass die Alkoholtücher jetzt wohl nur noch wenig Sinn haben. Ich frage mich, wie die anderen Leute darüber denken mögen.

Der Krishnamurti-See ist sehr schön angelegt. Er ist ziemlich groß, und es gibt dort einen langen Holzsteg, der weit ins Wasser hineinragt. Mehrere Leute liegen dort und sonnen sich. Ich kenne niemanden und suche einen Platz für mein Handtuch. Meine Mala behalte ich an, denn ich habe Angst, dass sie sonst durch die Schlitze des Stegs fallen könnte.

Ich lese ein wenig in der *Rajneesh Times*, »The World's Best Newspaper in the World's Best City«, und spähe herum. Es wird viel geplaudert und geschwätzt. Etwas weiter sitzt ein Mann mit einem langen Bart und schaut immer wieder zu mir herüber. Dann lacht er. Ich kann nicht anders, als zurückzulachen, denn jeder ist hier immer freundlich zum anderen. Aber dann kommt er auf mich zugelaufen und schaut mich dabei an. Ich springe auf und hechte so schnell wie möglich ins Wasser. Mit Mala und allem anderen.

Abends treffe ich zufällig meine Mutter. Sie sieht aus, als hätte sie unheimlich hart gearbeitet oder viel geweint. Sie will wissen, wie es mir geht, aber von mir gibt es nicht viel zu erzählen.

Sie will auch einen Ort mit mir vereinbaren, wo wir uns immer erreichen können. In unseren A-frames gibt es zwar Telefon, aber dann muss man wissen, wann die andere zu Hause ist. Das ist also auch keine Lösung. Wir einigen uns darauf, dass der kleine Platz bei der Buchhandlung die beste und zentralste Stelle ist und dass wir uns dort in Zukunft abends treffen.

Meine Mutter erzählt, dass etwas Komisches passiert ist. Eine Ma, die mit ihr zusammen den Kurs macht, wollte an einem Tag nicht kommen, weil sie Bauchschmerzen hatte. Sie hatte ihre Periode, sagt meine Mutter. Aber als sie bei den Leitern des Kurses anrief, um mitzuteilen, dass sie nicht käme, sagten die ihr, sie dürfe nicht in ihrem A-frame bleiben und müsse ins Pythagoras gehen. »Aber sie war überhaupt nicht krank, sie hatte einfach nur Bauchschmerzen«, erzählt Rupi. »Trotzdem musste sie entweder ihr A-frame verlassen und den Kurs besuchen oder zur Krankenstation gehen. Lächerlich ist das! Man kann doch wohl mal einen Tag zu Hause bleiben.«

Rupi hatte noch ein paar Fragen zu der Sache gestellt, aber niemand hatte ihr befriedigend geantwortet. Ich weiß nicht, was ich davon halten soll. Wollten sie vielleicht besonders gut für die Frau sorgen? Sollte das Haus vielleicht so wie ein Hotelzimmer saubergemacht werden? Oder wollten sie vielleicht nur feststellen, ob die Frau wirklich krank war?

Ich finde meine Arbeit im Fahrradgeschäft immer weniger schön, und deshalb beschließe ich, beim Visitor's Centre zu fragen, ob ich in der großen Küche im Magdalena arbeiten darf. Man ist damit einverstanden, und ich darf sogar im Hauptgebäude arbeiten, in dem die zentrale Bäckerei untergebracht ist. Ich muss morgens um halb acht anfangen, und es dauert den ganzen Tag, mit einer Pause nach dem Mittagessen.

Am nächsten Morgen nehme ich früh den Bus, sodass ich vorher noch irgendwo in Ruhe frühstücken kann. Als der Bus ankommt, ist er total leer. Der Chauffeur ist ein lustiger Mann mit Kraushaar. Er sagt, dass ich mich in seine Nähe setzen soll, damit wir miteinander reden können. Er fragt mich, wo ich herkomme und was ich vorhabe. Dann meint er, dass er auch noch frühstücken muss und dass wir das doch zusammen machen können. Er heißt Amal.

Ich finde das prima, und gemeinsam holen wir Cornflakes und Tee. Amal erzählt, dass er aus Südeuropa kommt und früher als Fußballspieler in der Nationalmannschaft gespielt hat. Er war sehr gut, und jeder kannte ihn. Ich denke daran, wie ich mir mit meinem Vater Fußballspiele angeschaut habe und dass wir dabei vielleicht Amal auf dem Platz gesehen haben. Wir unterhalten uns noch etwas, über meine Schule und was ich später werden will. Dann muss ich los.

»Wir werden uns sicher noch mal treffen. Wenn nicht hier, dann irgendwann später. Ich spüre eine besondere Verbindung zu dir. Meiner Meinung nach haben wir uns schon gekannt. Aber vielleicht musst du erst noch ein bisschen älter werden«, sagt er.

Warum muss ich erst älter werden? Und warum haben wir uns schon gekannt? Ich habe ihn vorher noch nie gesehen. Vielleicht meint er in einem früheren Leben. Meine Mutter redet auch manchmal von Reinkarnation.

Der erste Tag im Magdalena ist spannend, und ich muss viele Dinge lernen. Alles wird mir gut erklärt. Die Leute sind fröhlich, singen während der Arbeit oder machen Scherze. Ich habe noch nie so große Pfannen und Töpfe gesehen. Ich könnte sie niemals alleine hochheben. Ich bekomme eine rote Schürze um und muss mein Haar unter ein Netz stopfen. Der Rundgang durch die Küche führt uns auch in den Vorratsraum, wo ich eine große Tonne voll mit Chocolate Chips entdecke, die in die Plätzchen kommen. Es sind Millionen.

In der Küche ist es sehr laut. Überall brutzelt es in Pfannen und Töpfen, Teigmaschinen rühren, oder Gemüse wird mit Schneidemaschinen zerkleinert. Man hört Mixer und Mischgeräte arbeiten. Die Bäckerei liegt um die Ecke. Dort werden die kleinen Torten für die Sannyas-Geburtstage hergestellt. Mindestens fünfzig Stück sind bereits fertig, auf die nur noch Vanille- oder Schokoladencreme drauf muss. Die Törtchen sind herzförmig, und es steht HAPPY BIRTHDAY darauf. In Kürze darf ich auch meine Torte abholen, denn am 6. August bin ich sechs Jahre Sannyas. Einer neuen Regelung entsprechend darf man seine Torte im Jesus Grove abholen, im Büro von Sheela. Sheela kommt einem dann gratulieren. Ich möchte sie gern einmal persönlich treffen.

Die Ma, die mir alles erklärt, heißt Bhakti und ist die Leiterin der Küche. Sie erteilt alle Aufträge und sagt mir, dass ich zuerst in der Bäckerei helfen soll. Darüber freue ich mich, denn so kann ich mehrmals pro Tag die Taschen meiner Schürze mit Chocolate Chips füllen. Abends ist mir schlecht. Es ist schon spät, und ich schaffe es nicht, meine Mutter an der vereinbarten Stelle zu treffen.

Bhakti hat gesagt, dass ich in Zukunft etwas früher kommen muss, weil wir pünktlich um halb acht die *Reminder* machen. Ich weiß nicht, was das ist, hoffentlich keine blödsinnige Meditation.

Am nächsten Morgen stellt sich heraus, dass es um eine Art Gebet geht. Wir müssen alle vor einem großen Porträt von Bhagwan auf dem Boden knien. Bhakti sitzt vorne und sagt, dass wir unsere Augen schließen sollen. Dann sagt sie: »Vergiss nicht, dass du hier in einer Kommune von Bhagwan bist und dass du hier bist, um als Mensch zu wachsen. Vergiss nicht, dass diese Kommune ein spiritueller Ort und deine Arbeit eine Meditation ist. Vergiss nicht, dass die Küche ein Tempel ist und dass du mit Messern und großen Maschinen arbeitest und vorsichtig sein musst.«

Anschließend machen wir die Gachchhami. Als wir fünf Minuten später mit der Arbeit beginnen, oder dem *worship*, wie sie es nennen, sind wegen der Reminder noch alle ruhig, doch danach wird es wieder gemütlich, und es werden Witze gemacht.

Die Arbeit im Magdalena ist schwer, und ich habe schnell kapiert, womit ich jedem am besten helfen kann. Oft sind es kleine Dinge wie das Abmessen der genauen Menge Mehl für den Teig. Ich fühle mich endlich nützlich, auch wenn ich nur eine kleine Biene in einem riesigen Bienenkorb bin. Aber ich glaube, dass Bhagwan das nichts ausmacht, auch was ich tue, ist wichtig.

Marsha arbeitet auf der Dairy Farm, wo fünfzig Milchkühe gehalten werden, und sie kennt ein paar andere Teenager. Sie sind etwas älter als ich, aber trotzdem lädt sie mich ein, mir in einer Art Jugendheim einen Film anzuschauen. Erwachsene dürfen dort nicht hinkommen. Ich kenne niemanden außer Marsha und bin verlegen. Zum Glück fängt der Film auf einer großen Leinwand schnell an: *Flashdance*. Es ist ein fröhlicher Film über ganz gewöhnliche Menschen, der mich wieder in die Außenwelt zurückversetzt. Ich hatte fast vergessen, dass es die noch gibt. Aber es ist schon auffallend, welch große Schwierigkeiten die Menschen in dem Film haben, ihre Gefühle zu zeigen. Das ist hier ganz anders. In der Außenwelt tun sich die Leute damit sehr viel schwerer. Aber dort lassen sie einen auch mehr in Ruhe: Man braucht nicht den ganzen Tag über zu sagen, was man fühlt. Bei der Arbeit im Magdalena und auch im Fahrradgeschäft fragen die Leute andauernd, was los ist, wenn man mal kurz nicht fröhlich guckt. Ich habe nicht immer Lust, gleich zu sagen, was los ist, aber das finden sie nicht gut, dann ist man verschlossen.

Marsha und ich sind Freundinnen geworden, tanzend und singend kehren wir in unser A-frame zurück. Als wir dort ankommen, sehen wir gerade noch, wie ein Rudel Hirsche davonprescht, das neben dem A-frame geäst hat.

Ich möchte noch mehr Hirsche und andere Tiere sehen, und so beschließe ich, als im Magdalena nachmittags mal nicht so viel zu tun ist, in die Berge zu gehen. Einer der Berge wird so oft bestiegen, dass dort ein Pfad entstanden ist, auf dem es kein Gras mehr gibt. Jetzt ist dort niemand außer mir. Oben angekommen habe ich eine herrliche Aussicht. Ich finde es unglaublich, wie groß diese Kommune ist, der einzige Fleck auf der Erde, wo es keine Kriminalität gibt, keine Intoleranz zwischen den Kulturen und keine Diebstähle oder Vandalismus. Es ist ein Paradies, voller bewusster und fröhlicher Menschen, die nur das Beste für die Welt und für sich selbst wollen und die deshalb die prophezeiten Kriege, Krankheiten und Naturkatastrophen überleben werden. Und ich stehe hier und bin zufrieden.

Der Rückweg ist mir zu steil. Wenn man runterläuft, sieht man nicht einmal den Fuß des Berges. Ich verlasse den Pfad und laufe über den Einschnitt zwischen zwei Bergen nach unten. Unterwegs höre ich immer wieder eine Art Zischen, als wenn eine Plastiktüte im Wind rauscht.

Als ich unten ankomme, bekomme ich ziemlich Ärger mit einer Ma, die zufällig in einem braunen Lieferwagen vorbeifährt. Sie trägt eine Uniform der Rajneesh Peace Force und hat wie alle Guards ein Walkie-Talkie bei sich. »Bist du alleine spazieren gegangen?«, fragt sie. »Bist du denn total verrückt? Niemand weiß, dass du unterwegs bist, und hier gibt es überall Klapperschlangen, die dich beißen können!«

Heute habe ich Sannyas-Geburtstag, ich darf im Jesus Grove meine Torte abholen. Morgens habe ich selbst noch dabei geholfen, die Torten zu machen, trotzdem freue ich mich darauf, denn es ist die Chance, Sheela zu treffen, auch wenn sie vielleicht nicht viel Zeit hat.

Als ich beim Empfang sage, dass ich heute Geburtstag habe, gibt es keine begeisterte Reaktion. Eine Frau schickt mich zu einer Bank, auf der ich warten muss. Nach einer Viertelstunde ruft sie mich zurück und notiert die Nummer meines Armbands. Dann verschwindet sie in einem Gang und kommt kurz darauf mit einem Törtchen zurück, das irgendwo anders gemacht worden ist, denn es ist weniger schön, und es steht auch kein HAPPY BIRTHDAY darauf.

»Und Sheela?«, frage ich.

»Was ist mit Sheela?«, fragt die Frau.

»Kommt sie nicht, um mit mir die Torte zu essen?«

»Glaubst du etwa, dafür hätte sie Zeit? Sie ist Bhagwans Sekretärin!«

Enttäuscht und wütend gehe ich wieder. Meine Mutter kann ich jetzt nicht treffen, denn die ist mit ihrem Kurs beschäftigt. Ich nehme das Törtchen mit nach Hause. Marsha ist auch da, und zusammen essen wir es auf.

Wir haben Lust, an diesem freien Nachmittag etwas zu unternehmen, aber wir wissen nicht, was. Eigentlich langweilen wir uns. Wenn man arbeitet, fallen einem genug Dinge ein, die man gerne tun würde, aber wenn man dann frei hat, hat man sie vergessen. Marsha war noch nicht beim Jesus Grove, und so beschließen wir, uns da ein bisschen umzusehen. Nachdem wir ein paar Minuten heimlich nach drinnen gelinst haben, wobei wir nichts Interessantes sehen, werden wir von einem Guard weggejagt. »Macht, dass ihr hier wegkommt!«

»Hier darf man aber auch gar nichts«, sagt Marsha halb zum Guard. Und zu mir: »Bist du übrigens schon mal bei ›Lost and Found‹ gewesen?« Ich schüttle den Kopf, und sie nimmt mich mit zu einer Tür in der Nähe des Fahrradgeschäfts. »Wenn sie fragen, musst du einfach sagen, dass du deine Baseballkappe verloren hast.«

Doch da ist niemand zu sehen, und schnell schlüpfen wir nach oben. Im ersten Stock gibt es einen Raum, der von roten Kleidern, Taschen, Jacken, Regenschirmen, Mützen und allem, was die Leute während des Festivals verloren haben, übersät ist. Vor allem wimmelt es von Sonnenbrillen. Wir klauen jeder eine Tasche, eine Kappe und eine Sonnenbrille und rennen wieder nach draußen. Niemand hat es bemerkt.

Mittlerweile habe ich meine Mutter schon eine ganze Zeit nicht mehr gesehen. Das Wetter ist seit ein paar Tagen weniger schön, und im Magdalena ist ziemlich viel zu tun. Außerdem hat mich jemand beim Klauen der Chocolate Chips erwischt. Ich hatte sie vergessen, und sie waren in der Tasche meiner Schürze geschmolzen. Es war aber nicht so schlimm, der Swami hatte wohl Verständnis dafür, dass ich Schokolade mag. Zu allem Unglück stolpere ich auch noch über eine Türschwelle und falle hart auf die Knie. Sofort ist Bhakti bei mir, um mir auf die Beine zu helfen. »Ich rufe bei Pythagoras an«, sagt sie. Ich finde es nicht nötig, deswegen gleich ins Krankenhaus zu gehen. »Doch, das ist hier so üblich. Wenn man irgendetwas hat, geht man ins Krankenhaus.«

Kurz darauf werde ich in ein Auto gehoben und ins Krankenhaus gebracht. Ich versuche zu erklären, dass ich nur auf die Knie gefallen bin, trotzdem werde ich in ein Krankenbett gesteckt.

Es dauert lange, bis meine Mutter erscheint. In der Zwischenzeit hat sich niemand meine Knie angeschaut.

»Was ist los mit dir?«, kommt meine Mutter hereingestürmt.

»Nicht viel, ich bin nur hingefallen. Da haben die mich gleich hierhin gebracht. Zum ersten Mal habe ich wieder in einem Auto gesessen.«

Meine Mutter untersucht meine Beine, denen nichts anzusehen ist.

»Ich habe einen Heidenschreck bekommen. Mir wurde ein Zettel zugeschoben, auf dem stand: DEINE TOCHTER LIEGT IM KRANKENHAUS. Was es ist, stand da nicht. Und hier wollte man mir nichts sagen, bevor ich nicht bezahlt habe. Es kostet fünfundzwanzig Dollar, weil unsere Versicherung hier nicht gültig ist.«

Kurz darauf kommt ein Swami, der wie ein Arzt aussieht. Als Erstes fragt er mich, ob ich heute nicht so gut gelaunt bin. Damit hat er Recht, und das ist mir auch egal, weil ich finde, dass sie meiner Mutter hierfür nicht so viel Geld aus der Tasche ziehen dürfen. Alles ist sowieso schon teuer genug.

Der Arzt spricht mit meiner Mutter über die Knie. Es ist zwar nicht so schlimm, ich müsste aber trotzdem ein paar Ultraschallbehandlungen bekommen. In den nächsten Tagen wäre das hier im Pythagoras möglich.

Danach gehen meine Mutter und ich ein Eis essen. Es ist schön, sie wieder einmal zu sehen, und vor allem tut es gut, von ihr zu hören, dass sie hier bestimmte Dinge, wie die Waffen und die strikten Regeln, auch nicht mag. Ich erzähle von der Geburtstagstorte. Sie hat sich an ihrem Geburtstag keine holen können, weil da der Kurs schon begonnen hatte. Da hat sie nicht viel verpasst, sage ich ihr.

Bhakti hat mich gefragt, ob ich damit einverstanden bin, dass ich ins Zarathustra versetzt werde. Dort würde ich in der *Kid's Line* arbeiten, das heißt, Essen speziell für die Kinder zubereiten. Ich wusste nicht, dass es besonderes Essen für die Kinder gibt, geschweige denn, dass hier viele Kinder sind, aber ich bin einverstanden. Magdalena bedeutet eine längere Busfahrt, und das Zarathustra liegt günstig, ganz in der Nähe des Einkaufszentrums.

Der Unterschied zur Arbeit im Magdalena besteht darin, dass sie übersichtlicher ist, weil wir mit einer separaten Gruppe für einen kleinen Teil der ganzen Kantine verantwortlich sind. Wir arbeiten in einem abgesonderten Raum. Die Mahlzeiten für die Kinder sind die gleichen wie für die Erwachsenen, nur tun wir dort weniger Knoblauch und Zwiebeln hinein. Und Keimlinge mögen die meisten Kinder nicht, was mich nicht wundert. Das Essen muss um zwölf Uhr bereitstehen.

Seltsam finde ich nur, dass das Essen um Viertel vor zwölf von ein paar Sannyasins, die nicht in der Küche arbeiten, kontrolliert wird und dass wir dann alle den Raum verlassen müssen. Nach der Kontrolle müssen wir das Essen auf die großen Tische stellen. Leider ist es dann meistens schon abgekühlt.

Die wichtigen Personen hier auf der Ranch kann man ganz leicht erkennen. Sie sind immer von vielen Leuten umgeben, tragen schöne Kleider und Taschen und fahren in braunen Lieferwagen herum. Für die meisten Funktionen gibt es keine speziellen Uniformen, und dennoch scheint es, als wenn sie sich irgendwo mit schöner Kleidung eindecken. Eine der wichtigen Personen ist Tarik. Er ist Therapeut und Gruppenleiter.

Ich stehe am kleinen Fluss hinter dem Zarathustra und werfe Steine ins Wasser, als ich Tarik mit einigen Leuten reden sehe. Er bittet mich, dazuzukommen, und fragt mich, wer ich bin. Danach fängt er an, den anderen gegenüber Bemerkungen über mein Äußeres zu machen. Das finde ich nicht nett, und so etwas erwarte ich auch nicht von einem Gruppenleiter. Als die anderen Leute gehen, stellt er mir noch weitere Fragen: Wo ich arbeite, und was ich dort genau tue. Anschließend sagt er, dass ich bald zu ihm in eine Gruppe kommen soll, um mich selbst kennenzulernen. Ich finde es allerdings komisch, dass er mir das vorschlägt, denn ich beteilige mich nie an Meditationen und Gruppen, und soweit ich weiß, brauchen Kinder das auch nicht zu tun.

Den Erwachsenen bleibt übrigens wenig Zeit zum Meditieren, finde ich. Jeder möchte erleuchtet werden und strebt danach, aber die Leute müssen hauptsächlich arbeiten. Morgens machen sie Dynamic-Meditationen, aber ob das reicht, um erleuchtet zu werden? Ich betrachte es eher als Sport, aber von der unangenehmen Art. Dann lieber Aerobic.

Die Dynamic-Meditationen beginnen morgens ungefähr um sechs Uhr. Die Meditation dauert eine Stunde, wobei man die ersten zehn Minuten durch die Nase ausatmet. Wenn man um diese Zeit zufällig aufwacht, hört man das Schnaufen schon von weitem. Dann folgt zehn Minuten lang die »totale Katharsis«. Damit ist gemeint, dass man schreit, weint, tanzt, springt und sich schüttelt, als hinge das Leben davon ab. Das ist ein solcher Krach, dass jeder, der sich nicht an dem Dynamic beteiligt, danach ebenfalls wach ist. Anschließend muss man zehn Minuten mit nach oben gestreckten Armen hüpfen und »Huh, huh, huh« rufen. Wenn die Musik plötzlich aufhört, muss man »einfrieren« und eine Viertelstunde in genau derselben Haltung stehen bleiben. Es endet mit einer Viertelstunde Tanz. Wenn man keine Lust hat, über seine Gefühle zu sprechen, sagen die Leute: »Mach mal die Dynamics.« Ich halte aber nichts von einer aufgezwungenen Katharsis. Ich würde die Dynamics ja gern mal machen, aber nicht, wenn alle ständig darüber quatschen.

Unser Aufenthalt auf der Ranch geht dem Ende entgegen. Ich kann mir kaum vorstellen, dass ich in zwei Wochen die Oberschule besuche. Jeden Tag mit dem Bus nach Den Haag, um das

Gymnasium zu erreichen. Ich habe mich als Maroesja und nicht als Chandra einschreiben lassen.

Meine Mutter hat ihren Kurs fast beendet. Sie hat nicht viel von der Ranch gesehen und nur ein paar Mal schwimmen können. Trotzdem ist sie glücklich, glaube ich. Sie erzählt, dass sie viel gelernt hat.

Um unseren Abschied zu feiern, buchen wir (als große Ausnahme, denn es ist sehr teuer) eine Tour mit dem Jeep durch die Berge. Wir sind eine kleine Gruppe und ungefähr vier Stunden unterwegs. Im Jeep werden wir ganz schön durchgerüttelt, denn der Fahrer donnert unheimlich schnell über die steilen Pfade.

Als wir am Flughafen ankommen und uns wieder in der normalen Welt befinden, bin ich geschockt. Jeder hat es eilig und wirkt missmutig. Es ist, als wären die Menschen mit einem dunklen Schleier umgeben, als ob niemand glücklich ist. Niemand lacht laut. Die Menschen berühren sich nicht. Heimlich bin ich froh, dass meine Mutter und ich einen schönen Sommer hatten. Diese Menschen haben keinen Bhagwan, den sie lieben können. Ich sehe, wie die Zollbeamten Taschen kontrollieren und misstrauisch gucken. Ich sehe ihre Gewehre: Jetzt weiß ich, wie es ist, damit bedroht zu werden.

KAPITEL 5

Spacing out und mindfucken
1984 Das Montessori-Gymnasium in Den Haag

Das Schuljahr beginnt, und ich muss mich gewaltig umstellen. Ich brauche nicht zu arbeiten oder Essen für die kleinen Kinder zu bereiten, ich muss nicht jeden Tag rote Kleider anziehen und meine Mala umhängen oder an Bhagwan denken und daran, wie es ihm geht. Es gibt keine Feiern. Die Vorstellung, so weit von unserer Welt entfernt zu sein, ist seltsam. Plötzlich bewege ich mich wieder in der Außenwelt.

In unserem Briefkasten liegt Post von der Ranch. Ich erschrecke, weil ich fürchte, dass sie dahintergekommen sind, dass ich mit Marsha Sachen aus »Lost and Found« geklaut habe. Aber in dem Brief, von Sheela selbst geschrieben, geht es um die Zeichnung, die ich vor unserem Sommeraufenthalt an Bhagwan geschickt habe. Sheela schreibt: »Geliebte Chandra, Love. Wir haben dieses wundervolle Bild, das du Bhagwan geschickt hast, erhalten und senden dir seinen Segen. ›Gott liebt dich so sehr, dass er diese Welt für dich erschaffen hat, um mit ihr zu spielen, zu tanzen. Es ist ein Fest.‹ His blessings, Ma Anand Sheela.«

Ich finde es toll, dass ich einen Brief von ihr bekommen habe, verstehe aber nicht, warum sie Gott erwähnt. Ist Bhagwan nicht gegen Gott?

Ich gehe in eine nette Klasse, und jeder kennt mich als Maroesja. Doch es dauert nicht lange, dann wissen meine Klassenkameraden, wer ich zu Hause bin, weil ich ein paar Freundinnen habe, mit denen ich viel rede. Sie haben Fragen, vor allem zu den Rolls Royce. Ich antworte, dass laut Bhagwan »Religion nicht mit Mäßigung einhergehen muss«, eine Antwort, die selten neue Fragen aufwirft. Meine Freundinnen sind lieb. Sie finden es wohl sogar interessant und bezeichnen meine Mutter als »ganz anders als andere Mütter«, auch wenn es lange dauert, bis ich sie mit zu mir nach Hause zu nehmen wage. Trotzdem ist schwer zu verhindern, dass ich eine Außenseiterin bleibe.

Je länger wir Sannyasins sind, desto mehr rote Kleidung habe ich, und Schülern wie Lehrern fällt auf, dass ich mehr rote Sachen als üblich trage. Glücklicherweise sind die Neckereien nicht so schlimm und urteilen manche Klassenkameraden nicht so voreilig. Ich finde sie weniger erwachsen als meine Altersgenossen aus der Sannyas-Welt, das schon. Manchmal finde ich sie rundweg kindisch. Sie tun Dinge, die wir *spacing out* (abwesend sein) und *mindfucken* (zu viel nachdenken oder analysieren) nennen, und sie reden nicht offen über ihre Gefühle. Soll ich das für schlecht halten? Soll ich ihnen beibringen, offener zu sein, oder gehört sich das einfach so? Macht es überhaupt einen Sinn, zur Schule zu gehen? Bhagwan würde sagen, dass Kinder keine großen Kenntnisse brauchen, dass man nicht viel in sie hineinstopfen soll, sondern dass man lieber erkennen soll, was schon in ihnen steckt. Aber Bhagwan hüllt sich in Schweigen.

Mein Stundenplan ist voll, in der Schule habe ich fast mehr zu tun als im letzten Sommer in der Küche auf der Ranch. Die Doppelstunden am Dienstag und Donnerstag fallen mir schwer, und ich kann mich nur mühsam konzentrieren. Die ganze Klasse hat Schwierigkeiten damit. Es heißt, die Klasse 1C sei eine Katastrophe. Ich bin mal gespannt, ob wir am Ende des Jahres versetzt werden.

In meiner Klasse gibt es einen Jungen, Joris, der mich als Freundin haben will. Über zwei Freundinnen schickt er mir einen Brief. Ich finde es komisch und altmodisch, mit einem festen Freund zu gehen, das gab es früher mal. In der Kommune und auf der Ranch hat niemand eine feste Beziehung. Beziehung heißt sich verloben, sich verloben heißt heiraten, und heiraten ist Unsinn. Heiraten ist ein Vertrag, der die Liebe tötet, sagt meine Mutter. Aber ein fester Freund ist trotzdem etwas Schönes, und vielleicht gehört es sich ja auch so. Also habe ich jetzt eine Beziehung mit Joris und schreibe ihm einen Brief mit einem »Ja« darauf zurück. Nach ein paar Wochen ist es aber schon wieder aus, weil wir uns zu selten sehen.

Etwas ganz Besonderes hat sich ereignet: Bhagwan hat wieder zu sprechen begonnen. Plötzlich, einfach so, nach dreieinhalb Jahren. 1315 Tage hat er nichts gesagt, vermeldet die *Rajneesh Times*. Meine Mutter hat sie abonniert und arbeitet manchmal für die Zeitung. »Die flauschigste Zeitung der Niederlande« steht darüber, und man kann sie sogar in Geschäften wie dem Bijenkorf und bei Albert Heijn kaufen, denn es werden ungefähr fünfzehntausend Exemplare gedruckt. Das Erste, was Bhagwan gesagt hat, wird schnell weitergegeben: »Unsere Religion ist die einzige Religion. Unsere Religion ist die einzige Religion in der Geschichte der Menschheit. Alle anderen Religionen sind Experimente, die gescheitert sind.«

Ich weiß nicht, ob seine Worte außergewöhnlich sind. Von dem, was er vorher gesagt hat, ist wenig hängen geblieben. Ich weiß nur, dass er oft über die Männer gesprochen hat, weil seine Sätze auf den Tonbändern häufig mit *»man is …«* und dann noch einer ganzen Geschichte dahinter anfangen. Beim S lispelt er immer. Auf jeden Fall sind alle unheimlich glücklich und gerührt von der Tatsache, dass er wieder spricht. Ich kann mir nicht vorstellen, dass er wirklich all die Tage nichts gesagt hat, und meine Mutter ist davon überzeugt, dass er sicher gewöhnliche Gespräche geführt hat und jetzt erst wieder echte, das heißt öffentliche Lesungen abhält.

Ab und zu gehen wir sonntags zum Swingen ins Zorba the Buddha, der Disko, die zur Kommune in Amsterdam gehört. Fast alle Kommunen in den großen Städten haben eine Bhagwan-Diskothek. Unsere läuft gut. Zum größten Teil kommen Leute aus der Außenwelt, aber am Sonntag ist sie nur für Sannyasins offen.

Im Zorba, während eines netten Festes, hört meine Mutter noch mehr Einzelheiten über Bhagwan und seine Pläne, denn Sheela war zu Besuch in den Niederlanden und hat ein paar Dinge bekannt gegeben. Die Kommune war für ihr Kommen total aufgeräumt und herausgeputzt worden. Das ist natürlich etwas ganz Besonderes, wenn Sheela da ist und sich für die vielen Sannyasins in den Niederlanden interessiert. Neben Amsterdam hat sie auch andere große Kommunen in Europa besucht.

Sheela hat gesagt, Bhagwan findet, dass Kinder besser dran sind, wenn sie ohne ihre Eltern leben, weil die ihre Kinder sowieso nur mit Informationen darüber vollstopfen, was sich gehört. Wenn die Kinder bei liebevollen Menschen leben würden, die nicht ihre Eltern sind, könnten sie ohne diesen ganzen Ballast aufwachsen.

Der Film *De Nieuwe Mens* (Der neue Mensch) von Frank Wiering, der erst vor Kurzem in der Kommune in Amsterdam gedreht wurde, wird im Fernsehen gezeigt. Unter den Sannyasins herrscht große Zufriedenheit – endlich jemand, der sich die Mühe macht, uns wirklich zu verstehen.

Meine Mutter und ich haben einen Tag die Dreharbeiten verfolgt, als wir in der Kommune in Amsterdam zu Besuch waren.

Die Kommune ist in ein besonders großes Gebäude umgezogen und in einem alten Kloster untergebracht.

Am Tag der Ausstrahlung des Films *De Nieuwe Mens* redet meine Mutter über nichts anderes. Jeder Anrufer und jeder, der vorbeikommt, wird informiert. Auch mein Vater. Der Film läuft auf dem niederländischen Sender VPRO, und das ist gut, sagt meine Mutter. Der VPRO würde nicht einfach einen schlechten Bericht über uns bringen, was in Zeitungen, im Radio und in Fernsehrunden oft geschieht, wo man uns so darstellt, als wären wir verrückt. Zum Beispiel wurde ein Bericht über Poona gebracht, darin hieß es, die Sannyasins würden den ganzen Tag nur herumhängen und nichts tun, hätten gescheiterte Ehen hinter sich und wären ehemalige Psychiatriepatienten.

Als der Film anfängt, sind wir etwas nervös. Es ist ein Film über uns! Der Mann in dem Film erzählt, dass er selbst beinahe auch Sannyas geworden wäre, und wir lachen, weil ihm der Mut fehlt. Er bleibt lieber Teil der dummen Masse. Er war in der Kommune in Amsterdam und auf der Ranch. Wir sehen viele Bekannte auf dem Bildschirm. Der Mann äußert sich freundlich und ist uns wohlgesonnen, aber es kommt doch ein bisschen so rüber, als wären wir komisch. So wird uns die Außenwelt natürlich immer sehen, weil die anderen Menschen es nicht kapieren. Außerdem wird in Artikeln über den Film gesagt, dass wir eine Sekte sind, und das sind wir nicht. Eine Sekte ist für Menschen da, die nicht nachdenken können und einfach jemandem hinterherlaufen, aber Sannyasins sind oft hochgebildet, also bestimmt nicht dumm. Und Bhagwan ist natürlich auch kein verrückter Anführer einer Sekte.

Es scheint, als hätte die ganze Schule den Film gesehen, und auch meine Klassenkameraden verstehen jetzt etwas besser. Trotzdem reden die Schüler hauptsächlich über die Kondome und Handschuhe, die die Sannyasins auf Anweisung von Bhagwan benutzen müssen, wenn sie Sex miteinander haben. Die meisten Schüler haben noch nie von Aids gehört und machen Witze darüber. Ich muss oft erklären, was das ist. Ich verstehe nicht, dass ihre Eltern noch nie von Aids gehört haben.

Mein Vater hat den Film auch gesehen und kann sich jetzt ein besseres Bild von meinem Aufenthalt auf der Ranch machen. Ich glaube nicht, dass er das alles gut findet. Und ich kann ihm nicht klarmachen, warum es auch schön ist, dort zu sein, und warum wir »Der neue Mensch« sind.

Jedes Mal, wenn ich mit ihm rede, komme ich durcheinander. Sind wir nun ein neuer, also besserer Mensch und deshalb besser als Papa? Wird er sterben, wenn es eine Naturkatastrophe oder einen Atomkrieg gibt, ich dagegen nicht, weil wir zu Hause meditieren? Soll ich ihm das erzählen, oder würde er es nicht verstehen? Oder verstehe ich es selbst nicht? Ich wollte, meine Mutter würde es ihm erklären, aber sie reden selten miteinander.

In Bezug auf Aids gibt es viel zu tun. In der *Rajneesh Times* wird oft darüber geschrieben. Jetzt heißt es dort, dass Aids tatsächlich im Speichel enthalten sein könnte. Deshalb wird geraten, einander nicht zu küssen, nicht den Becher oder das Besteck des anderen zu benutzen. Wenn ich bei meinem Vater bin, der den Salat macht und die Sauce mit einem Löffel abschmeckt, wage ich nichts mehr von dem Salat zu essen. Ich sage lieber nichts, weil ich Angst habe, dass er wütend wird. Niemand glaubt, dass Aids wirklich eine bösartige Krankheit ist.

Ich bekomme einen Brief von Sajala, dem Mädchen, das ich in Soest kennengelernt habe. Sie fragt, ob wir in eine Kommune ziehen. Ihre Mutter denkt darüber nach.

Meine Mutter spricht manchmal mit mir davon, aber sie ist sich noch nicht schlüssig. Ich auch nicht. Es erscheint mir gemütlich und unterhaltsam, wenn es immer so wie auf der Ranch sein könnte. Keine Schule, arbeiten und die Tage mit vielen geselligen Leuten verbringen. Aber nicht alles ist so angenehm, und außerdem kann ich dann nicht mehr so einfach zu meinem Vater, denn die Kommune ist in Amsterdam. Wenn Sajala auch dort wohnen würde, fände ich das schön. Vielleicht könnten wir dann zusammen arbeiten. Aber ich habe auch meine Freundinnen in der Schule, und dort lerne ich eine Menge. Das ist doch alles wichtig, auch wenn Bhagwan sagt, dass Erdkunde und Geschichte unwichtig sind. Mein Vater ist da ganz anderer Meinung. Übrigens, sagt er, wie willst du denn wissen, ob Bhagwan ein wichtiger Mann ist oder nicht, wenn du nicht viele Bücher gelesen hast?

Trotzdem scheint meine Mutter einen Umzug immer ernsthafter zu erwägen. Bhagwan hat gesagt, dass die Kommune für Sannyasins der ultimative Aufenthaltsort ist und dass man die Kommune wirklich erleben muss. Meine Mutter und ich kriegen Streit, als sie sagt, dass wir dann viele Sachen weggeben müssten. Meine Sachen weggeben? Niemals!

Deshalb bin ich dagegen. Kein Umzug in die Kommune. Ich will normal leben, wie meine Klassenkameraden.

Der neueste Schrei in der Schule sind Ratten. Jeder hat eine. Simon, ein Junge aus einer anderen Klasse, bietet mir eine an, denn er hat zwei Würfe. Unsere Katzen Pief und Paf sind schon lange tot, die neue ist auch gestorben, und den Wellensittich hat ein Herzanfall ereilt. Wir brauchen schnell ein neues Haustier, finde ich, deshalb gehe ich auf Simons Angebot ein. Am nächsten Tag bringt er eine kleine braune Ratte mit. Meine Mutter erlaubt es nicht, aber ich nehme sie trotzdem in meinem Pullover mit nach Hause. Als ich zu Hause ankomme, lasse ich sie heimlich in meiner Jackentasche. Aber nach einiger Zeit streckt sie plötzlich ihren Kopf aus der Tasche.

Meine Mutter ist stinksauer. »Ich habe dir doch gesagt, dass du keine Ratte haben darfst!«, schreit sie. Doch Snuffie ist ein Schatz und fühlt sich in meinem Pullover pudelwohl. Außerdem ist er schlau und hält sich selbst sauber. Am nächsten Morgen darf er nicht mit in die Schule. Wir haben wieder Ärger, denn ich will ihn mitnehmen, genau wie alle anderen.

Aber ich darf es wirklich nicht. In der Schule geht es mir beschissen, und Simon fragt in der Pause, wo Snuffie ist. Als ich stocksauer nach Hause komme, hat meine Mutter ganz unerwartet einen Käfig gekauft, mit allem Drum und Dran. Sie fand ihn plötzlich doch lieb und hat gedacht: Wenn Snuffie einmal da ist, müssen wir auch für ihn sorgen. Beim Abwaschen hatte sie ihn sogar in ihrer Bluse, was sie meiner Meinung nach ganz angenehm findet.

Nach langer Diskussion darf Snuffie doch mit in die Schule. Dort stehe ich mehrere Male Todesängste aus, weil er manchmal in Winterschlaf verfällt. Die meisten Schüler haben ihre Ratte über dem Gürtel im Pullover, wo die Ratten durch die Wärme einschlafen und während des Unterrichts ruhig sind. Aber in der Pause kann ich ihn ein paar Mal nicht aufwecken, auch nicht, wenn ich ihm Wasser ins Gesicht spritze.

Meine Mutter sagt, dass wir Snuffie nicht behalten können, wenn wir in die Kommune ziehen. Niemand darf dort ein Haustier halten, denn manche Menschen könnten allergisch dagegen sein. Für mich ist das ein weiterer Grund, nicht in die Kommune zu wollen.

Doch meine Mutter kommt mit einem zusätzlichen Argument, gerade jetzt dorthin zu wollen. Es gibt Neuigkeiten: Die Kommune Medina für erwachsene Sannyasins in England soll geschlossen werden, um daraus eine vorübergehende internationale Kinderkommune für alle Sannyas-Kinder zu machen, deren Eltern in einer europäischen Kommune leben. Ich würde dort

Unterricht bekommen, aber in keiner echten »Schulklasse« sein. Meine Mutter will nicht, dass ich irgendwo lange ohne sie wohne, aber da erzählt wird, dass die Schule schon bald umziehen würde, vielleicht in die Niederlande, würde ich nur ein paar Monate von ihr getrennt sein, und das findet sie nicht so schlimm.

Rupi redet in einem fort darüber und erzählt jedem von dem möglichen Umzug. Ich sehe schon vor mir, wie wir mit einem einzigen Koffer nach Amsterdam fahren und ich anschließend nach England weitergeschickt werde. Für all unsere anderen Sachen ist kein Platz. Ich finde es gemein, dass meine Mutter einfach so entscheiden kann, dass ich meine eigenen Sachen wegtun muss.

Ich beschließe, in der Schule nichts mehr zu tun. Es hat ja sowieso keinen Zweck, in die zweite Klasse versetzt zu werden, wenn ich in eine Schule ohne Klassen muss. Was spielt das alles dann noch für eine Rolle?

Wenn meine Mutter mit normalen Freunden über ihren Plan spricht, erntet sie manchmal Kritik. Sie sagen, das wäre nichts für sie. Aber das haben sie auch schon gesagt, bevor sie Sannyas wurde, und da hat es auch nicht geholfen. Und meine Mutter ist nicht zufrieden mit der normalen Welt. Sie findet, dass wir in einer materialistischen Yuppie-Gesellschaft leben, in der sich alles nur um Geld und Macht dreht.

Jetzt fängt sie an zu rechnen, wie viel Geld wir benötigen und wie es mit unserem Haus weitergehen soll. Ungefähr 5 500 Gulden sind für die ersten drei Monate in der Kommune erforderlich. Danach »verdient« man mit seiner Arbeit für die Kommune sein Essen und die Unterkunft.

Obwohl meine Mutter schwer mit sich selbst beschäftigt ist, fällt ihr doch auf, dass meine Zensuren immer schlechter werden und dass ich im Prinzip nichts anderes mehr tue als Radio hören und mit meinen Freundinnen Catharina und Marieke am

Hauptbahnhof in Den Haag herumhängen. Sie macht sich Sorgen und redet mir streng ins Gewissen. Aber ich habe keine Lust, ihr einen Gefallen zu tun und hart zu arbeiten, wenn sie doch beschlossen hat, wegzuziehen.

Weil Rupi vierzehn Tage bei einer Gruppe mit dem Namen *Primal* verbringt, wohne ich mit Snuffie bei Papa. Wir haben ein langes Gespräch über Aids, denn er ist dahintergekommen, warum ich manchmal Sachen nicht esse. Papa meint, das wäre alles Unsinn.

Ich fühle mich bei Papa und seiner Frau nicht immer wohl, aber sie bilden eine richtige Familie. Ich mache alles zusammen mit meinem kleinen Bruder: baden, Geschichten vorlesen, ins Bett gehen. Und wenn Papa ein Brot mit einem Spiegelei darauf macht, beiße ich einfach einen Happen von seinem Brot ab. Abends spielt mir mein Vater Platten vor und erzählt die dazugehörigen Geschichten. Er kann sehr gut erzählen und sagt beim Schlafengehen immer: »Gott segne dich!« Bei meinem Vater bin ich anders als bei meiner Mutter und wieder anders als in der Schule. Manchmal macht mich das todmüde.

Als die vierzehn Tage vorüber sind, hat meine Mutter definitiv beschlossen, dass wir aus Leiden wegziehen. Zum Ende der Sommerferien ziehen wir in die Kommune nach Amsterdam. Der Freund meiner Mutter geht nicht mit.

Nachdem sie es mir neben dem Kamin auf einem Kissen sitzend mitgeteilt hat, renne ich mit Snuffie nach oben, werfe mich aufs Bett und weine. Ich schaue mich im Zimmer um und sehe meine Kuschelbären, meine Bücher, mein kleines Radio auf dem Regal, meinen Schreibtisch und meinen nie benutzten Lottospielapparat, den ich plötzlich unheimlich liebe. Ich werde mich von allem trennen müssen.

In der Schule erzähle ich nichts, und zu Hause geht alles mit rasendem Tempo voran. Meine Mutter hat jede Menge Sachen, und bei jedem kleinen Ding muss entschieden werden, wo es hinkommt. Die Möbel will sie verkaufen oder verleihen, Küchen- und Campingsachen werden eingelagert, falls wir die Kommune einmal wieder verlassen sollten. Meine Mutter macht lauter Listen, um den Umzug zu organisieren. In jeder Ecke des Hauses steht Krempel herum, von dem sie nicht weiß, wo er hinsoll: Bilder, Kinderzeichnungen von mir, alte Geräte, Werkzeug. Sie lässt Altwarenhändler kommen und setzt Anzeigen in die Zeitung.

Abends kann ich wegen der Aussicht, aus Leiden wegziehen zu müssen, nicht einschlafen. Seit meiner Geburt wohne ich in dieser Straße, erst auf der einen, dann auf der anderen Straßenseite. Ich kenne jeden kleinen Pfad dieser Gegend in- und auswendig.

Amsterdam ist für mich eine Scheißstadt und außerdem gefährlich. Da will ich ganz sicher nicht wohnen. Und ich will Catharina und Marieke, Camilo, Marco und Simon nicht verlieren. Ich will Snuffie nicht weggeben. Ich will nicht Chandra heißen und rote Kleider tragen. Ich wollte, dass ich nie mit Sannyasins in Berührung gekommen wäre.

Schließlich ringe ich mich dazu durch, in der Schule zu erzählen, dass wir umziehen, weil meine Klassenkameraden ständig fragen, was mit mir los ist. Sie finden es verrückt, gleichzeitig aber auch witzig. Spät ins Bett gehen und ständig irgendwelchen Unfug anstellen. Vielleicht ist es keine schlechte Idee, Catharina meine Tagebücher zu geben, denn ich will sie nicht bei meinem Vater lassen. Marieke habe ich versprochen, dass sie meine Ohrringe und Kettchen haben darf. Und mein kleiner Bruder bekommt alle Barbapapa-Bücher.

Simon habe ich beichten müssen, dass ich ihm Snuffie zurückgeben muss. Doch das geht auf keinen Fall, sagt Simon.

»Wenn Snuffie zurückkommt, jetzt, wo er erwachsen ist, bringt er alle anderen Ratten um.« Das ist ein Problem, denn niemand will eine erwachsene Ratte haben. Alle wollen nur eine junge.

Das Schuljahr ist fast beendet, und es ist ziemlich klar, dass ich nicht versetzt werde. Mehrere Lehrer haben gefragt, warum ich nicht mehr mitarbeite, aber ich kann es ihnen nicht erklären. Wahrscheinlich werden zwei Drittel der Klasse nicht versetzt. Über die Klasse 1C hört man nichts als Klagen.

In der Stadt Rajneesh, der neuen großen Kommune in Amsterdam, wird ein Festtag gefeiert. Zufällig treffe ich dort Sajala, und sie erzählt mir, dass sie in diesem Sommer ebenfalls mit ihrer Mutter in die Kommune zieht. Darüber bin ich froh. Vielleicht können wir ja sogar in einem Zimmer wohnen. Wie ich ist auch sie bei der Rajneesh Schule in England angemeldet worden. Aber sie steht weiter unten auf der Warteliste.

Ich habe mich so gekleidet, wie das bei mir in der Schule üblich ist: eine enge Jeanshose, allerdings eine rote, und meine Haare sind toupiert. Jeder macht meiner Mutter gegenüber irgendwelche Bemerkungen über meine Aufmachung. »Wenn sie mal hier ist, wird sich das schnell geben, dieses Getue mit Make-up und so.«

»Ich muss doch wohl nicht auch noch mein Äußeres ändern!«, schreie ich meiner Mutter wütend hinterher.

In ein paar Wochen ziehen wir um. Meine Mutter sagt, dass Bhagwan Recht gehabt hat, als er voraussagte, dass die Natur sich gegen das auflehnt, was wir mit der Erde anstellen. Das kann durchaus stimmen, denn es ist Sommer, aber das Thermometer zeigt nie mehr als dreizehn Grad an.

Rupi sagt auch, dass es nicht gut ist, wenn Snuffie in einem Käfig wohnen muss, und dass es besser wäre, wenn er irgendwo leben könnte, wo er nach draußen kann. Vielleicht sollte ich bei Bhagwan um einen Sannyas-Namen für Snuffie bitten, und möglicherweise kann er dann ja doch in der Kommune unterkommen.

Bevor wir umziehen, besucht Rupi noch ein Mal die Ranch. Ich fahre nicht mit und wohne so lange bei Papa. Ich weiß nicht, was ich ihm erzählen soll, und was besser nicht. Beim letzten Buddhafeld-Treffen, als alle niederländischen Sannyasins zusammenkamen, sagte die Leiterin der Kommune von Amsterdam, dass wir als Sannyasins nie alleine auf die Straße gehen sollen, weil manche Leute uns gegenüber aggressiv werden könnten. So etwas erzähle ich meinem Vater besser nicht, sonst wird er noch wütend. An dem Tag, als die Leiterin das erzählt hat, wurden vier Sannyasins zusammengeschlagen!

Eigentlich überrascht mich das überhaupt nicht, denn als ich mal mit dem Fahrrad von der Schule nach Hause fuhr, wurde ich vom Bruder eines Mädchens aus meiner Straße verfolgt. Das ist ein unheimlich blöder Kerl, und er hat viele Freunde, die alle kurzes Haar mit viel Gel drin haben. Sie riefen: »He, da geht Bhagwan!« Ich bin doch nicht Bhagwan, die haben überhaupt nichts kapiert. Aber ich musste jede Menge Umwege fahren, um sicher nach Hause zu kommen. Ich vermute, dass es dieselben Jungen gewesen sind, die vor einiger Zeit bei uns einen Stein ins Fenster geworfen haben. Das habe ich meinem Vater auch nicht erzählt.

Seitdem meine Mutter bei dieser Primal-Gruppe mitgemacht hat, finde ich sie sehr egoistisch. Sie sagt, dass sie ihr ganzes Leben lang an andere gedacht hat und dass sie jetzt in erster Linie an sich selbst denken will. Meiner Meinung nach denkt sie ein bisschen zu viel an sich selbst. Sie weigert sich, noch länger »Ja« zu sagen, wenn sie eigentlich ein »Nein« spürt. Hoffentlich kocht sie künftig noch und versorgt mich. Ich habe

Careless Whisper von George Michael auf volle Lautstärke gedreht und schrecklich geweint. Ich finde es furchtbar, dass ich die Schule verlassen muss.

Wie zu erwarten war, werden zwei Drittel der Klasse nicht versetzt. Wir werden als eine Art Randgruppe betrachtet, die nur Blödsinn im Kopf hat. Ich habe mit meinen Freundinnen viel über unseren Umzug gesprochen. Sie sind nicht dabei, denn zur Zeit des Umzugs haben die Sommerferien schon lange angefangen, und dann sind sie weg. Eine Freundin sagte, dass sie nicht in der Kommune vorbeikommen will, weil sie Angst hat, dort beeinflusst zu werden. Das finde ich dumm, ich würde sie nie dazu bringen wollen, auch Sannyas zu werden. Aber Marieke schrieb mir einen Brief und gab mir zwei Ohrringe. In dem Brief stand: »Liebes Mäuschen, ich hoffe, dass es dir in Amsterdam gut gehen wird und dass dort ein netter Kerl ist, der dich immer liebt, und das meine ich wirklich.«

Bei Papa ist es fast so, als wäre ich da zum letzten Mal. Wir reden nicht viel über meinen Umzug, auch wenn er sagt, dass wir Kontakt halten müssen, indem wir Briefe schreiben und telefonieren. Durch meinen Aufenthalt dort komme ich wieder ganz durcheinander. Sind das jetzt die Menschen, von denen wir Sannyasins uns fernhalten müssen? Ist jeder wirklich so schlecht, weil er unbewusst lebt und nicht erleuchtet werden will? Sie feiern Feste, trinken und rauchen, aber heißt das, dass sie unbewusst leben? Feste haben wir auch, mehr als alle anderen, weil man nach Bhagwans Willen alles feiern muss, und in der Kommune rauchen und trinken auch viele Menschen. Wo liegt da der Unterschied?

Die Außenwelt ist hart und gemein, heißt es, und wir sind liebevoll. Oft glaube ich das, und dann denke ich: Die Kommune ist vielleicht der sicherste Ort auf der Welt, weil jeder es dort gut meint. Die anderen haben Religionen, die zum Tode verurteilt sind und durch die die Menschen unterdrückt werden. Das glaubt meine Mutter auch. Aber wenn wir uns bei Papa zwölf Stunden lang *Live Aid* anschauen, wo Künstler alles daransetzen, gegen die Armut in der Welt anzugehen, dann bin ich davon überzeugt, dass die normale Welt ebenfalls gut sein kann. Auch diese Leute sehen aus, als wenn sie es ehrlich meinen, und sie singen dort Arm in Arm und Hand in Hand. Warum soll ich das blöde finden? Sie sind gewöhnlich und gleichzeitig nett. Auch wenn Bhagwan sagt, dass Armut nicht beseitigt werden muss, dass Mutter Teresa eine Betrügerin auf dem Egotrip ist und dass die Mittelmäßigen weiter schlafen werden, während die Sannyasins erwachen werden, bin ich damit nicht vollkommen einverstanden.

Nachdem meine Mutter von der Ranch zurückgekehrt ist, ist auch der Moment gekommen, wo ich von Snuffie Abschied nehmen muss. Ich habe Simon immer wieder gefragt, ob er Snuffie nicht doch übernehmen kann, und schließlich hat er zugestimmt. Heute bringen wir ihn nach Den Haag.

In Simons Zimmer stehen zwei große Terrarien mit Ratten. Snuffie ist mit Abstand die größte. So betrachtet kommt auch er in eine Art Kommune. Ich drehe mich um, und auf dem Rückweg im Auto weine ich die ganze Zeit.

Meine Mutter hat die Anzeigen nicht umsonst aufgegeben: Das Haus ist voll mit Leuten, die sich über unsere Sachen hermachen. An jedem Teil ist ein Zettel mit dem Preis angebracht. Die Leute suchen sich etwas aus und bezahlen bar.

Ursprünglich hatte ich nicht vorgehabt, meine ganzen Besitztümer aufzugeben, doch nachdem wir jetzt doch wirklich umziehen und alles, auch meine Kleider, in Omas alten Lederkoffer passen muss, entschließe ich mich, dann aber auch alles wegzugeben. Rupi findet mich darin viel zu rigoros. Von meinen Kleidern bleiben nur die roten übrig. Den Rest brauche ich nie mehr. Für meinen Schrank bekomme ich vierzig Gulden und für meine Bücher siebzig, die ich selbst behalten darf. Meine Mutter hebt einige Dinge auf, wie ihre Unterlagen aus der Studienzeit, besondere Sachen, die sie von Oma erhalten hat, und etwas Schmuck. Auch der Citroën Diane und zwei Schränke, die sie selbst gebaut hat, werden bei Freunden untergestellt. Die holen lauter Pakete und Kisten bei uns ab und wünschen uns viel Erfolg. Meine Tagebücher, die ich als Einziges neben meinem Bär Bolke aufbewahre, sind auch irgendwo in einer der Kisten. Ich kann sie doch nicht Catharina oder Marieke überlassen, weil dort auch Dinge über sie drinstehen.

Am Morgen unseres Umzugs können wir uns nicht von unseren Nachbarn verabschieden, weil die noch nicht aus dem Urlaub zurück sind. Zum Glück sehen sie deshalb auch nicht diesen verrückten roten Kleinbus mit zwei Swamis darin, mit dem wir abgeholt werden.

Wir gehen einem neuen Leben entgegen, werden nie mehr alleine in der Küche stehen oder unsere eigene Toilette haben, alleine duschen oder ruhig fernsehen und *Bravo* lesen. Ab jetzt leben wir zusammen mit Gleichgesinnten, um so Bhagwans Traum zu realisieren. Als wir abfahren, schaue ich mich nach unserem Haus um. Als wir unsere Straße verlassen, scheint mein normales Leben für immer vorbei zu sein.

KAPITEL 6

Mit nur einem Koffer

1985 Die Stadt Rajneesh

Das Anwesen der Kommune liegt in einer ruhigen Gegend im Süden von Amsterdam. Mit seinen dunkelbraunen Steinen und kleinen viereckigen Fenstern wirkt das ehemalige Kloster wie eine uneinnehmbare Festung. An der Außenseite verrät nichts etwas über das Leben hinter den Mauern. Höchstens erwartet man, ein paar Nonnen zu sehen, doch stattdessen laufen dort Sannyasins herum.

Dies also ist mein neues Zuhause, denke ich, hier lebe ich fortan, mit all diesen Menschen. Wahrscheinlich mehr als zweihundert. Das Gebäude sieht meiner Meinung nach anders aus als bei meinem letzten Besuch.

Unsere Koffer werden aus dem Kleinbus ausgeladen, und wir begeben uns unter Begleitung der beiden Swamis zum Eingang. Eine schwere Holztür öffnet sich, und wir treten ein. Der Geruch reinen Alkohols, vermischt mit dem Duft von Gemüsesuppe, dringt in meine Nase. Ein Vorteil des Umzugs in die Kommune ist, dass das Essen hier leckerer sein wird als zu Hause.

Ich sehe den blitzblanken Empfang, an dem eine schlampig wirkende, etwas ältere Ma sitzt. Sie telefoniert. Auf ihrem Schreibtisch stehen ein Telefon mit vielen Knöpfen, ein Mikrofon, viele Mappen, kleine Behälter und eine Blumenvase. An der Wand hängt ein großes Porträt von Bhagwan. Seine Augen sind auf uns gerichtet.

Die begeisterten Swamis verschwinden in einem langen Gang. Wir warten mit unseren Koffern in der Hand darauf, dass die Frau ihr Telefongespräch beendet. Sie nimmt das Mikrofon, schaltet es ein und spricht hinein: *»Telephone for Swami Arubindu. Arubindu, Telephone at the reception desk.«* Ihr Englisch hat einen deutschen Akzent.

Dann wendet sie sich uns zu. *»Welcome, I heard that you were coming today. How wonderful.«* Sie kommt hinter der Theke hervor, um meine Mutter zu umarmen. Danach werden Formulare durchgeblättert, meine Mutter unterschreibt etwas, und uns wird gesagt, wo sich unsere Schlafstätte befindet. Jemand, bei dem es sich offenbar um Arubindu handelt, ein schwarzer Mann mit langem Bart, ist ans Telefon gegangen. Er führt ein Gespräch auf Englisch.

Meine Mutter weiß, wo wir hinmüssen, und mit unseren Koffern gehen wir die Treppe hoch, die links von der Rezeption nach oben führt. Es ist eine altmodische Treppe, nicht sehr breit, mit Holzgeländer und Steinstufen. Während wir nach oben geben, sehen wir durch die hohen, in Blei gefassten Fenster einen Schimmer des Innenhofs mit sich darin bewegenden roten Flecken. Ab und zu begegnen wir anderen Sannyasins, die eilig die Treppe herabkommen und uns begrüßen: *»Hi, are you moving in? Great!«*

Im dritten Stock gehen wir einen langen Gang entlang, an dessen linker Seite sich hohe viereckige Fenster befinden. Auf der anderen Seite sind Türen, die zu den Schlafzimmern führen. Ein paar Türen stehen offen, und von dem Rundgang durch die Anlage weiß ich noch, dass die Zimmer klein und weiß sind.

Am Ende des Gangs gehen wir wieder nach rechts und kommen in ein altes Klassenzimmer. Auf dem Boden und im Gang liegen Matratzen mit violetter Bettwäsche. Auf einigen Matratzen schlafen Leute. Wir schleichen uns hindurch, bis wir ein drittes Klassenzimmer erreichen, und meine Mutter sagt: »Dies ist vorläufig unser Platz.«

Ich schaue mich um und sehe ein paar bezogene Matratzen. Daneben stehen kleine weiße Schränke. Ich werfe meinen Koffer auf die Matratze und gehe zum Fenster. Unten liegt der Innenhof. Überall sehe ich Sannyasins. Einige rauchen unter einem Vordach. Andere sitzen auf Bänken in der Sonne. Durch die offenen Fenster höre ich viel Lachen und Gespräche. Ein paar Sannyasins umarmen sich. Es wirkt sehr gemütlich.

Abends essen wir zum ersten Mal in der Kommune. Es ist genauso geregelt wie auf der Ranch. Im großen Speiseraum sind Tische mit einem Besteckkasten, Tellern und Servietten aufgestellt, daneben stehen große Töpfe mit Suppe, Schalen mit Salaten, Reis, Gemüse, Soßen und Nachtisch.

Sannyasins stehen wartend in einer Reihe, meine Mutter und ich stellen uns hinten an. Wir fühlen uns noch nicht heimisch und schauen uns um. Ich fühle mich unwohl mit meinem Haar und dem Make-up. Im Vergleich zu den anderen sehe ich ziemlich aufgedonnert aus.

»Careful, hot soup!«, ruft eine Ma, die mit einem riesigen Topf ankommt. Alles spritzt auseinander und reagiert begeistert auf die Suppe. Es wird gelacht, und überall werden Scherze gemacht. Ein Swami auf der anderen Seite des Tisches lacht auch laut und schaut mich dann lange durchdringend an.

Meine Mutter und ich nehmen unsere Mahlzeit an einem weißen Plastiktisch zu uns. Sie unterhält sich inzwischen mit Aruna, einer niederländischen Frau, die schon mal bei uns zu Hause gewesen ist. Ich schaue mich in der Zwischenzeit um. Der Speiseraum ist groß, bestimmt zwanzig Meter lang, und darin stehen an die dreißig weiße Tische, an denen man zu sechst sitzen kann. Die Türen zum Innenhof sind geöffnet, und man kann die Sommerwärme spüren. An der Decke hängen moderne

Lampen, und an beiden Seiten des Raums sind große Bilder von Bhagwan angebracht.

Ich kann mir nur mit Mühe vorstellen, dass jeder hier Haus und Hof verlassen hat, um hier leben zu können. Jeder ist mit nur einem Koffer angereist, weil er so dichter bei Bhagwan ist. Ob jeder dies hier wohl auch als den besten Ort betrachtet?

Am nächsten Tag erfahren wir mehr darüber, wie alles abläuft. Während der ersten drei Monate müssen wir zunächst einmal alles selbst bezahlen. Zum Glück hat meine Mutter das notwendige Geld gespart, und der Verkauf unserer Sachen hat auch noch etwas gebracht. Was wir bekommen, sind Gutscheine, ein Pappstreifen mit einunddreißig Feldern für Getränke, einunddreißig Päckchen Zigaretten und einunddreißig Tafeln Schokolade oder andere Süßigkeiten. In der Lounge in der Eingangshalle kann man das alles bekommen. Niemand hat Geld in der Tasche, denn das braucht man hier nicht.

Die Wäsche wird jeden Tag in der Wäscherei gemacht. Wenn man schmutzige Sachen hat, werden sie in den Kissenbezug gestopft und aufs Bett gelegt. Am nächsten Tag oder manchmal auch schon am selben Tag bekommt man die Wäsche gewaschen und gebügelt zurück. Alle Kleidungsstücke müssen mit dem Namen gekennzeichnet sein.

Wie auf der Ranch essen wir drei Mal täglich, beginnend mit dem Frühstück um halb acht. Wenn man zwischendurch etwas essen will, kann man sich etwas in der Halle holen oder in die Snackbar gehen. Die Kommune hat zwei Eingangstüren, eine mit dem Empfang für Besucher und Bewohner, die andere liegt an einer belebten Straße. In der Nähe befindet sich auch die Snackbar.

Das Bhagwan-Video wird jeden Tag im Mandir, unserem Meditationsraum, gezeigt. Dort werden auch die Feste gefeiert. Es gibt hier eine Karaoke-Anlage und einen enormen Stapel Matratzen. Draußen kann man rauchen und sich in den Garten setzen.

Wenn man von einer der großen europäischen Kommunen zur anderen fahren will, kann man sich für die Reise mit dem nächsten kleinen Shuttle-Bus anmelden. Wenn man jemandem etwas mitteilen will, hinterlässt man eine Nachricht in der Message-Box.

Die Redaktion der *Rajneesh Times* und die Büros befinden sich im zweiten Stock. Dort werden alle Finanzsachen der Kommune geregelt und aufbewahrt: Versicherungen, Verträge und alle anderen wichtigen Papiere. Hier gibt es auch einen zweiten Empfang mit einer Telefonzentrale und einem System für Durchsagen.

Jeder schläft mit mehreren Personen in einem Zimmer, meistens zu viert. Nur die wichtigen Leute schlafen manchmal nur zu zweit in einem Raum. In den Zimmern für vier Personen befinden sich meistens zwei Matratzen auf einer Empore, die dort extra eingebaut wurde. Es gibt einen großen Schrank, in den jeder seine Kleider hängen kann, und neben jedem Bett steht ein Schränkchen, auf das man seinen Wecker stellen kann und in das die Kondome und Handschuhe kommen. In jedem Zimmer gibt es auch einen Abfalleimer für alles, was weggeworfen werden soll.

Es wird erwartet, dass man sich in dem Raum still verhält, weil manche Leute tagsüber schlafen. Die haben Nachtdienst im Zorba oder arbeiten nachts im Empfang. Sonst kann man in dem Zimmer ja auch nicht viel tun. Um zu verhindern, dass man zu viel ansammelt, muss man einmal im Monat »zennen«. Das bedeutet, dass man seine ganzen Sachen untersucht und prüft, ob nicht etwas überflüssig ist. Das ist nicht nur wegen des Raummangels gut für die Kommune, sondern auch für einen selbst: Viel braucht der Mensch ja nicht, wenn er mit allem versorgt wird.

Zum Duschen geht man in die Waschräume. Auf jeder Etage gibt es davon einen mit ungefähr acht Duschen. Shampoo, Seife, Zahnpasta, Gel für die Haare, Watte, Creme und Handtücher liegen bereit.

Auf den Toiletten muss man aufpassen, dass man sich wegen der Aidsgefahr die Hände mit Alkohol säubert. Auch nachdem man telefoniert hat, wird ein Alkoholtuch benutzt. Und vor dem Essen muss jeder seine Hände gründlich reinigen. Außerdem darf man nicht an den Briefmarken lecken oder das Besteck und die Trinkgefäße eines anderen benutzen. Ein einziges Häppchen vom Teller des Nachbarn kann bereits riskant sein!

Die Mitglieder der Kommune müssen alle drei Monate einen Aidstest machen. Personen, die seit weniger als drei Monaten in der Kommune leben, einen Partner außerhalb haben, noch kein Ergebnis ihres Tests besitzen oder die Inkubationszeit noch nicht hinter sich haben, müssen eine bestimmte Perle an ihre Mala hängen. Das heißt, dass man noch nicht sicher ist. Weil ich ein Kind bin, brauche ich keine solche Perle zu tragen, trotzdem muss ich den Aidstest machen. Meine Mutter bekommt diese Perle, weil sie einen Freund in Leiden hat.

Ich finde, dass ich zu Hause viel gefährlicher gelebt habe, und ganz gewiss bei Papa. Meine Mutter findet es jedoch ein bisschen unsinnig. »Wenn Aids wirklich im Speichel sitzen würde, wären wir alle schon längst tot«, sagt sie. Aber ich finde, dass es gut ist, wenn wir vorsichtig sind.

Wenn man in der Kommune einfach so herumläuft, ist es ganz gemütlich. Alle arbeiten und lachen, die Leute sind fröhlich, und immer riecht es nach Essen. Es wird Englisch und Deutsch gesprochen, manchmal hört man auch Italienisch. Es gibt nur wenige ältere Menschen. Die Leute sind ungefähr so alt wie meine Mutter, und es gibt mehr Frauen als Männer. Die Männer tragen übrigens oft langes Haar. Die Sannyasins machen alles Mögliche, meistens etwas, das mit ihrem alten Beruf zu tun hat. So gibt es Masseure, Schriftsteller, Diskjockeys, Buchhalter, Architekten, Musiker, Köche, Maler: Alles, was man sich nur vorstellen kann.

An vielen Stellen wird umgebaut, denn die Kommune ist noch nicht ganz fertig. Deshalb müssen auch manche Leute in Räumen schlafen, die eigentlich für Meditationsgruppen vorgesehen sind.

Rupis Arbeit bei der *Rajneesh Times* kann wahrscheinlich normal weiterlaufen, aber vorher muss sie im Magdalena helfen. Und vielleicht auch im Zorba. Das finde ich weniger gut, denn dann ist sie erst um fünf Uhr morgens zu Hause. Mir hat man gesagt, dass ich vielleicht nächste Woche in die Schule nach England komme. Das ist aber unsicher, es kann auch schon morgen sein, und deshalb macht es nicht viel Sinn, mich für irgendetwas einzuteilen.

Neben meinem Bett fehlt etwas. Mein Wecker steht nicht mehr dort. Ich frage mich, wo er geblieben ist. Vielleicht hat ihn jemand geliehen. Jetzt muss mich morgens eben meine Mutter wecken.

Sajala und ihre Mutter sind noch nicht da. Allerdings gibt es ein paar andere Kinder und mehrere Teenager aus anderen Kommunen. Ich kenne noch niemanden, außer vom Sehen. Weil ich bald wieder umziehen muss, habe ich keine Lust, sie kennenzulernen. Viele Kinder wohnen auf der Ranch, sie leben schon so lange in der Kommune, dass sie es verdient haben, Bhagwan näher zu sein.

Als ich schlafen gehe, denke ich an Snuffie und daran, dass er jetzt auch an einem neuen Ort und vielleicht unglücklich ist.

Am nächsten Morgen stellt sich heraus, dass der Shuttle-Bus tatsächlich schon heute nach England fährt. Ich muss rasend schnell meine Sachen packen und von meiner Mutter Abschied nehmen. Zwei Erwachsene und ein anderes Mädchen gehen mit auf die Reise. Ich kenne das Mädchen nicht, es heißt Niti. Meine Mutter ist etwas nervös.

»Schreibst du mir oft und rufst du mich an?«

»Mal sehen. Vielleicht sind wir da sehr beschäftigt oder haben gar keine Möglichkeit.«

»Aber hältst du Kontakt zu mir? Ich schicke dir bald schöne Sachen.«

Meine Mutter zeigt mir ein Formular, das sie unterschreiben und abgeben muss. Darin steht, dass ich im Falle meines Todes direkt nach den Gebräuchen des Rajneeshismus eingeäschert werden darf. Außerdem stehen noch ein paar andere Dinge darin, die ich nicht ganz verstehe und über die meine Mutter wütend ist. Es hat mit Antikonzeption zu tun. Aus dem Formular geht hervor, dass man bei mir zwei unterschiedliche Methoden der Antikonzeption anwenden darf: die chemische oder mechanische. Ich verstehe nicht, was mechanische Antikonzeption ist, es bleibt aber keine Zeit, darüber zu sprechen. Rupi will wegen dieser Sache noch mal mit der Leitung reden.

Ich gebe meiner Mutter drei dicke Küsse und umarme sie, als ich weggehe. Ich bin vorher noch nie lange von meiner Mutter getrennt gewesen, jedenfalls nie länger als drei Wochen. Jetzt muss ich ganz alleine klarkommen.

KAPITEL 7

Innere Kräfte

1985 Rajneesh School Medina

Als wir ankommen, ist es dunkel. Nachdem wir über eine lange Auffahrt mit einer Hecke gefahren sind, sehe ich im Licht einer Laterne gerade noch die Umrisse eines altmodischen Gebäudes mit einer großen Treppe zum Eingang. Wir sagen nicht viel, jeder ist müde und nimmt sein Gepäck aus dem Bus. Wir gehen die Treppe hoch und klingeln. Eine Frau kommt, wir sehen sie durch das Glas der Eingangstür. Es ist eine Inderin, die sich als Champa vorstellt.

»Hi, Niti and Chandra, there you are. Wie war eure Reise?«

Wir kommen in eine große Halle. Rechts befinden sich Türen, auf der linken Seite führt eine breite Holztreppe nach oben. Vor mir ist ein hoher Kamin mit einer Feuerstelle. Davor stehen Stühle, die auf einen Rasen hinausschauen.

Während unser Fahrer und die Begleiterin ihre eigenen Zimmer aufsuchen, erzählt Champa Niti und mir, was wir jetzt zu tun haben.

»Alles schläft schon, deshalb solltet ihr jetzt auch besser ins Bett gehen. Das Frühstück ist um halb acht, aber weil es schon so spät ist, könnt ihr morgen ausschlafen. Wenn ihr danach zu mir ins Büro kommt, teile ich euch irgendwo ein. Meistens beginnt jeder zuerst im Raidas, im Reinigungsdienst, aber darüber unterhalten wir uns dann morgen.«

Sie betritt einen langen Gang, und wir gehen hinter ihr her.

»Chandra, dein Zimmer ist im Alan Watts, das ist in einem anderen Gebäude, ich bringe dich gleich dorthin. Niti, dein Zimmer ist hier oben im Main House.«

Während Champa und Niti einen Flur entlanglaufen, schaue ich mich in der Halle um. Dort hängen drei große Porträts von Bhagwan, genau wie in allen anderen Kommunen. Das Gebäude ist alt und atmet die Atmosphäre eines Internats. Ich sehe mir ein Klassenzimmer an, dessen Tür offen steht. Der Raum ist kein wirkliches Klassenzimmer, sondern eine Kantine. In der linken Ecke steht ein Tisch mit Kaffee- und Teemaschinen, und ich sehe eine ganze Reihe Tische und Stühle mit großen Fenstern dahinter.

Eine Tür öffnet sich, und eine Frau kommt auf mich zu. »Oh, hi, du bist sicher neu hier!«, sagt sie. »Willkommen! Nun, du siehst etwas anders aus als die meisten Teenager hier. Was für Haare! Aber du bist schon sehr lange Sannyas, denn du trägst noch deine Kindermala. Du bist ja eine von den wirklich alten! Super!«

Champa bringt mich zu meinem Zimmer im ersten Stock des Alan-Watts-Gebäudes. Leise krieche ich in mein Bett. Meinen Koffer kann ich morgen auspacken. Auf meinem Nachtschränkchen stehen ein Telefon und ein kleines Bild von Bhagwan. Das von Sheela geschriebene rote Büchlein *Rajneeshismus*, in dem unter anderem die Texte der Gachchhamis und eine Liste mit Festtagen enthalten sind, liegt auch dort. Zwei der drei anderen Matratzen sind belegt. Es sieht so aus, als lägen da zwei Mädchen, aber im Dunkeln kann ich es nicht genau erkennen.

Als ich am nächsten Morgen aufwache, nehme ich das Zimmer in Augenschein. Die beiden Mitbewohnerinnen sind schon weg und haben ein ziemliches Chaos hinterlassen. Überall liegen Kleidungsstücke und Papiere auf der Erde herum. Die Matratzen sind dicht aneinandergeschoben. Ich schaue durch das Fenster nach draußen und sehe dort andere kleine Gebäude. Der Komplex ist von einer Mauer umgeben, und man kann nur an einer Seite des Gebäudes den Horizont sehen, über den Wald hinweg, an den der große Rasen grenzt.

Nur unter einigen Mühen finde ich den Weg zum Hauptgebäude und anschließend zum richtigen Ort für das Frühstück sowie zu Champas Büro. Sie teilt mich für Raidas ein, und nach dem Frühstück darf ich mit dem Säubern der Toiletten beginnen. Ein Swami von ungefähr zwanzig Jahren erzählt mir, dass die Toiletten jeden Tag mit Alkohol gereinigt werden müssen.

Ich überlege mir, dass meine Schulfreundinnen jetzt in der Klasse sitzen und Unterricht haben und dass die Schülertoiletten über und über mit Texten vollgeschmiert, dreckig und viel besucht sind, dass dies aber auch der Ort ist, wo wir die wichtigsten und geheimsten Dinge besprochen haben. Wenn die jetzt sehen könnten, was ich hier mache, würden sie mich für verrückt erklären.

Mit einem Eimer, Tüchern, Schwämmen und einem Mopp fange ich bei den Toiletten unten im Hauptgebäude an. Da ist keine Spur von Dreck zu sehen. Die Toiletten sind bereits blitzblank und wirken wie eine Art kleiner Tempel mit Pflanzen und Fotos von Bhagwan. Ich feudele ein bisschen auf dem Boden herum, erkenne aber keinen sonderlichen Sinn darin. Dass alles so sauber sein muss, gehört sich für die Sannyasins, das weiß ich. Weil es im Zusammenhang mit Aids sicherer ist, aber auch, weil jeder mit irgendetwas beschäftigt werden muss.

Als ich bei der dritten Reihe blitzblanker Toiletten angekommen bin, beginne ich mich über die nutzlose Arbeit zu ärgern. Aber genau hierzu hat sich Bhagwan geäußert, schärfe ich mir ein. Deine Arbeit ist *worship,* deine Form der Verehrung, sagt er, und alles, was du tust, ist Meditation. Durch deine Arbeit kannst du, statt dich zu ärgern, auch zur Ruhe kommen und mit dir selbst in Harmonie leben. In großen Zusammenhängen ist meine Verehrung bestimmt sehr wichtig, rede ich mir ein. Bhagwan weiß, dass ich mir Mühe gebe, und ich versuche, Genuss zu finden.

Während der Arbeit begegne ich vielen Menschen. Es ist eine komische Vorstellung, dass ich sie noch nicht kenne, trotzdem aber schon ihre Toiletten saubermache. Dies ist nicht der richtige Zeitpunkt, sich kennenzulernen, denn ich trage Handschuhe bis zum Ellenbogen und rieche nach reinem Alkohol.

Am Abend, nachdem ich weitere Toiletten, ein paar Flure und Treppen gereinigt habe, kann ich endlich meine Schürze ausziehen und essen gehen. Überall habe ich Muskelkater.

Das Essen wird wie in den anderen Kommunen auf langen Tischen abgestellt. Man läuft mit seinem Teller daran entlang und tut sich auf, was einem gefällt. Allerdings wird streng kontrolliert, was sich die Kinder nehmen. Nicht zu viel von diesem, und vor allem auch etwas von dem da. Ich sehe niemanden, den ich kenne, und so setze ich mich an einen leeren Tisch. Glücklicherweise kommt kurz darauf ein dickes blondes Mädchen auf mich zu.

»Bist du Chandra?«, fragt es mit deutschem Akzent.

»Ja, und du?«

»Ich heiße Divya. Wir schlafen im selben Zimmer. Prama schläft auch dort. Und Dave, aber der ist jetzt zu Besuch bei seinem Vater in Irland.«

Ich weiß nicht, worüber ich mit ihr reden soll. Ich glaube nicht, dass ich sie nett finde, denn sie sieht unfreundlich aus. Ich frage sie nach ihrer Arbeit.

»Woher kommst du?«

Ich fange an, über Amsterdam zu erzählen, aber schon während des ersten Satzes setzt sich noch ein anderes Mädchen zu uns. Es ist Prama. Sie stellt sich kurz vor und rasselt dann einen ganzen Sermon auf Deutsch herunter. Die beiden Mädchen kichern viel.

»Wir glauben, dass du richtig was für Dave bist.« Ein Junge schiebt sich heran.

»Warum?«, frage ich. Dem Jungen hängt der Schnodder aus der Nase.

»Das glauben wir einfach«, sagt er. »Du kannst froh darüber sein, er ist hübsch, und jede will ihn haben.«

Ich muss an Catharina, Marieke, Camilo, Marco und Simon denken und frage mich, was die jetzt wohl machen.

Nach dem Essen werde ich von einer anderen Leiterin, Sikta, herumgeführt. Sie hat erst jetzt die Zeit dafür. Niti habe ich nicht mehr gesehen. Wir gehen vom Speisesaal zu den Büros.

»Hier im Büro Socrates wird all das gemacht, was mit der Organisation der Medina Rajneesh School zu tun hat.«

Ich sehe mehrere Schreibtische mit Papieren darauf. Ein Swami, der sich als Vijay vorstellt, arbeitet dort noch. Dann gehen wir in ein anderes Büro.

»Und hier im Chaitanya nehmen wir die Bestellungen für das Essen, die Küche, die Kleidung, die Waschmittel, die Schreibsachen und so weiter vor. Und hier«, wir betreten ein drittes Büro, »sind wir im Bankei. Da geht es um Geldangelegenheiten.«

Mehr gibt es dazu nicht zu sagen, und so setzen wir unseren Gang über den Flur fort.

»Hier rechts ist der Besteckraum, wie wir ihn nennen. Du wirst hier auch noch mal *worshippen,* denn dort wird der Abwasch gemacht.«

In dem kleinen Raum, der hauptsächlich aus Geschirrschränken und einer großen Anrichte besteht, spritzen sich zwei Erwachsene und zwei Kinder mit Wasser aus den Hähnen voll. Alle lachen schallend, und der Fußboden ist klitschnass.

»Ich sehe schon, die Energie fließt heute Abend hervorragend«, sagt Sikta zum Abwasch-Team.

Wir gehen weiter durch das riesige Anwesen. Wir kommen am Magdalena vorbei, wo für die Leute gekocht wird, die Nachtdienst haben. Es ist eine große Küche mit altmodischen Schränken und einem gewaltigen Herd. Alle tragen Haarnetze. Neben der Küche führt eine Treppe in den Keller und eine andere nach oben.

Sikta zeigt mir die oberen Schlafräume. In manchen zähle ich zehn bis fünfzehn Matratzen, voll mit herumtollenden Kindern.

Aus der Main Hall gehen wir wieder nach oben, diesmal zu den Klassenzimmern 101, 102 und 103. Es scheinen wirkliche Schulräume zu sein, aber es stehen keine Schulbänke darin, sondern auf dem Fußboden liegen Kissen und Matratzen. Draußen zeigt mir Sikta den Laundry Temple, wo Waschmaschinen und Trockner stehen. In den Regalen stapeln sich Unmengen roter Kleidung.

Es ist dunkel, und wir laufen durch den Rosengarten – »Hier darfst du bis zu den Bäumen gehen, aber nicht weiter in den Wald« – zum Mandir. »Hier feiern wir all unsere Feste, die Kinder treten hier auf, und Bhagwans Lesungen finden auch hier statt.« Es gibt noch drei weitere Gebäude, in denen Kinder schlafen, und ein paar kleinere Häuschen für die Gartengeräte. Damit ist der Rundgang beendet.

»Wenn du willst, kannst du tagsüber in der Lounge vorbeischauen. Dort wird für die Erwachsenen Alkohol ausgeschenkt, deshalb wollen wir nicht, dass du abends dorthin kommst.«

Sikta liefert mich im Alan Watts ab. Auf den Treppenstufen sitzt ein Mann und raucht.

»Hallo, wie geht's?«

»Gut«, sage ich, und da ich nicht weiß, ob von mir erwartet wird, dass ich mich mit ihm unterhalte, laufe ich weiter.

In meinem Zimmer ist niemand. Während ich meinen Koffer auspacke, frage ich mich, ob ich hier jetzt als Erwachsene oder als Kind zähle. Ich muss arbeiten, um dafür zu sorgen, dass der Schulbetrieb für die Kleinen problemlos läuft, aber für mich gilt eine festgelegte Zeit für die Nachtruhe, und ich darf nicht in die Lounge.

Ich höre mir ein Lied auf meinem Walkman an und denke an mein Zuhause, wo ich mein altes Zimmer vor mir sehe.

Divya und Prama erscheinen kurz vor *lights out*, um Viertel vor zehn. Sie riechen nach Zigarettenrauch. Es dauert lange, bevor sie Anstalten machen, sich schlafen zu legen, und sie machen Scherze auf Deutsch. Ich verstehe nur die Hälfte, und sie reden nicht mit mir. Als von draußen gerufen wird, öffnen sie das Fenster. Zwei Jungen klettern über die Regenrinne nach oben in unser Zimmer. Ich tue, als ob ich schlafe.

Die Schokoladentafeln, die im Medina verkauft werden, heißen *Wispa*. In der Mittagspause kaufe ich mir eine in dem kleinen Laden mit Kinderbar in der Main Hall. Ich bezahle mit englischen Pfund, die ich von meiner Mutter bekommen habe. Der Junge, der dort arbeitet, ist Holländer und wird von den englischen Münzen noch verrückt, wie er sagt. Pennies, Schillinge und ein kompliziertes Abrechnungssystem machen seine Arbeit ziemlich schwierig. Er heißt Pradeesh, und wir kommen sofort gut miteinander klar. In der Teepause besuche ich ihn. Pradeesh macht allerlei kleinere Arbeiten im Garten, und manchmal hilft er auch in der Küche. Oft fährt er mit dem Traktor über die Wege und beseitigt dort Zweige und Schmutz. Er kennt sich überall aus und zeigt mir Orte, wo ich noch nicht war, zum Beispiel das Dach, wo man mal kurz alleine sein kann und einen Überblick über die ganze Anlage hat.

Auf dem Dach schimpfe ich über meine Arbeit, denn dieses Saubermachen gefällt mir überhaupt nicht. Pradeesh erzählt, dass er ab und zu in der Küche arbeitet.

»Vielleicht solltest du einfach sagen, dass du lieber dort arbeiten möchtest.«

»Kann man denn ohne weiteres wechseln?«, frage ich.

»Du darfst zumindest sagen, was du selbst möchtest. Bist du nicht hier, um etwas zu lernen? Dann musst du auch das lernen können, was dir vorschwebt.«

Ich beschließe, schnell mit Sikta und Champa zu reden. In dem Gespräch, das ich schließlich mit Champa habe, muss ich deutlich erklären, warum ich lieber in der Küche arbeiten möchte.

»Keiner hat Lust, sauberzumachen, verstehst du? Weil man fast kein Resultat erkennen kann. Aber in jenem Tempel kann man viel Zufriedenheit erfahren«, sagt sie.

»Ich glaube, dass ich im Küchentempel mehr Energie entwickeln könnte«, sage ich im Wissen, dass das Wort »Energie« immer zieht. »Und weil ich mich dann wirklich als Teil der Kommune fühlen könnte.« Diese letzte Bemerkung gibt den Ausschlag.

Als ich einmal im Maggie's arbeiten darf, wie wir das Magdalena nennen, fühle ich mich schon mehr in meinem Element. In der Küche von Medina lerne ich Dinge, die mir meine Mutter nicht beibringen kann. Jeden Tag bereiten wir komplizierte Salate zu, wie zum Beispiel den Waldorfsalat, wir machen Pizzas, wir backen Brot und Torten, kochen zwei Suppen für das Mittagessen und stellen sogar selbst Joghurt her.

Baruna ist die blonde niederländische Frau, die mir das alles beibringt. Sie ist ungefähr dreißig Jahre alt, schätze ich. Zu zweit haben wir Maggie's im Griff, wobei uns mehrere »Gemüseschneider« helfen. Die Bäckerei unterstützt uns, und das Abwasch-Team räumt später den ganzen schmutzigen Kram weg.

In den ersten Tagen muss ich mich erst einmal eingewöhnen, denn Kochen ist hier ein Wettlauf mit der Zeit. Nachdem die Morgenmannschaft ab halb sechs gearbeitet hat, um das Frühstück rechtzeitig fertig zu haben, beginnen etwa um acht die Vorbereitungen für das Mittagessen. Dieses verteilt sich auf drei Schichten: Um halb zwölf muss das Baby-Essen fertig sein, um Viertel vor zwölf das Essen für die Kinder bis ungefähr zehn Jahre und um zwölf Uhr das Essen für die Teenager und Erwachsenen. Die Zusammenstellung des Essens ist jedes Mal anders.

Das Kochen ist auch nicht ungefährlich. Baruna zeigt schon bald auf meine Sandalen, die den Spann freilassen.

»Willst du damit etwa kochen? Kommt nicht in Frage. Wenn da kochendes Wasser draufkommt, verbrennst du dir die Füße … Geh ins Vimalkirti, und hol dir andere Schuhe.«

Ich weiß nicht, wo oder was Vimalkirti ist, aber aufgrund ihrer Wegbeschreibung lande ich in einem Nebengebäude, das mit großen Mengen verpackter roter Kleidung vollhängt. Vimalkirti erweist sich als interner Kommuneladen, in dem Sannyasins Kleidung und Schuhwerk bekommen können. Rote Jeans, rote T-Shirts und Schuhe. Ich entscheide mich für weiße Turnschuhe mit einem roten Streifen an der Seite. Am nächsten Tag fällt mir auf, dass die meisten Kinder und Erwachsenen mit diesen Schuhen herumlaufen.

Bei der Joghurtherstellung habe ich den Bogen schnell heraus. Am Ende des Tages wird ein gewaltiger Topf mit Milch erhitzt. Die Milch muss eine Temperatur von 78,5 Grad erreichen, und anschließend wird ein bisschen Joghurt vom letzten Tag hinzugegeben. Wunder über Wunder ist am nächsten Morgen der Topf voll mit Joghurt. Ich bin richtig stolz, als es mir zum ersten Mal gelingt. Wenn meine Mutter mich jetzt doch nur sehen könnte: Ich bin dreizehn Jahre alt und ausgelernte Köchin!

Meine Hände, die ich nicht in Turnschuhen unterbringen kann, haben schon bald an allen Ecken und Kanten Schwielen und sind außerdem beinahe feuerfest geworden, denn ich kann die Töpfe hochheben, ohne mich zu verbrennen, und ich kann

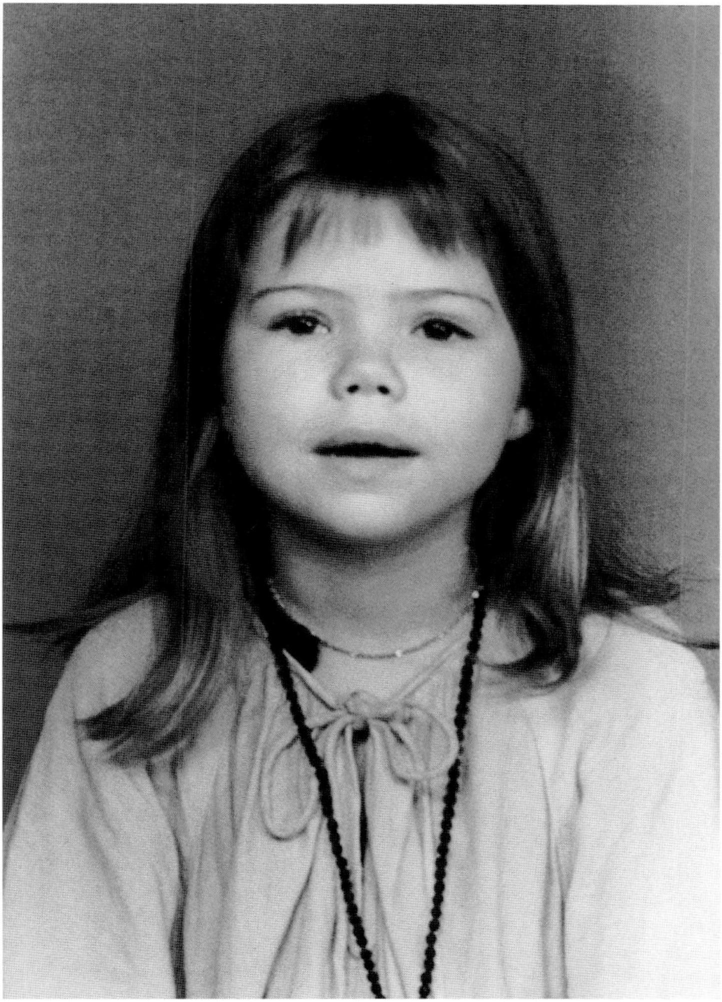

1978. Poona, Indien – Eines der ersten Fotos mit Kindermala

1978. Indien – Markt in Poona

1978. Poona, Indien – Zeichnen in The Grand Hotel

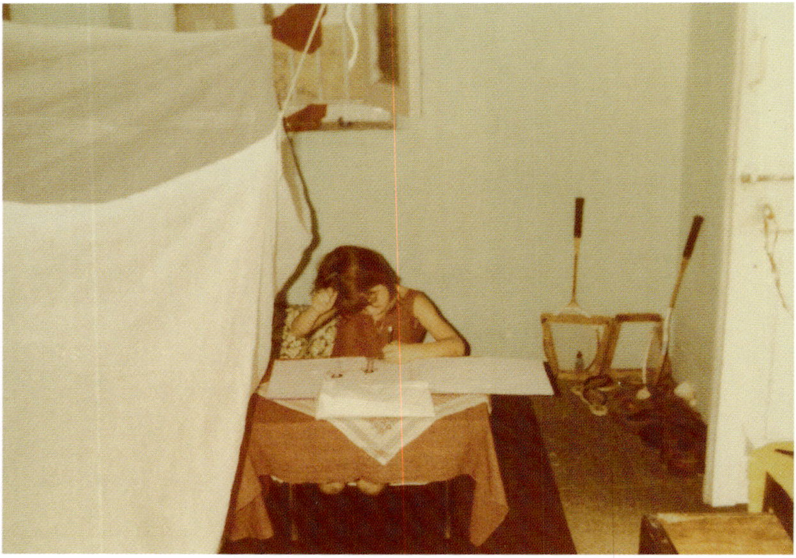

1978. Poona, Indien – Maroesja erhält den Namen Ma Prem Chandra

1980. Den Haag –
Weihnachten bei Oma

1979. Frankreich –
Beim Campen in einem
neuen T-Shirt
mit einem Bild von
Bhagwan

1984. Air Rajneesh landet in Oregon

1984. Die Ranch von oben betrachtet

1983. Die Ranch, Oregon – Drive-by

1984. Die Ranch, Oregon – Bei der Arbeit in der Küche

1984. Die Ranch, Oregon – A-frames auf den Hügeln

1984. Die Ranch, Oregon – Sannyasins auf dem Weg zu einer Feier

Ma Anand Sheela
D.Litt.M. (RIMU), Acharya

Personal Secretary to Bhagwan Shree Rajneesh

July 28, 1984
900:n

Ma Prem Chandra
Kraaierstraat 38
Leiden
NETHERLANDS

Beloved Chandra,

Love.

We received the beautiful drawing you sent to Bhagwan and send you His blessings.

"God has loved you so much that He has created this world for you to play with, to dance with. It is a celebration."

His blessings,

Ma Anand Sheela

Jesus Grove, Rajneeshpuram, Oregon 97741 USA • (503) 489-3301

1984. Persönlicher Brief von Sheela

meine Finger in eine heiße Soße stecken, um den Geschmack zu prüfen, ohne dass es wehtut.

Maggie's scheint der beliebteste Ort der ganzen Kommune zu sein. Die Kinder mögen am liebsten Pizza und schauen oft zur Küchentür herein, weil sie wissen wollen, ob wir ihr Lieblingsessen machen. Wenn sie richtig geraten haben, rufen sie: *»Great, it's a pizza day!«* und rennen überall herum, um jedem die glückliche Nachricht zu melden. Baruna und ich werden von den mutigeren Kindern mit allen möglichen Sonderwünschen angegangen, wenn wir das Menü zusammenstellen: lieber nicht so viel Tofu und vor allem öfter einen Nachtisch mit Erdbeeren.

Jeden Morgen nach dem Frühstück und vor der Arbeit versammeln sich die Leute in jedem Tempel für die Reminder, genau wie auf der Ranch. Jetzt darf ich zum ersten Mal die Reminder für den Küchentempel aufsagen, weil ich eine der beiden Köchinnen bin. Der Fußboden des Raums neben Maggie's ist noch kalt, wenn ich mich hinknie. Ich knie vorne, hinter mir die Gemüseschneider und die Leute aus der Bäckerei, neben mir kniet Baruna. Ich konzentriere mich auf das Bild von Bhagwan, falte die Hände und fange an: »Vergiss nicht, dass du in einem Tempel arbeitest und dass deine Arbeit dein *worship* ist. Nimm deine Umgebung bewusst wahr, und behandle die anderen mit Respekt. Geh im Maggie's mit den Messern und heißen Töpfen vorsichtig um. Vergiss nicht, dass wir in einer von Bhagwans Kommunen leben und dass wir ihn lieben.«

Alle hören zu, und ich habe offenbar die richtigen Dinge gesagt, denn direkt danach machen wir die Gachchhami, ohne dass ich verbessert werde. Das monotone Singen entspannt mich, aber ich muss wie immer ein wenig über den Text lachen: »Ich gehe zu den Füßen des Meisters.«

Der einzige Unterricht, den ich bis jetzt bekomme, ist in *Current Affairs*, Gesellschaftslehre. Den Unterricht erteilt Kavita, eine Frau von ungefähr fünfundvierzig Jahren mit grauem Haar. Zu der Gruppe gehören nur Teenager.

Anfangs wurde ich gefragt, in welchen Fächern ich unterrichtet werden will. Ich konnte zwischen Maschinenschreiben, Mathematik und Englisch wählen. Auf Mathematik habe ich keinen Bock, aber Maschinenschreiben und Englisch finde ich ganz gut.

Current Affairs wird jede Woche an einem anderen Ort gelehrt und manchmal auch zu unterschiedlichen Zeiten. In der ersten Stunde geht es um Nachrichten. Wir haben keine Zeitungen, und einen Fernsehapparat habe ich noch nicht gesehen. Doch gegenüber der Wäscherei scheint es einen Fernsehraum zu geben. Wir setzen uns alle zusammen vor den Bildschirm, als die Nachrichten von BBC beginnen. Die handeln vor allem von Nord-Irland und der Übereinkunft, die Großbritannien mit Nord-Irland unterzeichnen wird. Premierministerin Thatcher hält eine Rede. Nach den Nachrichten sprechen wir über die Welt und wie kompliziert Politik ist. Kavita sagt, Bhagwan will, dass wir Kinder uns vor allem darauf konzentrieren sollen, wie es uns in unserem Inneren geht, und dass wir unsere Köpfe so wenig wie möglich mit irgendwelchem Unsinn füllen sollen. Nord-Irland interessiert mich nicht sonderlich, aber ich würde schon gerne wissen, ob über uns selbst in den Nachrichten berichtet wird und wie es mit dem World Wide Fund for Nature und mit Greenpeace steht. Mehr erfahren wir aber nicht, weil der Unterricht schon wieder vorbei ist.

Tagebuchschreiben ist auch einfach. Jeden Tag muss man sich eine halbe Stunde Zeit nehmen, um in einem Heft etwas aufzuschreiben, über einen selbst und wie es einem geht. Es muss auf Englisch geschrieben werden, und Kavita korrigiert es dann. Es gibt auch noch einige Englisch-Aufgaben, die furchtbar einfach sind.

Die ersten Male weiß ich nicht so richtig, worüber ich berichten soll. Ich schreibe etwas über Bhagwan und dass ich hoffe, dass es ihm gut geht. Um Kavita zu zeigen, dass ich wirklich eine gute Sannyas bin, zeichne ich noch ein paar Herzen dazu.

Die Zeit verstreicht schneller als zu Hause in Leiden. Jede Minute des Tages ist verplant, für alles gibt es eine feste Routine. Es ist die gleiche Routine wie in Amerika, nur sind dies hier keine Ferien. Das ist jetzt mein Leben. Ich bewege mich im Rhythmus der Kommune: Viertel vor sieben aufstehen, um acht Uhr arbeiten, ab und zu Pause, sporadisch eine Unterrichtsstunde mitmachen, abends ab halb acht frei und um Viertel vor zehn schlafen. Es gibt gar keine Zeit für Langeweile.

An einem Nachmittag öffne ich ein Päckchen meiner Mutter. Es ist schön, mal wieder etwas auf Niederländisch zu lesen. Ich blättere die *Popfoto* durch und lese den Brief meiner Mutter. Eigentlich ist es nicht erlaubt, in der eigenen Sprache zu lesen. Wir sind eine internationale Kommune und müssen alles auf Englisch machen.

Meine Mutter schreibt, dass sie mich jetzt, wo wir nicht mehr zusammenwohnen, furchtbar vermisst, noch stärker als ihren Freund. »Ich vermisse dich schrecklich, aber es ist kein negatives Gefühl. Manchmal treibt es mir immer noch die Tränen in die Augen, doch tief in meinem Inneren bin ich mir bewusst, dass es darum geht, dich und mich am bestmöglichen Ort zu wissen.«

Ich bin noch keinen Monat hier, aber ich habe das Gefühl, als seien es Jahre. Es scheint vollkommen normal, dass ich von meiner Mutter Päckchen bekomme. Ich habe mich an alles gewöhnt, an die Menschen, die Arbeit, die Gebäude, die Geräusche, mein Bett. Die Tage sind lang, und an einem Tag geschieht so viel, und die Außenwelt ist so weit weg, dass es mir vorkommt, als lebe ich in einem Schnellkochtopf, alles steht unter Hochdruck. Man kann zwei Tage irgendwo arbeiten, dann woandershin versetzt werden, und schon hat man das Gefühl, eine Stelle aufzugeben, die man sehr lange Zeit innegehabt hat.

In dem Päckchen meiner Mutter liegt auch ein Brief meiner Freundinnen aus der alten Schule. Als ich lese, womit sie sich beschäftigen, beschleicht mich die Vermutung, dass mein Leben nie mehr so einfach sein wird. Jungen, Klassenarbeiten und Popidole.

Dave ist aus den Ferien zurückgekommen. Seit ich hier angekommen bin, haben die Leute immer wieder gesagt, dass ich seine Freundin werden muss. Die sollen sich doch um ihre eigenen Angelegenheiten kümmern, noch bestimme ich selbst, in wen ich mich verliebe. Anscheinend haben sie Dave etwas gesagt, denn gleich beim ersten Mal, als ich ihm begegne, kennt er meinen Namen und weiß, dass wir im selben Zimmer schlafen. Er scheint ein wenig nervös zu sein, ist aber sehr nett. Er ist viel mit Saddhu unterwegs, einem Jungen aus Kalifornien. Ich habe den Eindruck, dass sie viele verbotene Dinge tun, zum Beispiel gehen sie in den Wald. Eigentlich habe ich gar keine Lust, einen Freund zu haben, denn ich bin so schon beschäftigt genug, und deshalb gehe ich ihm aus dem Weg.

Aber heute, bei Current Affairs, gibt es plötzlich Unterricht im Massieren, um zu lernen, wie man seinem Gefühl näher kommt. Wir müssen jeder einen Partner wählen, uns auf eine Matratze legen und uns gegenseitig massieren. Alle Mädchen hoffen, dass Dave sie aussucht, aber er wählt mich. Eine Viertelstunde massiert er meinen Nacken und Rücken. Dann tauschen wir. Er wird ganz rot.

Abends im Bett liest Dave in *Adrian Mole*. Es ist so witzig, dass er oft laut lachen muss. Divya und Prama finden das offenbar blöde, denn sie machen auf Deutsch Bemerkungen, die er zum

Glück nicht versteht. Dave liegt so in seinem Bett, dass er mich sehen kann und ich ihn. Wir schauen uns regelmäßig an.

Wir vier haben unseren Spaß, als die Local Education Authority vorbeikommt, um unsere Schule zu kontrollieren. Es ist nicht erlaubt, dass Jungen und Mädchen ein Zimmer teilen, aber wir sind über den Kontrollbesuch informiert und wissen, dass das Zimmer aussehen muss, als schliefen dort vier Mädchen. Wir drapieren Daves Bett mit unseren BHs und Schlafanzügen und legen Nagellack und Lippenstift auf sein Nachtschränkchen. Seine Rasiersachen (eigentlich hat er noch keinen richtigen Bart) verstecken wir in einem Kasten unter dem Bett. Es geht gut: Die Behörde findet unsere Schule seltsam, aber wir halten uns an die Vorschriften.

Allerdings müssen wir ihrer Meinung nach häufiger Feueralarmübungen machen. Der Zeitpunkt der ersten Übung kommt mir sehr ungelegen: Ich stehe unter der Dusche und tue mir gerade Shampoo ins Haar, als die Sirene zu weinen beginnt.

Divya und Prama scheinen weniger hart zu arbeiten als ich und hängen oft auf unserem Zimmer herum. Sie gehen auch später schlafen.

Ich habe die Vermutung, dass sie dann an meine Sachen gehen, denn eines Tages vermisse ich zwei BHs. Ich frage Divya, ob sie die BHs genommen hat, aber sie streitet es ab. Weil es bei Vimalkirti keine BHs gibt und ich nur noch einen violetten habe, beschließe ich, mit Kavita zu reden.

»*Oh, Chandra, are you sure?* Sprich doch einfach mit ihr. Ich bin sicher, dass sie die Angelegenheit mit dir regeln wird.« Doch Divya streitet weiterhin alles ab, und ich bekomme meine Sachen nicht zurück.

Bei einem Fest im Mandir, wo unsere Music Group auftritt, ist es offensichtlich, dass Divya meinen BH anhat, denn ich erkenne das Bändchen an ihrer Schulter wieder. Sie wird rot, als ich damit anfange, aber sie gibt ihn nicht zurück. Wir streiten uns, bis der Sänger der Musikgruppe uns durch das Mikrofon zuruft: *»Hey, it's a celebration.«* Es ist der Mann, der auf den Stufen zu meinem Haus gesessen und geraucht hat.

Es ist kälter geworden, und ich sitze mit einer Jacke bekleidet auf der Terrasse. Ich esse ein Whispa und schaue auf den Rasen. Plötzlich kommt der Mann von der Musikgruppe und stellt sich neben mich. *»Great«,* sagt er, »ich sehe, dass du dich schon etwas mehr entspannst. Kommst du mal in die Lounge?«

»Da darf ich doch nicht hin«, sage ich, ohne ihn anzusehen, denn ich spüre, dass er mich anstarrt.

»Die ist in der Tat nur für Erwachsene, aber du scheinst mir schon erwachsen genug zu sein. Wenn du etwas größer bist, sollten wir mal miteinander schlafen.« Nachdem er dies gesagt hat, schlendert er zur anderen Seite der Terrasse.

Ich kann nicht glauben, was ich gehört habe. Andererseits überrascht es mich nicht. Die Männer in der Kommune schauen einen an oder sagen, dass sie jemanden nett finden. Es gibt noch einen anderen Mann, er arbeitet im Maintenace, glaube ich, und auch der starrt mich ständig an. Ein Mal muss ich mit einer Ma das Brot austeilen. Immer wieder kommt dieser Swami wegen einer einzigen Brotscheibe. Nach dem vierten Mal sage ich: »Hast du immer noch nicht genug Brot?«

»Es geht nicht um das Brot«, sagt er. »Es geht um dich.«

An einem Sonntagmorgen wache ich mit heftigen Bauchschmerzen auf. Ich will nicht aufstehen, denke ich, als auch noch der Wecker klingelt. Aber ich weiß, dass ich arbeiten muss. Deshalb rufe ich im Büro an.

»Wenn du krank bist, musst du ins Sickbay«, sagt die Ma am anderen Ende der Leitung.

»Aber ich bin doch nicht krank, ich habe nur Bauchschmerzen«, sage ich. »Darf ich nicht einfach in meinem Zimmer bleiben?«

»Geh trotzdem ins Sickbay«, sagt sie streng.

Ich gehe zu dem Gebäude, an dem *sick bay* steht. Als ich es betrete, schaue ich in den braunen Spiegel, der im Flur hängt, und ich sehe aus, als wäre ich drei Wochen in Spanien gewesen, kackbraun. Ich sehe viel zu gesund aus, denke ich und gehe in die Krankenstation. Dort liegen ungefähr zehn Matratzen auf dem Boden, alle mit violetten Bettlaken bezogen. Abgesehen von den Bhagwan-Fotos ist der Raum völlig leer. Nachdem ich ungefähr eine Stunde auf einem Bett gelegen habe, kommt eine Frau herein.

»Oh, sweetie, are you ill? Ich bringe dir sofort ein paar Säfte, und brauchst du vielleicht eine Massage?«

Ich möchte einfach einen Tag ausspannen und von keiner Fremden bemuttert werden. Ich muss an die Frau denken, die auf der Ranch auch nicht in ihrem A-frame bleiben durfte, als sie Bauchschmerzen hatte.

Ich lasse mich einen Tag von der Ma schulmeistern und gehe danach schnell wieder an die Arbeit. Ich brauche niemanden, der so tut, als sei er meine Mutter.

Neben der Arbeit muss jeder Teenager auch noch andere Dienste verrichten, wie zum Beispiel die Kleinen zu Bett bringen.

Die Vier- bis Sechsjährigen sind am schlimmsten. Zubettgehen heißt Unfug treiben, auf den Hochbetten herumturnen, johlen und, im Falle des als unbezwingbar bekannten Matt, den Kleinen beibringen, wie man wichst. Ständig zieht Matt seine Hose herunter, um jedem seinen Pimmel zu zeigen. Eines Abends schlenkert er ihn sogar in mein Gesicht. Ich werde unheimlich wütend, und das steigert natürlich seinen Spaß. Das Einzige, was jetzt helfen würde, wäre, Erwachsene herbeizuholen, aber die sitzen in der Bar. Außerdem lasse ich mir dadurch zu sehr meine Hilflosigkeit anmerken.

»Soll ich es mal mit dir machen?«, schreie ich ihn laut an, und das scheint zu wirken. Matt haut ab und legt sich tatsächlich ins Bett.

Nicht alle Kinder in Medina machen einen glücklichen Eindruck. Matt zum Beispiel versucht wahrscheinlich durch sein unmögliches Verhalten zu kompensieren, dass er seine Eltern vermisst. Niemand, der ihn wirklich mal zurechtweist, niemand, dem er es noch erlaubt, mit ihm zu kuscheln oder ihm einen Gutenachtkuss zu geben. Die anderen Jungen machen ihn nach. Abgesehen von den Schikanen und der Ärgerei beim Zubettgehen verhalten sich die Kleinen intelligenter und unabhängiger, als es für ihr Alter normal wäre. Die Mädchen unter den Teenagern versuchen, ihnen etwas Wärme zu geben, aber sie wollen sie nicht. Deshalb ist das Zubettbringen der Kleinen eine frustrierende Angelegenheit.

Nach dem Mittagessen sitzen wir mit ein paar Kindern noch am Tisch und albern.

»Dogedoo yougedoo ungedun-degeder-stagedand megede?«, schwätzt ein englisches Mädchen auf mich ein. Sie wirkt dabei ganz ernst und sagt: *»Do-you-understand-me? That's Gibberish.«*

»Oh, ist das Gibberish?«, antworte ich. Was in Gottes Namen ist Gibberish?

»Ich kann auch Pig-Latein«, fährt sie begeistert fort, und danach folgen wieder unverständliche Laute wie *»Isthis isis unchlunch«*. Dann sagt sie: *»This is lunch,* habe ich eben gesagt. Ich kann auch Gibberish auf Pig-Latein, außerdem kann ich von unten nach oben lesen und das dann auf Pig-Latein-Gibberish sagen. Oder andersherum.«

»Lass uns mit Gibberish beginnen«, schlage ich vor, und das Mädchen bringt mir die Grundlagen bei. Jede Silbe muss durch die Silbe »ged« und den Vokal, der in dem Wort vorkommt, unterbrochen werden. Es erscheint schwierig, aber nach kurzer Zeit habe ich es im Griff, und wir quasseln miteinander: *»Wegede hagedave togedo worgedork«,* darauf sie: *»Igedi dogedon't wagedant togedo.«*

Nein, wir wollen nicht arbeiten, wir wollen spielen, wir wollen albern und herumhängen und herumlungern. Und deshalb lachen wir und balgen uns und laufen hintereinander her. Bis das Mädchen mich plötzlich in den Haltegriff nimmt und meine Mala zerreißt. Alle hundertacht Perlen fallen auf den Steinfußboden und springen in sämtliche Richtungen davon.

Es wird totenstill. Alle schauen mich an. Dann steht eine englische Ma auf und sagt: »Du bist so fröhlich heute, die wahrhaftige *joy*, das muss von Bhagwans Energie herrühren! Dass deine Mala gerissen ist, ist ein Zeichen dafür, dass du sie genießen musst.«

Da ich jetzt den Genuss genießen soll, ist für mich der Spaß erst einmal beendet. Um meinen Hals hängt noch die halbe Mala, das heißt, der kleine Rahmen mit dem Foto und eine schwarze Schnur. Bhagwan blickt mich spottend an.

Wie jeden Tag schreibe ich in englischer Sprache in mein Tagebuch. *Oh, Kavita, ich liebe Bhagwan so sehr. Ob es ihm wohl wirklich gut geht?* Kavita korrigiert mein Englisch immer mit einem roten Stift. *Ihm, für Bhagwan, wird mit großem I geschrieben*, steht am nächsten Tag darunter.

In diesen Wochen lernen wir auch Schreibmaschine schreiben. Im Socrates-Büro tippe ich eine ganze Seite voll, gerichtet an Kavita. Es ist still im Büro, aber plötzlich kommt der Lehrer Premo herein, jener Mann von der Terrasse, der auch zur Musikgruppe gehört. Er kommt zu dem Schreibtisch, an dem ich arbeite. Er braucht Klebstoff, sagt er. »Das ist ein guter Vorwand, um mich deinem schönen Körper zu nähern«, fügt er hinzu. Ich tippe wortwörtlich, was er sagt, und merke noch an, dass mir derartige Sprüche langsam auf den Geist gehen. Beim Korrigieren geht Kavita nicht darauf ein.

Allerdings reagiert sie auf meine Beschwerde, dass wir so wenig Unterricht bekommen, vor allem in Geschichte über England und das aktuelle Weltgeschehen. *Komm mal bei mir vorbei, dann erkläre ich dir, wie Bhagwans Haltung dazu ist*, steht daneben. Ich lasse es dabei bewenden. Ich weiß ja doch, was dann kommt: Du musst für den Moment leben, den Kindern darf man keine Kenntnisse »aufpfropfen«, sondern nur aus ihnen herausholen, was schon in ihnen steckt, und die Medina Rajneesh School ist eine Schule ohne Mauern.

Aziza, die Mutter eines Mädchens, das in Amsterdam wohnt, kommt vorbei. Champa, die Leiterin, erzählt es mir.

»Sie kommt, um zu sehen, wie es euch geht. Deine Mutter möchte natürlich gerne wissen, dass du dich hier wohl fühlst.«

Ja, das kann ich mir vorstellen, denke ich, aber ich weiß noch nicht, was ich sagen werde, wenn Aziza hier ist. Oft bin ich zufrieden mit meiner Aufgabe in der Küche und dem Leben unter so vielen Menschen. Und ich langweile mich keinen Moment. Aber manchmal vermisse ich die Außenwelt, meine alte Schule und die Freundinnen. Harte Arbeit kann befriedigend sein, vor allem in der Küche, aber müsste ich nicht eigentlich mehr lernen? Alles, was ich Aziza sage, wird meiner Mutter weitererzählt. Ihr Traum ist es, so zu leben, jeden Tag mit Menschen zusammen zu sein, die genauso über die Gesellschaft denken wie sie. Was wird sie denken, wenn ich sage, dass ich am liebsten wieder nach Leiden zurück will? Und ich bin mir ja noch nicht einmal sicher, dass ich es wirklich will.

Azizas Erscheinen bleibt nicht unbemerkt. Jeder weiß, dass hier kontrolliert wird. Als sie bei mir vorbeikommt, stehe ich im Abwaschraum.

»Na, dir geht es hier ja wohl gut, wie man sieht«, sagt sie.

Ich nicke nur und halte ansonsten den Mund, weil ich über ihren glücklichen Gesichtsausdruck erstaunt bin. Selten habe ich jemanden gesehen, der so strahlen kann. Außerdem habe ich mit riesigen Töpfen zu kämpfen.

»Du hast deinem gesamten Make-up abgeschworen, hörte ich. Das hatte deine Mutter schon vorausgesagt. Du genießt es doch sicher mit all den Kindern hier? Sind sie nicht phantastisch?«

Ich überlege, ob ich sagen soll, dass die Arbeitstage hier so lang sind. Aber dann sagt sie: »Nun, ich werde Rupi mitteilen, dass es dir super geht!«, und geht weiter.

Am nächsten Tag ist Aziza schon wieder weg. Ich habe sie nicht mehr gesehen. Vermutlich saß sie abends in der Lounge. Wenn meine Mutter genauso glücklich ist wie Aziza, ist es nur gut, dass ich nicht erzählt habe, wie einsam ich mich ab und zu fühle. Es ist ja auch nicht vorgesehen, dass man mit irgendetwas unzufrieden ist. Traurig oder sogar wütend sein ist erlaubt, wenn man weiß, warum. Denn letztendlich muss die Haltung positiv sein. Grundlos negativ eingestellt sein ist eigentlich unmöglich.

Angeblich wurden aus diesem Grund schon mal Leute aus der Kommune geworfen. Die negative Einstellung war schlecht für die Kommune, für das gemeinsame Ziel. Man kommt natürlich nicht voran, wenn jeder zu jammern anfängt; das funktioniert nicht. Wenn man sicher sein will, dass man als Kommunemitglied und als Sannyas geschätzt wird, zeigt man am besten, wie positiv man der Kommune gegenübersteht.

In der Schule ist es heute ziemlich unruhig, denn jeder muss seinen Aidstest machen. Zwischen zehn und zwölf Uhr muss ich mich im Mandir melden. Die meisten Kinder haben Angst davor, sich Blut abnehmen zu lassen, aber vor allem fürchten sie, die tödliche Krankheit zu haben. Aus der Ranch kam kürzlich die Nachricht, dass zwei Menschen, ein Mann und eine Frau, mit Aids infiziert sind. Wir müssen jetzt besonders vorsichtig sein. Nach wie vor ist es verboten, an Briefmarken zu lecken, aber wir müssen auch darauf achten, dass wir nicht von Mücken gestochen werden und nicht in Berührung mit dem Speichel oder den Krallen von Haustieren, wie zum Beispiel Katzen, kommen. Als Reaktion auf die beiden Fälle sagt Bhagwan, dass Aids eine Strafe ist, die der Menschheit gesandt wurde, vergleichbar mit der Pest. Das Ende der Welt scheint wirklich bevorzustehen.

Die Teenager müssen helfen, damit jedem Kind Blut abgenommen werden kann und alles ruhig verläuft. Aber im Mandir hat die Panik zugeschlagen. Mehrere Kinder weinen vor Angst und rufen nach ihren Müttern, die nicht da sind. Ich nehme die Kinder auf den Schoß, tröste sie und lenke sie ab, wenn ihnen das Röhrchen Blut abgenommen wird.

Ich muss den Test auch machen und kann meine eigene Furcht nicht zeigen, weil die Kleinen dabei sind. Ich habe eine Höllenangst, dass ich durch das Essen bei meinem Vater oder einen Biss vom Speckgummi der anderen in der Schule Aids bekommen habe. Das würde bedeuten, dass ich die Kommune verlassen und irgendwo in Abgeschiedenheit leben müsste. Wahrscheinlich wäre ich dann schon vor meinem achtzehnten Lebensjahr tot.

Auf das Testergebnis muss man eine ganze Zeit warten. Am Abend ist jeder müde. Ich wüsste gerne, ob meine Mutter in Amsterdam auch schon einen Test gemacht hat.

Es werden Gespräche geführt, die mir Sicherheit geben sollen, dass ich ein echtes Kommunekind bin und dass es uns gelingen wird, besser als der Rest der Welt zu sein. Danach fühle ich mich zu Hause. Vor allem in der Küche wird ziemlich viel gequatscht.

»Es gibt so viel Unbewusstheit. Kannst du dir vorstellen, wie die Welt aussähe, wenn jeder Mensch meditieren würde? Wäre das nicht toll?«, fragt ein Junge mit Rastalocken. In der Küche wird die Weltpolitik diskutiert.

»Es wäre großartig, wenn jeder seinen eigenen Mist beseitigen würde«, antwortet ein Italiener, der Zuckererbsen im Spülbecken wäscht. »Mutter Teresa, die endlich mal an sich selbst denken würde! Oder Thatcher, die zusammen mit Reagan die Dynamic-Meditation betreibt!«

Diese Idee erscheint mir gar nicht schlecht. Was wir hier tun, ist das Schönste, das es gibt. Wir sind die Besten. Alles ist Leben, Liebe, Lachen, genau wie Bhagwan sagt. Man darf ganz man selbst sein. Dann ist alles gut. Man muss zwar hart arbeiten, aber wenn man daraus eine Meditation macht, kann man es einfach genießen.

Es ist gut, dass wir an diesem Ort leben, denn man wird sehen, dass wenn Bhagwans Voraussagen Wirklichkeit werden, von der Außenwelt nichts übrig bleibt. Ich habe Mitleid mit meinem Vater, meiner Oma und den Freunden aus der alten Schule, denn die haben alle nicht gelernt, wie man meditiert, und deshalb werden sie den Dritten Weltkrieg nicht überleben. Außerdem bekommen sie sowieso Aids.

Ich muss oft an *Imagine* von John Lennon denken: Wie sähe es wohl aus, wenn es keine Religionen gäbe, niemand etwas besäße und keine Landesgrenzen bestehen würden? Wenn man es richtig betrachtet, sind Rajneeshpuram und die anderen Kommunen genau das, was John Lennon meint: Dort herrscht Friede, man lebt in großer Gemeinschaft, und alle leben wir für das Heute, für den Augenblick. Wenn alle täten, was wir tun, würde der Traum von Bhagwan, meiner Mutter und John Lennon vielleicht in Erfüllung gehen.

Doch das Gespräch in der Küche und meine Gedanken über unsere Zukunft werden grausam unterbrochen. Es ist etwas geschehen, das ich nicht für möglich gehalten hätte.

»Sheela ist weg!«, ruft jemand. Die Küche ist in heller Aufregung, brutzelnde Pfannen werden zurückgelassen, und die Leute laufen auf den Flur. Ich ziehe schnell meine Handschuhe aus und folge ihnen. Der Flur ist voller Menschen. Alle versammeln sich vor dem schwarzen Brett, wo Mitteilungen über die Ranch hängen. Nach etwas Zerren und Schieben kann auch ich lesen, was dort steht: Sheela ist zusammen mit dem Bürgermeister der Ranch, Direktoren einer Anzahl internationaler Organisationen von Rajneeshpuram und mehreren festen Mitarbeitern abgehauen. Sie sollen in ein Flugzeug gestiegen sein und viel Geld mitgenommen haben.

Ungläubig starren wir immer wieder auf die Mitteilung. Wie konnte das geschehen? Woher kommt diese Nachricht? Ist sie wahr, und wenn ja, wie geht es dann mit uns weiter? Sheela war jahrelang diejenige, die Bhagwan beschützte, seine persönliche Sekretärin. Bhagwan vertraute ihr, wir alle vertrauten ihr. Wie kann sie jetzt so plötzlich verschwunden sein?

Um mich herum höre ich all diese Fragen, aber niemand hat eine Antwort. Wir sind wie ein Bienenschwarm ohne Königin, wir krabbeln umeinander herum und reden und weinen – jeder ist beunruhigt. Diese Nachricht können wir nicht einfach ignorieren, wie wir es häufiger getan haben, wenn Bhagwan komische Dinge gesagt hat.

Eigentlich muss ich zurück zu den Pfannen auf dem Herd und zu den Salaten, aber ich will nach draußen, weg von dieser Wirklichkeit und all diesen emotionalen Menschen. Draußen, auf dem Rasen, schaue ich in die Bäume und wünsche, die Nachricht würde nicht stimmen. Dass uns jemand nur zum Spaß ein Telex geschickt hat. Dass das alles nur ein übler Scherz ist oder dass sich Bhagwan diesen Spaß selber erlaubt hat. Ja, Letzteres wird es sein, etwas anderes ist gar nicht möglich.

Doch als ich zehn Minuten später wieder hineingehe, ist das Chaos komplett. Sikta und Champa haben in der Ranch angerufen, und alles scheint wahr zu sein. In den nächsten Stunden sollen wir mehr über den genauen Ablauf der Ereignisse hören.

In Erwartung neuer Nachrichten begeben sich die meisten Leute langsam wieder an die Arbeit. Ich gehe zurück in die Küche, wo wir uns umarmen, weinen und reden. Die Schale mit dem Salat steht noch dort, und ich ziehe meine Handschuhe wieder an. Solange noch gegessen werden muss, habe ich zu tun, aber ich frage mich ernsthaft, ob wir noch als Gruppe existieren.

Am Abend ähnelt alles hier einem überfüllten Büro, einer auseinanderfallenden Familie und einem explodierenden Schnellkochtopf. Wenn es irgendwann einmal wirklichen Zusammenhalt gegeben hat, dann ist es jetzt, doch gleichzeitig bestehen wir mehr denn je aus lauter Individuen. Jeder will für sich selbst Bilanz ziehen. Was ist da in den USA wirklich los, und was bedeutet das für uns?

Die Erwachsenen sitzen in der Lounge, und die Kinder rasen wie die Verrückten herum. Manche wissen kaum, wer Sheela ist. Die Teenager erzählen sich gegenseitig, welchen Eindruck sie von Sheela gewonnen haben. Zu jener Zeit, als Bhagwan geschwiegen hat, war Sheela die Leiterin.

Aber weil noch niemand weiß, was da genau vor sich geht, warten die meisten Sannyasins mit ihren Schlussfolgerungen bis nach dem Kommunetreffen. Ein derartiges Kommunetreffen habe ich noch nie erlebt, jedenfalls nicht seit meinem Aufenthalt hier.

Alle marschieren zum Meditationsraum Mandir. Zunächst müssen wir uns Musik anhören. Einige Erwachsene und Teenager meditieren, aber natürlich will jetzt jeder wissen, was genau geschehen ist.

Champa und Sikta kommen mit Papieren in den Händen herein und nehmen hinter den Mikrophonen auf dem Podium Platz. Champa berichtet. Es ist mucksmäuschenstill.

»Bhagwan geht es gut. Ich nehme an, dass ihr das alle als Erstes wissen wollt«, sagt sie. Es wird gejubelt und geklatscht. Vor allem die Erwachsenen reagieren erleichtert. Danach berichtet Champa, was Bhagwan während seiner letzten Lesung auf der Ranch gesagt hat. Laut Bhagwan gab es einen Machtkampf zwischen Sheela und ihm. Er ist dahintergekommen, dass Sheela und ihre Handlanger ihm bestimmte Dinge nicht erzählt haben. Alle geschäftlichen und praktischen Entscheidungen liefen über sie, weil Bhagwan gut drei Jahre nicht gesprochen und sich in dieser Zeit auch nicht um Geld oder Papiere gekümmert hat.

Bhagwan zufolge sollen Sheela und ihre Anhänger versucht haben, ihn für immer zum Schweigen zu bringen. Sie sollen fünfundzwanzig Millionen Dollar unterschlagen haben und wollten andere Sannyasins ermorden. Weil Bhagwan Sheela jetzt als Kriminelle betrachtet, hat er Interpol und die amerikanische Polizei eingeschaltet.

»Danach hat er lange über Macht und darüber geredet, wie weit man gehen darf, um die Macht zu behalten«, sagt Champa. »Das Video mit der Lesung ist auf dem Weg von den USA zu uns. In ein paar Tagen können wir es uns anschauen. Bhagwan redet zur Zeit sehr viel. Auf der Ranch hat ein Säuberungsprozess begonnen, bei dem die Arbeit anderer enger Mitarbeiter von Sheela genauestens unter die Lupe genommen wird.«

Mit diesen Worten beenden Champa und Sikta das Kommunetreffen. Wir stehen alle auf und laufen Richtung Main House. Die Stimmung ist gedrückt. Ich bin mir nicht sicher, aber es scheint, als hätten die Erwachsenen Angst. So verschwinden sie denn auch wieder in der Lounge, um miteinander zu reden. Der Rest muss sich bemühen, die tägliche Routine zu erledigen. Zuerst versuche ich noch, ein Telefon zu finden, um meine Mutter anzurufen, aber alle Telefone sind besetzt. Weil ich morgen Frühdienst habe und um halb sechs das Frühstück machen muss, beschließe ich, ins Bett zu gehen.

In meinem Zimmer rede ich nicht mit den anderen, sondern lege mich sofort ins Bett und denke lange über die seltsamen Ereignisse nach. Es erinnert an einen Film. Wie kann jemand nur versuchen, Bhagwan zu ermorden? Er ist völlig unschuldig, sagt jeder, und ich glaube es auch. Er kann doch nichts dafür, dass er so viel zu tun hat und sich deshalb nicht um seine eigenen Papiere kümmert. Über all die Jahre hinweg hatte er nicht einmal seinen eigenen Reisepass oder ein Scheckheft bei sich. Sheela regelte alles für ihn, sodass er sich auf die wichtigen Dinge konzentrieren konnte, wie seine neue Reihe Lesungen unter dem Titel *The Rajneesh Bible*. Er war doch auch Sheelas spiritueller Lehrer, und er musste darauf bauen können, dass sie für ihn sorgt! Nachdem sie ihn jetzt belogen und Geld gestohlen hat, finde ich es gut, dass Bhagwan sie von der Polizei verfolgen lässt und dass sie vielleicht verhaftet wird.

Über einige Dinge wage ich nicht nachzudenken. Womöglich fällt ja alles auseinander, wird der Traum zum Albtraum. Aber ich verbanne diesen Gedanken sofort aus meinem Kopf. Wir sind »Der Neue Mensch«, und unsere Gruppe wird nicht auseinanderfallen! Wenn es Menschen gibt, die damit fertig werden, dann sind wir es. Bhagwan ist stark, das glaube ich, und er hat Sheela demaskiert. Die Polizei wird sie schnappen. Ab jetzt wird alles gut. Ich muss aufhören zu grübeln, im Hier und Jetzt sein und dann schlafen, rede ich mir ein.

Am nächsten Morgen schleppe ich mich ins Magdalena. In anderthalb Stunden muss das Frühstück fertig sein, aber in der Küche ist es noch dunkel. Pradeesh, mit dem ich heute Morgen zusammenarbeiten muss, ist noch nicht da. Als ich ihn anrufe, wecke ich ihn.

»Pradeesh, es ist schon Viertel vor sechs, du musst aufstehen.«

Am anderen Ende höre ich eine heisere Stimme. Pradeesh sagt, dass er kommt.

Ich beginne damit, die Töpfe mit dem Wasser für die Eier aufzusetzen. Siebzig hart gekochte und siebzig weich gekochte Eier müssen gemacht werden. Dazu auch noch Rührei. Es dauert eine halbe Stunde, bis das Wasser kocht.

Erst als ich Pradeesh ein zweites Mal anrufe, kommt er nach unten. Zusammen holen wir die Eier aus dem Keller. Der Keller ist der unheimlichste Ort des gesamten Kommunekomplexes. Die Decke ist sehr niedrig, und es gibt viele enge Gänge. Alleine traue ich mich nicht hinein. Pradeesh und ich tragen jeder drei Lagen mit jeweils dreißig Eiern die Wendeltreppe hinauf. Doch dann stolpere ich, und mindestens sechzig Eier fallen auf die Stufen. Ich bin von oben bis unten mit Eiweiß und Dotter bekleckert. Erst gegen Mittag haben wir den ganzen Schmutz beseitigt.

Nachmittags kann ich endlich meine Mutter anrufen. Sie hat noch geschlafen, da sie sehr lange in der Disko arbeiten musste, aber man hat sie über die Lautsprecheranlage gerufen. Es tut gut, mit ihr zu reden. Ich erzähle ihr von den Eiern, worüber wir trotz allem lachen können. Meine Mutter findet es unglaublich, was ich alles in der Küche mache.

»Toll, das hast du nicht von mir gelernt.«

Und natürlich reden wir über die letzten Entwicklungen auf der Ranch. Sie meint, es gebe weitere Nachrichten über den Sheela-Skandal. Jeder beschäftige sich damit: Bhagwan hat eine große Pressekonferenz gegeben, in der er gesagt hat, dass Sheela aus der Ranch ein »faschistisches Konzentrationslager« machen wollte. Bhagwans Wohnzimmer und Schlafzimmer waren gespickt mit Wanzen. Die Tonbänder, die Sheela aufgenommen hat, sind alle verschwunden. Außerdem hat sie versucht, Bhagwans Arzt, Zahnarzt und Leibwache mit einem langsam wirkenden Gift krank zu machen oder zu töten.

»Das ist ein Ding«, sagt meine Mutter. »Ich weiß noch nicht, was das für mich alles bedeutet. Es scheint so, als wenn jetzt plötzlich überall Informationen durchsickern, wo vorher jeder den Mund gehalten hat. Sogar hier in Amsterdam war die Rede von Zensur. Ich werde dir ein paar Zeitungsberichte schicken. In den NOS-Nachrichten wurde auch schon über uns berichtet. Wie geht es dir?«

Ich erzähle ihr, wie die letzten Tage gewesen sind, dass hier Unruhe herrscht und dass jeder versucht, seine Arbeit wieder aufzunehmen. Ich sage ihr nicht, dass ich schlecht schlafe und mir Sorgen um sie mache. Um sie und um alles andere.

Dann kommt jemand von der Leitung ins Büro.

»Du weißt doch, dass du englisch sprechen sollst«, ermahnt mich die Frau. »Wir sind eine internationale Kommune.«

Ich schalte auf Englisch um, doch das klingt komisch. Mit meiner Mutter spreche ich immer niederländisch.

»Daran brauchst du dich doch nicht zu halten, Liebes«, sagt meine Mutter durchs Telefon. »Sprich einfach niederländisch, und wenn denen das nicht passt, dann sollen sie dich doch verhaften.«

Ich hänge trotzdem schnell auf. Ich weiß nicht, ob sie mich verhaften können, aber ich gehe das Risiko lieber nicht ein.

Am nächsten Tag muss Baruna auf den Markt und Einkäufe machen. Da ich seit meiner Ankunft vor einem Monat noch nie außerhalb des Kommunegeländes gewesen bin, frage ich, ob ich mitgehen darf. Ich kenne zwar die Adresse der Kommune, doch ich habe keine Ahnung, wo in England ich mich eigentlich befinde. Baruna zögert, weil dann eine Person weniger in der Küche ist, doch schließlich darf ich mit.

Zum ersten Mal seit langer Zeit komme ich wieder in die Außenwelt. Wir fahren mit einem kleinen Bus, weil wir Vorräte für eine ganze Woche einkaufen müssen. Die Kommune liegt auf dem Land, und deshalb dauert es eine ganze Weile, bis wir die bewohnte Welt erreichen. Als wir in einer Kleinstadt ankommen, ist es, als könnte ich endlich wieder atmen. Ich sehe neue Gesichter und höre andere Geräusche. Englische Hausfrauen laufen auf der Straße, und englische Kinder spielen dort. Sie schauen alle nach uns, denn sie halten uns natürlich für verrückt.

Auf dem Markt kaufen wir kiloweise Salz, literweise Mayonnaise und Unmengen Reis sowie Säcke voller Getreide für das Müsli. Es macht Spaß, so viel Essen auf einmal einzukaufen. Die Leute auf dem Markt sind nett und kennen Baruna ein wenig. Als wir mit dem Einkauf der Vorräte fertig sind, sagt Baruna, dass noch genügend Zeit ist, um die Geschäfte anzuschauen.

»Manchmal muss man mal kurz unter dieser Käseglocke hervorkommen«, sagt sie. Glücklicherweise habe ich etwas von dem Geld mitgenommen, das mir meine Mutter gegeben hat. In einem Geschäft sehe ich einen Pullover, gestrickt aus schwarzer und dunkelvioletter Wolle.

»Ist das erlaubt?«, frage ich Baruna. »Da ist Schwarz drin.« Baruna hat nichts dagegen, und dieser Pullover ist das Erste, was ich mir im Ausland kaufe, ohne dass meine Mutter dabei ist.

Auf dem Rückweg erzählt Baruna, dass die Schichten geändert werden. Ein paar Leute wollen andere Kommunen besuchen, um mit ihren Freunden über den Sheela-Skandal zu reden. Das bedeutet, dass ich häufiger sowohl die Früh- als auch die Spätschicht und manchmal auch zusätzlich die telefonischen Bestellungen übernehmen muss. Danach sprechen wir darüber, wie es in der Küche zugeht. Ich sage ihr, dass die Raucher es einfacher haben, weil die immer mal einfach nach draußen gehen können, um eine Zigarette zu rauchen, und dass ich härter als sie arbeite. Ich sage ihr auch, dass es bei der Ausführung von Aufträgen manchmal Schwierigkeiten gibt. Wenn sie mir den Auftrag erteilt, Salate und die Suppe vorzubereiten, kommt jemand anderes und meint, es sei wichtiger, dass Brot gebacken wird. Und dann komme ich in Schwierigkeiten, denn auf wen soll ich hören? Baruna sagt, dass ich immer auf sie hören soll.

Als wir nach Medina zurückkehren, sind wieder neue Nachrichten über das Telex eingetroffen. Sheela ist in der Schweiz aufgetaucht. Zusammen mit ihren Freunden hat sie versucht, in einer Kommune in Deutschland und einer anderen in der Schweiz unterzukommen, aber die Sannyasins dort haben sie weggeschickt. Die Polizei ist machtlos, weil die Schweiz kein Auslieferungsabkommen mit den USA hat.

In Sheelas Haus auf der Ranch wurde ein Labor mit weißen Mäusen gefunden, an denen Gift getestet wurde, und in ihrem Bücherschrank fanden sich Bücher über Mordvorbereitungen: *Methoden des Tötens von Menschen*, Band 4, 5 und 6. Außerdem ein Handbuch für die Herstellung von Sprengstoff. Es wurden auch zwei Geheimzimmer mit einem Tunnel entdeckt, der außerhalb des Geländes der Ranch endet.

Es sieht danach aus, als sei diese Krise vorläufig noch nicht vorüber. Videobänder treffen ein, doch die werden erst zu später Stunde gezeigt. Die amerikanische *Rajneesh Times*, in der die ganze Geschichte zu lesen ist, kommt erst sehr viel später.

Ich frage mich, was die niederländischen Zeitungen wohl schreiben mögen. Inzwischen wird es jeder wissen, denn Bhagwan gibt ständig Pressekonferenzen. Die Situation macht mich ganz krank. Wie lange soll das noch dauern? Tag und Nacht sind wir damit beschäftigt. Ich kann an nichts anderes mehr denken. Meine ersten Tage in Medina erscheinen mir im Nachhinein ruhig und unbeschwert.

Außerdem ist noch ein zusätzliches Problem aufgetreten: Konjunctivitis. Es handelt sich um eine sehr ansteckende Entzündung der Augen. Laut unserem Sannyas-Hausarzt haben mindestens zehn Kinder entzündete Augen, und um zu verhindern, dass alle angesteckt werden, müssen die Kinder in Quarantäne. Einer der Räume im Obergeschoss ist vorübergehend als Krankenzimmer eingerichtet worden. Auch diese Nachricht geht wie ein Lauffeuer durch die Kommune, und sofort geraten alle Kinder ein wenig in Panik. Außerdem werden heute die Ergebnisse des Aidstests bekannt gegeben. Ich habe gar nicht mehr daran gedacht. Zum Glück, denn sonst wäre diese Woche unerträglich gewesen. Ich gehe davon aus, dass im Flur eine Liste aufgehängt wird, auf der steht, wer Aids und wer kein Aids hat. Doch nichts von alledem. Jemand geht durch sämtliche Tempel und verkündet die gute Nachricht, dass niemand unter uns Aids hat. Baruna und ich lassen uns schnell einen schönen Nachtisch einfallen, um das zu feiern.

Die Tage fliegen vorbei. Um die Löcher bei der Küchenbesetzung zu stopfen, wechselt meine Frühschicht von morgens halb sechs bis halb sechs am Nachmittag mit der Spätschicht von vormittags halb elf bis abends halb elf, und manchmal werden sie sogar kombiniert. An mehreren Tagen muss ich von morgens halb sechs bis abends halb elf arbeiten, weil ich beiden Schichten zugeteilt bin. Es geht nicht anders, sagt Baruna. Wenn ich es nicht tue, gibt es niemand anderen. Pradeesh hat auch mehr zu tun als gewöhnlich. Oft muss er Nachtschichten in der Wäscherei einlegen.

Die Schularbeiten und das Tagebuch-Schreiben kommen dabei ein wenig zu kurz. Kavita hat Verständnis dafür, und außerdem findet sie mein Englisch sehr gut. Meine Aussprache und das Vokabular haben sich tatsächlich verbessert, und ich träume und denke sogar englisch. So verstehe ich denn auch den größten Teil der Gespräche um mich herum. Die Erwachsenen reden manchmal sehr vorsichtig über unseren augenblicklichen Zustand, um die Kinder nicht allzu unsicher zu machen, doch auf die Teenager wird keine Rücksicht genommen. Mit den etwas älteren Mädchen spreche ich darüber, was wir hören.

Viele Leute meinen, dass jetzt alles besser wird. Dass die Gesetze, die auf der Ranch galten, wie zum Beispiel das Verbot, bestimmte Orte zu betreten, jetzt nicht mehr gelten, nachdem Sheela verschwunden ist. Andere vermuten, dass es auf der Ranch enorme finanzielle Probleme gibt und dies das Ende für alle internationalen Kommunen bedeuten könnte. Einige glauben, dass Bhagwan davon gewusst oder sich sogar selbst daran beteiligt hat, um uns an einem Beispiel vor Augen zu führen, was Faschismus bedeutet. Das wäre eine bittere Lektion.

Die Mädchen, mit denen ich spreche, wollen genau wie ich, dass der Strom an Nachrichten von der Ranch endlich abreißt. Wir haben die Nase voll. Den ganzen Tag arbeiten, all die Geschichten, unsere Mütter weit weg, für die Kleinen sorgen – es ist einfach zu viel. Und somit kümmern wir uns wieder um ein anderes Thema, die Swamis – praktisch jede hat einen Freund oder ist in jemanden verliebt. Ein Mädchen gibt mir den Rat, mit dem Mann aus der Musikgruppe ins Bett zu gehen. Sie hat es auch getan.

»Er reibt dich von oben bis unten mit Massageöl ein. Wirklich, das musst du mal probieren«, sagt sie.

Ich habe wieder Spätschicht, unmittelbar nach zwei Tagen Frühschicht. Vor Müdigkeit schiele ich schon, weil ich gestern auch erst spät ins Bett gekommen bin. Immer häufiger machen wir irgendwelche heimlichen Sachen, zum Beispiel telefonieren wir ins Ausland. Zusammen mit ein paar anderen steigen wir auf den Dachboden eines Nebengebäudes. Saddhu hat dort ein Telefon entdeckt, das in einer Ecke steht und immer noch angeschlossen ist. Wenn man eine Telefonnummer kennt, kann man anrufen. Er selbst telefoniert lange mit der Ranch, wo man jetzt einfacher als früher die gewünschten Personen an den Apparat bekommt. Die Eltern mehrerer Kinder hier leben auf der Ranch, aber die Kinder haben die Telefonnummern nicht im Kopf und können deshalb ihre Eltern nicht anrufen. Wenn die Gruppe zum Rauchen in den Wald geht, verschwinde ich auf mein Zimmer.

Heute ist Post aus den Niederlanden gekommen. Mein Vater hat mir mein geliebtes Musik-Magazin, die *Popfoto,* und alle möglichen Zeitungsartikel geschickt. »Bhagwan verstößt leitende Mitglieder aus Kommune in Oregon«, titelt die *Volkskrant*. Im *Telegraaf* steht: »Krach im Bhagwan-Zirkus«. Ich kann also davon ausgehen, dass alle informiert sind. Ich schäme mich ein bisschen, denn in einem der Artikel steht auch, dass nicht »die böse Umwelt eine Bedrohung darstellt, sondern im Gegenteil die Kräfte von innen«. Jetzt glaubt man vielleicht, dass wir eine Sekte sind, obwohl wir nicht wie kopflose Hühner hinter einem Anführer herlaufen. Bhagwan versucht uns das auch beizubringen. Er sagt zwar: »Ich bin die Pforte«, aber darüber hinaus ist man für sich selbst verantwortlich. Wir müssen alle selbst die Erleuchtung finden, das kann er nicht für uns erledigen.

Mein Vater schreibt, dass er sich Sorgen macht. Er meint, ich sollte meinen gesunden Menschenverstand gebrauchen, auch wenn es um Bhagwan geht. Außerdem wüsste seine Frau gerne, ob ich mal ins Kino darf und auch mal gar nichts tun muss, einfach nur die Füße auf den Tisch legen. Nein, aber ich hätte nichts dagegen!

Wenn ich ihnen schreibe, habe ich keine Lust, ihnen etwas vorzujammern. Mein Vater reagiert sowieso schon immer skeptisch: »Du schreibst zwar, dass es dir dort gefällt, aber du brauchst dich nicht zu schämen und kannst uns ruhig sagen, wie du es dort wirklich findest.« Was aber, wenn meine Briefe hier gelesen werden? Ich kann sie nicht selbst zur Post bringen, denn es gibt keinen einzigen Briefkasten in der Gegend. Die ganze Post läuft über das Büro. Es ist schon brenzlig genug, einen Brief auf Niederländisch zu schreiben.

Meine Oma schreibt mir ebenfalls Briefe, in denen sie fragt, um welche Uhrzeit sie mich am besten anrufen soll. Das weiß ich auch nicht. Bei meinen ständig wechselnden Arbeitszeiten kann ich mich auf nichts festlegen.

Bhagwans neue Sprecherin heißt Hasya. Sie berichtet, dass Bhagwan gesagt hat, mit dem Verschwinden von Sheela sei Adolf Hitler erneut gestorben. Außerdem hat Bhagwan bekannt gegeben, dass 1984 Tausende Obdachlose, die von Sheela eingeladen worden waren, einige Zeit auf der Ranch zu verbringen, nur deshalb willkommen gewesen sind, weil sie dadurch bei den örtlichen Wahlen mehr Stimmen zu bekommen gehofft hat. Nach den Wahlen wurden die Obdachlosen mitten im Winter ohne Essen wieder von der Ranch gejagt!

Darüber hinaus wird davon berichtet, dass eine Country-Band für einen wohltätigen Zweck ein Lied mit dem Titel *Shut up Sheela* herausgebracht hat. Zunächst wurde dem Lied keine Aufmerksamkeit geschenkt, aber jetzt darf jeder wissen, dass Sheela in ganz Oregon verhasst war, weil sie sich einer obszönen Sprache bediente, arrogant war und mit ihrer Pistole wild in der Gegend herumfuchtelte. Nach all diesen Enthüllungen hasse ich sie auch.

Es erscheinen Ausgaben der *Rajneesh Times*, in denen auf die Ereignisse reagiert wird. Viele sind der Meinung, dass wir uns jetzt mit folgenden Themen befassen müssen: Vertrauen, Hingabe, Gehorsam und Selbstzensur. Man glaubt, dass Sheela ihre gesamten kriminellen Aktivitäten nie hätte entfalten können, wenn nicht viele Sannyasins ein Auge zugedrückt hätten. Mittlerweile fragt niemand mehr uns, die Teenager und Kinder, wie wir darüber denken, obwohl es für uns vielleicht am schwierigsten ist.

Allerdings gibt es innerhalb der Magdalena-Mannschaft ein Treffen wegen des Sheela-Debakels, dabei kommt jedoch nur heraus, dass wir verwirrt sind und unser *worship* dadurch beeinflusst wird. Ich kann mich nicht an dem Gespräch beteiligen, weil ich das Protokoll schreiben muss. Alle machen sich Gedanken über die Zukunft. Eine Ma sagt, dass sie nicht weiß, was sie jetzt von Bhagwan halten soll. Die anderen antworten sofort, sie dürfe nicht an ihm zweifeln, eher an sich selbst. Verschiedene Leute weinen und sagen, dass sie sich schuldig fühlen, weil sie manchmal vermutet haben, dass da irgendetwas nicht stimmt, sich aber nicht dazu geäußert haben. Am Ende des Treffens gibt es ein *group hug*, ein gemeinsames Umarmen, und dann beschließen wir alle, unser *worship* wieder mit besonderer Aufmerksamkeit aufzunehmen. Ich habe den festen Vorsatz, nicht mehr die ganze Zeit darüber nachzudenken, doch das ist ganz schön schwierig, wenn andauernd neue Telexe am schwarzen Brett erscheinen.

In den Tagen nach dem Treffen läuft es in der Küche besser. Wir reagieren die Dinge etwas weniger an den anderen ab, und es ist etwas ruhiger geworden.

Zum Glück gibt es manchmal auch andere Neuigkeiten. Die Kommune in Amsterdam sucht noch immer intensiv nach einem Ort, wohin die Medina Rajneesh School umziehen könnte. Vielleicht zieht die Schule nach Vaals. Wir werden hier nur noch ein paar Monate bleiben, denn die Niederlande sind der beste Ort für eine solche Schule, weil dort die Gesetze für die Gründung von Schulen am flexibelsten sind.

Die Gegend um Medina herum ist wunderschön. Es ist Herbst geworden, und die Bäume tragen prächtige rote und orangefarbene Blätter. Ich würde gerne nach draußen gehen, um einen Waldspaziergang zu machen und Kastanien zu sammeln. Eigentlich komme ich nur nach draußen, wenn ich während der Teepause auf der Terrasse bin oder vom Alan Watts zum Main House gehe. Dann sehe ich die Wege und den Rasen. Aber wenn man eine Kommune in Schuss halten will, dann geht es eben nicht anders, als dass sich jeder an sein *worship* hält. Manchmal setze ich mich kurz auf das Dach, doch dafür wird es jetzt zu kalt. Außerdem haben inzwischen so viele diesen Ort entdeckt, dass man dort nie alleine sitzen kann. Es macht mich zuweilen verrückt, dass überall dermaßen viele Menschen sind. Wenn ich an unser Haus in Leiden und an die Ruhe in meinem Zimmer denke, an das Herumwühlen in meinem eigenen Krempel und den Klamotten, was hier natürlich unmöglich ist, weil es keinen persönlichen Besitz gibt, dann sehne ich mich doch arg nach meinem Zuhause. Dass man auf dem Bett liegen und die Top 40 hören kann oder sich mitten am Tag ein Spiegelei und einen Toast mit Erdnussbutter macht, nur für mich alleine, statt zehn Quadratmeter Pizza für Hunderte von Leuten gleichzeitig zu backen. Oder man sieht abends alleine mit seiner Mutter fern und trinkt Tee, statt mit vierzig anderen in einer Kantine. Und natürlich vermisse ich das Schmusen mit Snuffie und den Katzen bei meinem Vater.

Am meisten vermisse ich meine Schulfreundinnen. Catharina und Marieke haben mir eine Karte geschickt, um mir zu meinem vierzehnten Geburtstag zu gratulieren, aber der ist erst Ende November, in etwas weniger als zwei Monaten. Es ist richtig schön, die Karte zu betrachten, denn die beiden haben alle Klassenkameraden gebeten, sie zu unterschreiben. Bestimmt dreißig Namen stehen darauf. Jeder wünscht mir alles Gute und Liebe, sogar »Blauer«, der Junge mit der blauen Jacke aus der vierten Klasse, den ich nett fand und der mich nicht beachtet hat, weil ich in der ersten Klasse war.

Ich stelle die Karte neben mein Bett und denke über »Blauer« nach. Dass das Alter ein Grund sein könnte, dass man nicht miteinander geht, kann man sich hier gar nicht vorstellen. Nur ein einziger Teenager geht mit einem Gleichaltrigen, aber die meisten Mädchen flirten mit den erwachsenen Männern und finden die Jungen in ihrem Alter uninteressant. Sie legen es nicht darauf an, es ergibt sich von selbst, weil die Männer so sind. Hier sagen die Männer einfach, wie sie einen finden, ob man nun elf oder beinahe vierzehn ist. Für mich ist es auch ein Kompliment, wenn die Männer mich immer angucken. Ich fühle mich dann wie eine echte Frau, und das ist nicht der Fall, wenn mich pickelige vierzehnjährige Jungen anstarren. Aber sofort mit einem Mann ins Bett zu gehen, nur weil er viel Massageöl benutzt, finde ich übertrieben, auch wenn er noch so nett ist. Ich denke, dass ich lieber auf einen hübschen Jungen warten sollte, bis ich siebzehn bin.

Jeder glaubt, dass Dave und ich sehr gut zueinander passen, aber er unternimmt nichts, um eine Beziehung mit mir anzufangen. Wenn wir einander sehen, ist es in unserem Zimmer, nach unserem *worship,* wenn er Adrian Mole liest, ich in mein Tagebuch schreibe und etwas auf meinem Walkman höre, während Divya und Prama unaufhörlich schwatzen. Wir schauen uns zwar an, ansonsten geschieht aber nichts zwischen uns.

Im Flur hängt wieder ein neues Telex von der Ranch. Ich bekomme einen Heidenschreck. Bhagwan hat den Rajneeshismus für tot erklärt. Ab jetzt sind wir keine Rajneeshis mehr, wie Sheela uns nannte, denn Bhagwan will, dass wir wir selbst sind, vollkommen freie Individuen. Er will von uns keine Hingabe und keinen Glauben verlangen. Wir brauchen auch keine Gachchhami mehr zu machen.

Sheelas Haus, das zuerst Jesus Grove hieß, wird jetzt Sanai Grove genannt, und all ihren Gesetzen wird abgeschworen. Das bedeutet, dass wir auch nicht länger ständig positiv sein müssen.

Die größte Änderung, die Bhagwan vornimmt, betrifft unsere Kleidung. Ab heute ist es uns freigestellt, alle Farben zu tragen! Diese Botschaft muss über die ganze Erde verbreitet werden, damit sie alle Kommunen erreicht. Bhagwan sagt, dass er davon träumt, uns in sämtlichen Farben des Regenbogens zu sehen.

Ich kapiere überhaupt nichts mehr. Wie sollen die Leute uns denn als Sannyasins erkennen? Was ist mit der »Farbe der Morgenröte«, die alle Mönche auf der Welt tragen? Und wie sollen wir das anstellen? Niemand besitzt Kleider in einer anderen Farbe als Rot. Auf dem Gang mit dem schwarzen Brett schauen wir unwillkürlich, was wir tragen. Unsere Kleidung besteht aus roten, rosa, violetten und orangen Farben, bis zu den Schals, Armbändern, Gürteln, Socken und Schuhen. Das klappt nie. Ist Bhagwan verrückt geworden? Wenn wir nicht mehr deutlich erkennbar sind, dann weiß die Welt doch auch nicht, wie viele wir sind. Bhagwan hat gut reden mit seinen Röcken. Er zieht einen davon an, und fertig ist er.

Es gibt noch viel mehr Mitteilungen, aber ich kann sie noch nicht richtig in mich aufnehmen. Seit meinem sechsten Lebensjahr bin ich Sannyas, und stets war es erwünscht, dass ich keine andere Farbe als Rot trage. Wenn etwas modern wurde, zum Beispiel bestimmte Röcke oder Stiefel, dann trug ich die auch, aber eben in Rot oder Orange. Genau wie meine Mutter, die keine Moden mag, aber sogar ihre Jeans rot färbte. Die gefärbten Sachen wurden dadurch zwar nicht schöner, doch dann gehörte man wirklich zu den Sannyasins.

Wenn es einen Tag gibt, an dem jeder sein Gleichgewicht verliert und unsere Energie in alle Richtungen davonströmt, dann ist das heute. Die Kinder sind quengelig, die Teenager rebellisch, die Erwachsenen arbeiten nicht mehr, alles läuft aus dem Ruder. Trotzdem muss gegessen werden, und deshalb arbeiten wir in der Küche wie gewohnt weiter. Pradeesh kommt uns glücklicherweise zu Hilfe. Wir schauen uns an: Bhagwan ist verrückt, Sheela ist eine Kriminelle, die rote Kleidung ist Vergangenheit, die Erwachsenen schwänzen. Wir Teenager haben nur noch uns. Aus Protest stellen wir das Radio den ganzen Nachmittag auf volle Lautstärke, während wir Lasagne machen.

Nicht nur mein Kopf macht nicht mehr mit, auch mein Körper ist erschöpft. Tagaus, tagein schufte ich an dem riesigen Herd, und auch wenn es herrlich ist, das ganze Essen durch meine Hände gehen zu lassen, es ist harte Arbeit. Ich rieche ständig nach Essen, habe Schwielen an den Händen und Muskelpakete an den Oberarmen. Ich habe gute Tricks gelernt. So kann ich zwei Eier gleichzeitig aufschlagen, ohne dass dabei etwas von den Schalen abbröckelt, und eine perfekte Vinaigrette mache ich mittlerweile mit links. Aber die harte Arbeit ist weniger ermüdend als die Frage, ob man noch Sannyas ist und wie die Zukunft aussieht.

Eigentlich bin ich sauer auf Bhagwan, denke ich, als ich in meinem Bett an die Decke starre. Wir haben unser Haus für die Kommune aufgegeben, um anschließend zu hören, dass alles anders wird. Es war sein Traum, dass wir unser Leben in einer seiner Kommunen führen, zusammen, alle gemeinsam. Und es war der Traum meiner Mutter, auf diese Weise ein besseres Leben zu führen als in der kalten, materialistischen Gesellschaft. Jetzt stehen wir vor Problemen, die vielleicht sogar größer sind als in der wirklichen Welt. Aber vielleicht ist das Streben nach einem friedvollen Leben sowieso vergebens, vielleicht ist es ein Traum, der ein Traum bleibt. John Lennon wurde nicht alt genug, um es wirklich zu versuchen, und im Übrigen lebt niemand in Frieden, nirgends auf der Welt. Warum sollte es dann gerade uns gelingen? »Der Neue Mensch« ist einfach »Der Alte Mensch« geblieben.

Bhagwan sagt, dass die Entwicklungen ihren normalen Lauf genommen haben, nur eben schneller als in der Außenwelt. Sheela hat während der Jahre seines Schweigens den Rajneeshismus gegründet, eine Religion. Eine Religion führt seiner Meinung nach zur Ausbeutung des Individuums. Und ausgebeutete Individuen können keine »Neuen Menschen« sein.

Dave kommt herein und erzählt, dass letzten Berichten zufolge beschlossen wurde, das Rajneeshismus-Buch von Sheela zu verbrennen. In allen Kommunen werden dafür Vorbereitungen getroffen.

»Und die Rolls Royce werden verkauft, um die Verluste auszugleichen.«

»Alle?«, frage ich. Ich kann es mir nicht vorstellen, Bhagwan in einem kleinen, billigen Auto. Das passt nicht zu ihm.

»Nein, nicht alle. Ich weiß es nicht, zwanzig oder so. Ich wüsste ja gerne, was so ein Rolls Royce bringt, wenn er verkauft wird. Noch etwas anderes: Sheela ist im deutschen Fernsehen aufgetreten. Sie sagt, dass sie Bhagwan oft genug gewarnt hat, so teure Sachen wie Rolls Royce könnten nicht bezahlt werden.«

»Aber die haben sie doch von reichen Sannyasins geschenkt bekommen«, sage ich entgeistert. »Als wenn Bhagwan ein kleines Kind ist, das teures Spielzeug haben will. Er ist dreiundfünfzig Jahre alt.«

»Jeder sagt genau das Gegenteil von dem, was der andere sagt«, antwortet Dave. »Sheela beschuldigt Bhagwan, dass er den Leuten Drogen verabreicht und sie um ihr Geld betrogen hat, und behauptet, dass es korrupte Sannyasins gibt, die ihn unterstützen. Er sagt dagegen, sie habe den Leuten das Geld abgeschwatzt. Es gibt zwei Sannyasins, die zusammen hundertvierzigtausend Dollar geschenkt haben und dafür von Sheela noch nicht einmal eine Quittung bekamen. Das Geld ging direkt auf ihr Bankkonto in der Schweiz.«

»Verdammter Mist! Was für eine beschissene Situation! Alles läuft verkehrt. Auf jeden Fall bin ich froh, dass wir nicht auf der Ranch sind.«

»Ja, aber wenn du es dir mal genau überlegst«, sagt Dave, »dann kann es hier auch korrupte Sannyasins geben. Schließlich war es Sheela, die sich die Rajneesh School ausgedacht hat.«

Als ich mich schlafen lege, gehe ich alle leitenden Personen von Medina eine nach der anderen durch. Champa, Sikta und Kavita. Sollte eine von ihnen korrupt sein? Sollten sie mit Sheela befreundet sein? Sollten sie uns vergiften wollen?

Am nächsten Morgen schaue ich mir meine Kleidung an. Bhagwan will, dass wir in allen Farben des Regenbogens herumlaufen, aber meine Garderobe umfasst nun mal nur eine einzige Facette des Regenbogens. Was vorher nicht rot oder rosa war, wie unsere Unterwäsche, hat von selbst die Farbe angenommen. Ich ziehe deshalb an, was ich sonst auch getragen hätte. Im Magdalena hat eine deutsche Ma ein blaues T-Shirt an, der Rest ist gekleidet wie immer. Die Ma scheint sich etwas zu schämen. Vielleicht dachte sie, wir würden alle etwas anderes anziehen.

Unser Gespräch in der Küche dreht sich um die Sannyasins, die nach dem Fall des Sheela-Imperiums aus Medina verschwunden sind. Es gibt ein Gerücht, einige von ihnen seien ausgestiegen. Das bedeutet, dass sie jetzt keine Sannyasins mehr sind. Es ist die größte Sünde, die man als Sannyas begehen kann. Es sieht danach aus, als müssten jetzt ungefähr drei Menschen ein neues Leben beginnen. Mit nur einem Koffer, ohne Geld und Unterkunft.

Ich weiß nicht recht, was ich davon halten soll. Es ist feige, dass sie aufgeben, aber auch verständlich. Schließlich ist es hier nicht mehr so, wie es einmal war, und nichts läuft wie versprochen. Möglicherweise gehörten sie zum Sheela-Clan und halten es jetzt für gefährlich, hier zu bleiben. Aber sie zählten nicht zur Leitung, das wird also nicht der Grund sein. Wieder etwas, worüber ich nachdenken muss.

Am Nachmittag telefoniere ich mit meiner Mutter. Wir reden einfach Niederländisch miteinander, obwohl andere Leute im Büro sind. Diesmal sagt keiner etwas. Meine Mutter erzählt, dass im Zorba ein Kommunetreffen und eine Pressekonferenz stattgefunden haben. Es stellt sich heraus, dass Bhagwan-Videos zensiert worden sind. Eine Lesung mit dem Titel »Rebellion in der Kommune« hat die Kommunen aus »technischen Gründen« nie erreicht. Und Sheelas Bücher werden sie im Rahmen eines großen Festes im Garten der Kommune verbrennen. Ähnliches geschieht in allen Kommunen außer in Medina, weil man meint, das sei nichts für Kinder.

»Ich hebe mein Buch auf«, sagt meine Mutter. »Schließlich habe ich es selbst ins Niederländische übersetzt.«

In Amsterdam scheint man mehr zu wissen als bei uns. Es gibt beispielsweise neue Anordnungen zur Zahl der Stunden, die man arbeiten muss. Laut Bhagwan gab es in keiner einzigen Kommune noch genügend Zeit zum Meditieren, obwohl es doch gerade darum geht. Und um weitere Korruptionsfälle zu verhindern, werden die Koordinatoren der Kommunen alle drei Monate ausgetauscht.

»Wenn es klappt, seid ihr nicht mehr so weit von Amsterdam entfernt«, sagt meine Mutter.

Aber ich weiß es nicht. »Ich habe keine Ahnung, die Gespräche drehen sich nur um Sheela und Bhagwan. Und die rote Kleidung.«

»Also um die rote Kleidung und die Mala«, sagt meine Mutter. »Die brauchst du in Zukunft nämlich auch nicht mehr zu tragen.«

»Unsere Mala? Will Bhagwan das denn wirklich?«

»Schatz, du sprichst mit einem englischen Akzent! Ich weiß nicht genau, was Bhagwan will. Manche glauben, dass er in Kürze verschwindet und dass dann mit Rajneeshpuram alles vorbei ist. Wer weiß denn schon, was noch alles passiert. Es ist hier … ja, doch etwas anders, als ich gedacht hatte. Viel strikter, die Menschen sind nicht offen, und es ist die Rede von Selbstzensur. Vielleicht verkehrt sich dies durch Sheelas Verschwinden auch ins Positive. Vorläufig lassen wir alles offen. Aber mach dir keine Sorgen, bald kommst du nach Amsterdam, und dann sehen wir, wie es weitergeht und ob die Schule nach Vaals kommt. Damit beschäftige ich mich zur Zeit jedenfalls.«

Vielleicht müssen wir in Zukunft weniger arbeiten, aber noch haben wir besonders viel zu tun, weil wir ein Festmahl für die Kinder, die aus der Quarantäne entlassen werden, bereiten müssen. Sie haben vierzehn Tage in einem Klassenzimmer verbracht und haben deshalb etwas Besonderes verdient. Wir machen Pommes frites, leckere Salate und Pizza.

Nach dem Festessen versuche ich, meine Arbeiten am Tagebuch nachzuholen. Ich schreibe Kavita, dass ich mir Sorgen um Bhagwan mache und darum, wie es mit ihm weitergehen soll, nachdem er jetzt vielleicht niemanden mehr hat, dem er vertrauen kann. Ich achte darauf, dass ich »Ihm« mit großem I schreibe.

Da ich all meine Kleider durch gewöhnliche Kleidung ersetzen muss, fange ich schon mal mit dem Aussortieren an. Eigentlich hätte ich das schon vor drei Wochen machen müssen, doch ich habe es nicht geschafft. Ich lege alle Sachen auf mein Bett und überlege, was weg kann. Zehn Paar rote Socken sind bei der Geschwindigkeit, mit der hier gewaschen wird, sowieso nicht nötig. Ich lege vier Paar zur Seite. Ich habe zwei T-Shirts, die mir zu klein sind, ein Paar Sommerschuhe und einen alten Pullover mit einem Loch darin. Das schmeiße ich alles auf einen Haufen. Die anderen Sachen gehe ich auch durch: fünf alte Pop-Magazine können weg, außerdem ein alter Kissenbezug. Zum letzten Mal habe ich in unserem alten Haus Kleider sortiert;

damals habe ich gedacht, dass ich meine normale Kleidung nie mehr brauchen würde. Es scheint eine Ewigkeit her zu sein, wie in einem anderen Leben.

Am nächsten Tag wird uns kräftig der Kopf gewaschen. Bhagwan ist unheimlich sauer. Auf der Ranch hatten plötzlich viele Leute Kleidung in anderen Farben angezogen und waren so bei der Lesung erschienen, manche sogar ohne Mala. Stocksauer war er. Er sagte, dass wir Sannyasins anscheinend die ganze Zeit andere Kleidung hätten tragen wollen und das nur nicht getan hätten, weil wir glaubten, dass er es nicht erlaubt. Seid ihr nur Mitläufer statt bewusste, intelligente Menschen?, hat er geschimpft. Jetzt weiß niemand mehr, was er anziehen soll. Rote Kleidung, weil Bhagwan genau das vielleicht doch am besten findet, oder normale Kleidung, weil man dann seine Unabhängigkeit zeigt? In beiden Fällen ist Bhagwan unzufrieden. Wie soll man denn da die richtige Wahl treffen?

Hier spielt das natürlich eine geringere Rolle als auf der Ranch. Bhagwan ist weit weg und wird nie erfahren, dass hier eine Ma sofort ein blaues T-Shirt angezogen hat. Ich bin froh, dass ich gar keine Wahl habe. Aber für die Erwachsenen erscheint es mir ganz schön schwierig. Soweit ich verstanden habe, will Bhagwan, dass wir Individuen sind und uns nicht darum kümmern, was draußen in der Welt zu geschehen hat, was sich gehört und was nicht. Wir müssen die Konditionierungen abschütteln, die uns von der Gesellschaft und unseren Eltern auferlegt worden sind, sagt er. Deshalb dürfen sich Menschen den ganzen Tag umarmen, verrückt herumtanzen, viel lachen, weinen oder wütend sein. Wir brauchen nicht ständig Höflichkeiten auszutauschen, und es ist vollkommen normal, wenn wir hässlich oder dick sind und schwitzen, denn wir akzeptieren jeden. Scham ist tabu. Doch mittlerweile sieht es so aus, als seien die Sannyasins genau damit beschäftigt, festzulegen, was sich gehört. Wie es sich hier gehört. Hier muss man sich eben umarmen, muss meditieren wollen, muss erleuchtet werden wollen. Ich selbst brauche nicht erleuchtet zu werden, im Gegenteil, ich habe keine Lust, anschließend mein ganzes Leben bewundert zu werden und meditativ sein zu müssen. Als erleuchteter Mensch darf man nicht mehr rauchen oder naschen, und Gefühle hat man auch nicht mehr wirklich. Eigentlich ist man dann so eine Art Heiliger, wie Bhagwan. Aber es ist besser, nicht laut zu sagen, dass ich nicht erleuchtet werden will, denn das gehört sich nicht. Genauso wenig wie laut sagen, dass ich es wichtig finde, Geschichte oder Erdkunde zu lernen. Oder dass ich wissen will, was es Neues in den Nachrichten gibt.

Ich hole bei Pradeesh in der Snackbar Tee und ein Whispa und setze mich in meiner Winterjacke auf die Terrasse. Jeden Tag gibt es etwas Neues, und jetzt ist Bhagwan also sauer. Aber ist rote Kleidung nicht auch eine Konditionierung, die wir durch ihn erfahren haben? Und gerade das sollen wir abschütteln. Warum leben denn die meisten europäischen Kommunekinder hier, in Medina? Weil Bhagwan gesagt hat, dass es für Kinder besser ist, wenn sie ohne ihre Eltern aufwachsen. Ob diese Äußerung wirklich von Bhagwan stammt, weiß ich nicht, weil Sheela es in der Zeit mitteilte, als er schwieg. Jedenfalls hieß es, Kinder würden sich besser entfalten können, wenn ihre Eltern nicht in der Nähe sind. Trotzdem finde ich das komisch, denn haben nicht gerade wir die richtige Art von Eltern? Eltern, die uns nie konditionieren würden?

Um mich herum, am Rand der Terrasse und auf dem Weg spielen kleine Kinder, unter ihnen auch Matt.

»Du bist Sheela, und ich bin Bhagwan«, sagt Matt zu einem anderen Jungen. Der zweite Junge tut so, als spräche er durch ein Walkie-Talkie und hätte eine Pistole in der Tasche. Er flucht und streckt Matt den Mittelfinger entgegen. Matt, mit einer Mütze auf dem Kopf, ruft mit unbewegter Miene: »*Shut up, Sheela.* Du hast es hinter dir, und ich schicke dir Interpol auf den Hals!«

»Nein«, schreit die kleine Sheela zurück, »ich mache jetzt meine eigene Kommune auf!« Dann rennen sie hintereinander her, auf den Rasen.

Hier spielt die letzte Generation, denke ich. Wir werden keine Kinder bekommen, denn laut Bhagwan ist es nicht die richtige Zeit für Kinder. Überbevölkerung ist das größte Problem, und in den nächsten Jahrzehnten geht die Welt sowieso zugrunde. Viele Frauen lassen sich deshalb sterilisieren. Das Formular, das meine Mutter bekam, bevor ich nach Medina abreiste, bezog sich darauf. Chemische und mechanische Antikonzeption stand dort, und seitdem ich gut Englisch kann, verstehe ich auch, warum das dort stand: Sie wollen verhindern, dass ich schwanger werde. Manchmal lassen sich ganz junge Mädchen unfruchtbar machen. Glücklicherweise ist es keine Pflicht, denn wenn ich groß bin, will ich heiraten und Kinder bekommen. Aber vielleicht ist das auch schon wieder eine Konditionierung, und vielleicht lernt man in der Gesellschaft, dass man das wollen muss.

Trotz des ganzen Trubels um Sheela und der Verwirrung, die ich dadurch erlebe, geht das Leben einfach weiter. Alle arbeiten täglich, und obwohl anderes versprochen wurde, ändert sich nichts an der Stundenzahl. Wir machen das Frühstück, das Mittagessen und das Abendessen, wir machen die Menüs, räumen alles auf und putzen. Zur Teezeit hänge ich mit Pradeesh oder anderen herum, abends bin ich auf meinem Zimmer. Ab und zu bekomme ich einen Brief oder einen Anruf, und oft suche ich, weil es keine Haustiere auf dem Gelände gibt, nach Kaninchen. Die Zeit rast dahin, jedenfalls dann, wenn es einem gelingt, das ganze Elend zu verdrängen. Manchmal schaffe ich es, indem ich mir einschärfe: *Chandra, go with the flow,* und denk nicht so viel nach. Wenn du dich nur auf das Jetzt konzentrierst, hast du nie Schwierigkeiten mit der Vergangenheit und keine Angst vor der Zukunft, und dann kannst du Teil des internationalen Buddhafeldes sein.

Doch so leer ich mich auch zu machen versuche, die Bemerkung meiner Mutter über meine Rückkehr nach Amsterdam spukt in meinem Kopf herum. Ich beschließe, zu Champa zu gehen und sie zu fragen, wie es damit steht.

Ihr Büro, direkt neben dem Teeraum, ist leer. Auf dem Schreibtisch liegen Stapel von Papieren, und Bhagwan blickt aus seinem großen Porträt an der Wand darauf hinab. Ich bleibe im Büro und warte.

Es dauert lange, und so schaue ich mich ein wenig um. An der Wand hängt auch eine Liste mit Namen. WAITINGLIST steht darüber. Anscheinend ist es die Warteliste der Kinder für Medina. Sajala steht an vierter Stelle! Ihr Alter ist daneben vermerkt: vierzehn Jahre.

»Chandra, worum geht es?«, fragt Champa, als sie plötzlich erscheint. »Noch zufrieden im Maggie's?«

»Alles in Ordnung«, sage ich erschrocken. »Ich muss jetzt auch telefonische Bestellungen erledigen und bei den Treffen Protokoll führen«, setze ich schnell hinzu.

»Darf. Du darfst Protokoll führen. Sehr gut. Hast du irgendwelche Fragen?«

»Ist das dort die Warteliste, und kommen die Kinder alle hierher?«

»Vielleicht, aber ich glaube es nicht. Man kann nie sicher sein. Es kommt, wie es kommt. Vermutlich könnt ihr hier alle Anfang November abreisen.«

»Ich also auch?«

»Du auch, es sei denn, dass du hier auf diesem großen Anwesen alleine zurückbleiben willst.«

Anfang November, das sind nur noch drei Wochen. Dann komme ich also nach Vaals oder an einen anderen Ort.

»Wo genau ist die neue Schule?«, frage ich, aber Champa kann nicht antworten, weil Sikta ins Büro gestürmt kommt.

»Etwas Schreckliches ist passiert«, sagt sie mit bleichem Gesicht.

Was dieses Schreckliche ist, bekomme ich mehrere Stunden lang nicht zu hören. Die Leitung muss erst überlegen, wie die Nachricht mitgeteilt werden soll. Ich arbeite weiter, und nach dem Essen rufen Champa und Sikta uns in der Halle des Main House zusammen. Sie wirken sehr ernst.

»Heute kam die Nachricht, dass Bhagwan von den amerikanischen Behörden verhaftet wurde«, sagt Sikta.

Weiter kommt sie nicht, weil eine Welle der Angst den Raum füllt. Manche schlagen die Hand vor den Mund, ich fühle nur noch Leere im Kopf. Bhagwan verhaftet. Festgenommen. Inhaftiert. Eingekerkert. Bhagwan verhaftet: Völlige Unschuld wird zerstört. Bhagwan und ein Gefängnis, das sind zwei Dinge, die nicht zueinander passen. Er tut keiner Fliege etwas zuleide. Während alle dichter zusammenrücken und sich manche in die Arme schließen, fährt Sikta mit ihrem Bericht fort.

»Bhagwan wird des Einwanderungsbetrugs und der Vorbereitung von Scheinehen verdächtigt. Außerdem soll er falsche Erklärungen abgegeben und illegal eingewanderten Ausländern Unterschlupf gewährt haben. Die amerikanischen Behörden gingen davon aus, dass er das Land verlassen wollte, und haben ihn deshalb verhaftet. Zu diesem Zeitpunkt ist Bhagwans Leben in Gefahr, da er an Asthma, Zuckerkrankheit und Allergien leidet. In seiner Zelle wird er nicht ausreichend versorgt, und er ist an

Händen und Füßen gefesselt. Auf der Ranch wird alles darangesetzt, ihn gegen Kaution freizubekommen und dafür zu sorgen, dass er die erforderliche Nahrung erhält.«

Sikta macht eine kurze Pause und seufzt. Dann fährt sie fort: »Man hat einen erleuchteten Buddha festgenommen. Vor Kurzem antwortete Bhagwan auf die Frage eines Journalisten: ›Wenn ich verhaftet werde, verlieren die Vereinigten Staaten ihre demokratische Maske.‹ Diesen Punkt haben wir jetzt erreicht. Weiter gibt es nichts zu sagen, wir müssen auf nähere Informationen warten. Seid meditativ, und kümmert euch um die Kleinen. Bittet um die Freilassung unseres spirituellen Meisters.«

Sikta und Champa gehen. In der Main Hall wird geweint und geschluchzt. Ich will weg, die ganzen Menschen hier rauben mir den Atem, ich laufe nach draußen, zum Alan Watts, in mein Zimmer. Dort ist niemand. Schlimmer als so kann es kaum noch werden. Ich kann die Tränen nicht mehr zurückhalten und weine wegen dieses großen Fiaskos, wegen all der Mühe, die ich mir gebe, wegen meiner Mutter und wegen dieses armen alten Mannes in einer kalten Polizeizelle. Weil alles schiefläuft.

Ein paar Stunden später wache ich auf. Ich war eingeschlafen. Die anderen schlafen auch, also muss es schon spät sein. Ich schaue auf meine Uhr, es ist halb eins. Um halb sechs muss ich arbeiten.

Entgegen meiner Gewohnheit stehe ich auf und gehe nach draußen. Nachts war ich hier noch nie im Freien. Es ist kalt und dunkel, und niemand ist zu sehen. Nur hinter den Fenstern der Lounge brennt noch Licht. Ich schleiche mich daran vorbei und betrete den Rasen.

In den USA ist es jetzt Tag. Bhagwan wird wahrscheinlich wach sein, wenn er in seiner Zelle überhaupt schlafen kann. Zum Glück sorgen seine engsten Sannyasins immer gut für ihn. Das werden sie jetzt bestimmt auch versuchen. Aber ob das hilft? Er ist so zart.

Ich habe Bhagwan mehrere Male darüber reden hören, welch einmalige Chance wir durch ihn haben, in der Nähe eines erleuchteten Meisters zu sein. Das letzte Mal, dass dies möglich war, war zu Buddhas Zeiten, vor sehr langer Zeit also. Jesus betrachtet er als außergewöhnlich, aber der lebte vor mehr als zweitausend Jahren. Jetzt aber ist Bhagwan da, ein lebender Buddha mit einer auserwählten Gruppe von Menschen um sich herum, zu denen auch ich gehöre. Es dauert vielleicht tausend Jahre, falls die Welt dann noch existiert, bevor sich diese Chance erneut ergibt. Und die USA sperren ihn ein, was vielleicht seinen Tod zur Folge hat. Sie wissen nicht, wie außergewöhnlich er ist.

Bhagwan ist mein lieber Opa in der Ferne. Er kann Witze machen, Unsinn treiben und weise Dinge von sich geben. Ich liebe ihn und will das Beste für ihn. Denn das hat er verdient.

Aber bald ist Schluss. Wir sind umsonst in die Kommune gezogen, haben umsonst unser Haus verlassen, unser Leben aufgegeben. Bhagwan wird sterben, die Kommunen werden auseinanderbrechen, wir Sannyasins werden verschwinden. Die Welt wird mit uns untergehen. Kein »Neuer Mensch«, der es schafft, auch wir werden zugrunde gehen. Allerdings kann niemand sagen, dass wir es nicht versucht haben.

Bis zum Ende, das sicher kommen wird, muss ich probieren, das Beste daraus zu machen. Weitermachen, auf die Zähne beißen, durchhalten. Bei meiner Arbeit morgen früh werde ich damit beginnen. Schnell ins Bett und schlafen.

Die Nachrichten, die in den nächsten Tagen hereintröpfeln, lasse ich an mir vorübergleiten. Das mache ich ganz bewusst so. Alles, was für mich jetzt zählt, sind Suppe, Salat, Soßen und Brot. Essen, das kann man anfassen, und es ist jeden Tag da. Mein Haarnetz und die rote Schürze sind der Grund, weshalb ich aufstehe. Wenn sie an einem Haken hängt, ist meine Arbeitskleidung nutzlos, aber wenn ich sie anziehe, habe ich ein Ziel, bin ich jemand mit einer Funktion in einem System. Auch wenn dieses System eine Illusion ist, mit der Schürze um die Hüfte, bleibe ich ein guter Sannyas, der sein Bestes gibt und funktioniert. Ein guter Sannyas arbeitet jeden Tag, schreibt seine Notizen ins Tagebuch, besucht den Unterricht, bringt die Kleinen ins Bett, sammelt seine Wäsche auf, führt Gespräche über nichts, lacht und schläft. An ihm soll es nicht liegen.

Die Atmosphäre hat sich verändert. Wir sind nicht mehr unschuldig und müssen mit diesem Makel leben. Etwas bedrückt uns. Nichtsdestotrotz feiern wir unsere Sannyas-Geburtstage, singen nach der Arbeit Lieder in der Küche, reden gibberish und versuchen wie immer unseren Spaß zu haben. Ich schreibe meine Briefe und wickle alles mit Routine ab. Und langsam rückt unser Abreisetermin näher, auch wenn wir diesen noch nicht genau kennen. Eine japanische Gruppe der International Buddhist High School aus Osaka kommt vorbei, um sich das Anwesen anzuschauen, da es zum Verkauf steht. Alles muss besonders sauber sein und piekfein aussehen. Die Mühen lohnen, denn die Japaner wollen das Landgut tatsächlich kaufen.

Wir hören, dass Sheela in der Bundesrepublik Deutschland verhaftet worden ist. Es heißt, es sei vor allem ihre Idee gewesen, dass Kinder von ihren Eltern getrennt werden müssten. Alle dürfen jetzt wieder zusammenleben. Das bedeutet, dass ich wirklich nach Amsterdam gehe und die neue Schule vielleicht gar nicht mehr entstehen wird. Ich kann zu meiner Mutter, zu Sajala, und bald wohne ich wieder näher bei meinem Vater.

Für mich ist es eine komische Vorstellung, mit meiner Mutter in einer Kommune zusammenzuwohnen, nachdem ich jetzt weiß, wie es in einer Kommune zugeht. Sie bei der Arbeit zu sehen, mit ihr zusammen zu essen, während alle anderen dabei sind, sie einfach so treffen zu können, das wird neu für mich sein. Genauso ungewohnt wird es aber auch sein, wenn sie mir bei meiner Arbeit zusieht oder wenn ich mit Freunden losziehe. Hier bin ich zu einer Persönlichkeit geworden, einer Person, die mithilft, eine Küche zu betreiben, die innerhalb des Ganzen eine Funktion hat. Was mag sie wohl davon halten?

Am Telefon ist meine Mutter total begeistert. Weil sie mich so vermisst hat, ist sie froh, dass es noch nicht gelungen ist, in Vaals eine Schule zu gründen.

Pradeesh und ein paar andere gehen ebenfalls in die Niederlande. Mit einer Begleitung werden wir beide nach Amsterdam fahren. Die restlichen Kinder der Medina Rajneesh School kommen größtenteils aus England, Deutschland und Italien. Sie gehen alle in ihr Heimatland zurück. Divya und Prama ziehen nach Köln und München, Dave zu seinem Vater oder seiner Mutter. Wohin die Erwachsenen gehen, ist mir nicht ganz klar.

Mehrere Male pro Woche gibt es einen Abschied. Dann stehen wir am Haupteingang und winken den kleinen Bussen nach. Im Maggie's bereiten wir Essenspakete für unterwegs zu, und langsam, aber sicher wird das Gebäude immer leerer.

Mein Abschied fällt mir nicht schwer. Die Monate sind wie im Flug vergangen. Ich habe sehr nette Menschen kennengelernt, doch eigentlich liegt mir einzig an Pradeesh, der nach Amsterdam mitkommt. Dave gibt mir die Adresse seines Vaters. Er möchte, dass ich ihm schreibe. Baruna und ich umarmen uns kurz. Tagaus, tagein sind wir schuftend und schwitzend umeinander herumgelaufen. Sie ist es, die mir viel beigebracht hat und in mir die Leidenschaft fürs Kochen geweckt hat.

In Medina habe ich vor allem ein Handwerk gelernt, denke ich, als ich im Wegfahren noch einen Blick auf das Gebäude werfe. Nicht mehr und nicht weniger.

KAPITEL 8

Eine liebevolle Initiation

1985 Amsterdam

Ich kann es kaum fassen, dass ich abreise, und gleichzeitig ist mein Leben so aus den Fugen geraten, dass ich den Umzug fast nicht bemerke. Wenn man keinen Halt hat, bleiben große Veränderungen nahezu unbeachtet. Ich wohne überall und nirgends mit ständig wechselnden Menschen um mich herum, aber jedes Mal in einer Kommune und mit Sannyasins. Der große Unterschied ist natürlich, dass meine Mutter ebenfalls in Amsterdam wohnt.

Als wir am Cornelis Troostplein ankommen, wartet sie draußen auf mich. Sie umarmt mich so heftig, dass mir die Luft wegbleibt. Es wirkt wie ausgehungert.

Man hat ein Begrüßungsfest organisiert, erzählen meine Mutter und Sajala, mit besonders leckerem Essen. Im Magdalena hat man Pommes frites, einen Salat und andere Leckereien gemacht. Ich habe keinen Hunger, lasse es mir aber nicht anmerken. Ich bin müde von der Reise und total ausgelaugt.

Meine Mutter und Sajala haben sich während der letzten Monate ein wenig kennengelernt. Sajala und ich beginnen praktisch wieder ganz von vorne, denn in der Vergangenheit haben wir uns eigentlich nur Briefe geschrieben.

Beim Essen sagt Sajala, dass Pradeesh und ich mit einem englischen Akzent sprechen. »Rede nicht so albern«, sagt sie. Ich weiß überhaupt nicht, was sie will.

Meine Mutter versteht es. »Ich habe früher auch immer sehr schnell einen Akzent angenommen. In ein paar Tagen ist er schon wieder verschwunden.«

Sajala und ich schlafen zusammen in einem Zimmer, das sich in der obersten Etage des Gebäudes befindet. Der Vorteil ist, meint Sajala, dass wir dort nur zu zweit sind und niemand vorbeikommt. Ich finde es prima und bin erleichtert, dass ich nicht mit meiner Mutter ein Zimmer teilen muss.

Während des Essens treffen wir die anderen Teenager aus der Kommune. Sajala stellt mich drei Jungen und acht Mädchen vor. Pradeesh ist den anderen schon früher begegnet. »Aber du wirst sie in der nächsten Zeit auch noch besser kennenlernen«, sagt Sajala, als die meisten nach der Begrüßung verschwinden.

Meine Mutter sieht nicht glücklich aus.

»Morgen möchte ich mich ausgiebig mit dir unterhalten«, sagt sie. »Geh jetzt besser schlafen. Du wirkst sehr müde.«

Sajala nimmt mich mit auf unser Zimmer. Auf dem Boden liegt bereits eine Matratze mit Bettzeug darauf. An der linken Wand steht ein Schränkchen, in dem Sajala Platz für meine Kleider schafft.

»Glaubst du, dass ich hier in der Küche arbeiten kann?«, frage ich.

»Da musst du dich morgen bei der Leitung erkundigen. Ich arbeite beim Empfang, das macht Spaß. Da lernt man auch schnell Leute kennen.«

Als das Licht ausgeht, reden wir noch lange im Dunkeln, über Sheela und Bhagwan, unsere Mütter, die Leute hier. Das hat es in Medina nicht ein einziges Mal gegeben. Wie sehr habe ich es vermisst, eine Freundin zu haben. Und auch wenn sie sich über meinen englischen Akzent lustig macht, Sajala ist wie die Schwester, die ich nie gehabt habe.

Am nächsten Tag schlafe ich lange aus. Als ich aufwache, ist es schon fast Zeit zum Mittagessen. Sajala ist bereits weg. Meine Mutter hat mir eine Nachricht ans Bett gelegt. Sie will mich um halb eins in der Kantine treffen.

Mit einem Handtuch um gehe ich zum Badezimmer, das ein Stockwerk tiefer liegt. Der Raum, den ich durchqueren muss, ist voller Matratzen, insgesamt etwa dreißig Stück. Hier und da schlafen noch Leute. Wahrscheinlich haben sie Nachtdienst im Zorba gehabt.

Im Badezimmer ist niemand – für die anderen hat die Arbeit schon vor ungefähr vier Stunden begonnen. Es ist angenehm, etwas mehr Platz zu haben. Die Duschkabine in England war eng und besaß keinen guten Spiegel. Ich betrachte mich eingehend und stelle fest, dass ich älter geworden bin. Fröhlich sehe ich nicht gerade aus.

Nach dem Duschen und Anziehen gehe ich nach unten. Überall begegne ich Sannyasins bei der Arbeit. Mir fällt auf, dass manche nicht ganz in Rot gekleidet sind. Es ist auch um einiges ruhiger als in Medina, was natürlich daran liegt, dass hier weniger kleine Kinder sind.

Ich entdecke meine Mutter in der Kantine. Sie sitzt alleine an einem Tisch. Das Mittagessen ist noch nicht fertig, und ich setze mich zu ihr.

»Hast du gut geschlafen?«, fragt sie. Sie selbst sieht übermüdet aus.

»Besser als du, glaube ich.«

Wir schauen uns an. Es ist komisch, nach so langer Zeit plötzlich wieder in aller Ruhe mit meiner Mutter reden zu können. Ich fühle mich anders als früher und habe den Eindruck, dass meine Mutter mich nicht mehr richtig kennt. Zunächst besprechen wir die letzten Nachrichten über Bhagwan. Nach seiner Verhaftung hat er acht Tage in North Carolina und Oklahoma City im Gefängnis gesessen. Jetzt ist die spannende Frage, ob er auf Kaution freigelassen wird. Er hat die Sannyasins aufgefordert, ruhig vor amerikanischen Botschaften und Konsulaten zu demonstrieren.

»Das haben wir getan«, erzählt meine Mutter. »Wir haben am Museumplein vor dem Konsulat demonstriert. Wir hatten Spruchbänder mit der Aufschrift AMERICA LOSES ITS FACE OF DEMOCRACY angefertigt. Du hast es nur knapp verpasst. Aber eigentlich möchte ich dir mitteilen, wie es jetzt hier läuft. Weißt du, dass ich nicht mehr bei der *Rajneesh Times* arbeiten darf? Man hat mich rausgeschmissen, weil ich zu kritisch war.«

»Warum, was hast du denn getan?«

»Na ja, man meinte, ich hätte mich nicht richtig verhalten. Ich habe kritisiert, dass Zensur ausgeübt wurde. Wenn zum Beispiel Post von der Ranch kommt, ein Telex oder so, dann kopiere ich das und hänge es ans schwarze Brett, sodass jeder die neuesten Nachrichten lesen kann. Aber mehrfach war so ein Bericht bereits nach einer halben Stunde wieder verschwunden. Ich verstand den Grund nicht und habe nachgefragt, was da eigentlich los ist. ›Rupi‹, wurde mir gesagt, ›es ist nicht deine Aufgabe, die Nachricht zu verbreiten, und außerdem ist nicht jede Information für jeden bestimmt.‹ Ich war gegenteiliger Meinung, schließlich sind wir eine Kommune. Doch offensichtlich dachte man anders darüber.« Meine Mutter verzieht dabei ihr Gesicht.

»Danach habe ich einen Brief an Bhagwan und an die Kommune geschrieben, in dem ich äußerte, dass ich Schwierigkeiten mit dem blinden Vertrauen habe, das die hiesige Leitung von uns erwartet. Wenn man irgendetwas kritisiert, bekommt man jedes Mal zu hören, dass bei einem selbst etwas nicht stimmt. Damit bin ich nicht einverstanden. Bevor ich den Brief an Bhagwan geschickt habe, gab ich ihn der Leitung zu lesen. Der einzige Kommentar war: ›Das ist eine Beleidigung der Kommune!‹ Kritik muss doch erlaubt sein. Der Brief hing für kurze Zeit am schwarzen Brett, wurde aber schnell wieder entfernt. Ich hatte mit vielen Leuten Krach deswegen. Eigentlich gibt es nur noch ein paar, die mit mir reden.«

Ich schaue mich um. Jetzt erst fällt mir auf, dass es nur sehr wenige Leute gibt, die meine Mutter grüßen. Außerdem blicken zwei Leute argwöhnisch in unsere Richtung.

»Was willst du denn jetzt tun?«, frage ich. Ich habe Angst vor der Antwort. Vielleicht hat man sie zum Putzdienst abkommandiert, was nichts für meine Mutter ist. Andererseits bin ich auch leicht irritiert. Warum muss meine Mutter schon wieder Schwierigkeiten machen und auffallen?

»Weil mich kein einziger Tempel haben wollte und ich nicht mehr im *Rajneesh-Times*-Tempel arbeiten durfte, bin ich jetzt selbst ein Tempel. Ich habe einen Schreibtisch in einer Ecke des Büros und übersetze ein Buch. An einem alten russischen Computer. Die Arbeit hat im Grunde genommen nichts mit der Kommune zu tun. Was ich dir eigentlich mitteilen will, ist die Tatsache, dass es hier nicht so ist, wie ich es mir vorgestellt hatte. Wenn ich etwas zur Sprache bringen möchte, zum Beispiel bei einem Kommunetreffen, reagiert gleich jeder mit ›Oh, Rupi möchte mal wieder ihren Senf dazugeben‹. Ich habe hier kein Vertrauen. Es herrscht weniger Offenheit, als ich gesucht habe. Denken ist ›out‹, fühlen ist ›in‹. Das ist nicht das, was Bhagwan mit ›drop the mind‹ gemeint hat. Und außerdem ist völlig ungewiss, ob die Kommune bestehen bleibt. Vielleicht möchte ich hier wieder weg.«

Ich betrachte meine Mutter. Sie sieht missmutig aus. Aber ich habe keine Lust, sie zu trösten. Ausziehen? Ich bin gerade erst angekommen. Wir haben Leiden verlassen, all unsere Sachen sind verkauft. Kann ich etwas dafür, dass es ihr hier nicht gefällt? Dies, die Kommune, das Teilen mit anderen, das war doch ihre Wahl, ihr großes Ideal. Ich tue mein Bestes, auch ich rackere mich ab, und für wen? Für sie. Und jetzt ist sie unzufrieden. Ständig muss sie Schwierigkeiten machen, sich querlegen, anders sein. Jetzt sogar unter Menschen, die ebenfalls anders sind. Eigentlich müsste ich meiner Mutter liebevoll begegnen, doch stattdessen bin ich sauer. Ich habe keine Antwort und sage auch nichts.

»Etwas anderes«, fährt meine Mutter schließlich fort. »Du musst wieder zur Schule. Es wurde beschlossen, dass alle Kinder wieder auf eine normale Schule gehen sollen, hier in Amsterdam. Denn mit der Rajneesh School hier in den Niederlanden kommen wir zur Zeit nicht voran, und wir dürfen die Schulpflicht nicht verletzen. Sajala geht wahrscheinlich aufs Montessori-Gymnasium, vielleicht solltest du es ebenfalls besuchen. Ich möchte gerne, dass du dein Abitur machst, denn was Bhagwan dazu auch immer sagen mag, ich will, dass du eine vernünftige Ausbildung bekommst. Ich habe schon einen Termin gemacht.«

»Aber ich bin in allen Fächern hinterher!«, schreie ich entsetzt. »Die haben doch schon längst angefangen; es ist November, und ich bin sitzen geblieben.«

»Das macht nichts, hat man mir gesagt. Lass uns abwarten, was bei dem Gespräch herauskommt.«

Meine Mutter sagt, dass sie wieder an die Arbeit geht. Wir haben vergessen, etwas zu essen. Um uns herum sind die Tische voll.

»Ich hole mir auch etwas zu essen«, sage ich. Meine Mutter steht auf und geht, während ich mir mein Mittagessen hole. Ich fühle mich schuldig, weil ich mich ihr gegenüber so schroff verhalte, aber ich weiß nicht, wie ich mit der Situation umgehen soll.

Während des Essens sehe ich jemanden, den ich kenne. Ein Amerikaner, ungefähr dreißig, lacht mich an und zwinkert mir ständig zu. Ich beschließe, in die Küche zu gehen und zu fragen, ob ich dort arbeiten kann. Leider brauchen sie niemanden. Sajala erzählt, dass unten beim Empfang eine Stelle frei ist.

Amrita, ein etwas älteres niederländisches Mädchen, arbeitet hinter dem Schreibtisch, an dem meine Mutter und ich uns am ersten Tag eingetragen haben.

»Schön, dass du uns helfen kommst«, sagt sie. »Morgen erkläre ich dir alles, dann habe ich Zeit.«

Nachts werden Sajala und ich aus dem Bett geholt, denn es gibt Neuigkeiten aus den USA. Wir sitzen alle in unseren Schlafanzügen auf den Fluren. Etwas weiter hinten sehe ich Rupi. Bhagwan wurde gegen Kaution freigelassen. Das ist eine erfreuliche Nachricht, auch wenn das Elend damit noch nicht beendet ist, da der richtige Prozess ja noch bevorsteht. Nach einer halben Stunde allgemeinen Palavers stolpern Sajala und ich wieder todmüde in unser Zimmer.

Am nächsten Tag gehe ich zu Amrita, um in der Telefonzentrale zu arbeiten. Auch wenn wegen der neuen Entwicklung wenig Zeit ist – wir werden häufig von Journalisten angerufen –, bringt mir Amrita doch bei, wie der Apparat mit den acht Leitungen funktioniert. Man muss sich mit den Worten »Hier ist die Stadt Rajneesh« melden. Über die Zentrale kann eine Verbindung mit allen Abteilungen hergestellt werden. Nach Beendigung der Schicht wird der Telefonhörer mit Alkohol gereinigt. Der Abfalleimer ist randvoll mit benutzten Papiertaschentüchern gefüllt. Es gibt auch eine Gegensprechanlage und einen Telexapparat. Die internationalen Kommunen benachrichtigen sich untereinander vor allem mithilfe des Telex. Das Gerät macht einen Höllenlärm. Amrita findet es schön, über Telex Kontakt mit Sannyasins in den anderen Kommunen zu haben, die auch beim Empfang arbeiten.

»Herrlich schwatzen«, sagt sie. »Ist zwar teuer, aber das merkt keiner.«

Amrita und ich lachen an diesem ersten Nachmittag viel zusammen. Sie hatte mit einigen anderen niederländischen Mädchen einen Blitzbesuch in Medina gemacht, war aber sofort wieder abgedampft, weil sie dort nicht rauchen durfte.

»Mensch, in Amsterdam ist viel mehr erlaubt.«

Ein paar Tage später erfahre ich, dass Pradeesh uns verlässt, was ich sehr schade finde. Er kann auf die Ranch, wo seine Mutter lebt. Sein Koffer bleibt praktisch unausgepackt, denn es wird sofort ein Flugticket gebucht. Als wir Abschied nehmen, sage ich ihm, dass ich ihn vermissen werde, und ich wünsche ihm viel Kraft, da es schließlich ein verrückter Zeitpunkt für einen Umzug auf die Ranch ist.

Die Ma, die Pradeesh das Ticket bringt, hat auch etwas für mich dabei. Sie kommt mit einem Plüschbeutel, in dem sich Dutzende langer, versilberter flacher Perlen befinden.

»Chandra, du bist drei Monate in der Kommune. Damit bist du jetzt eine feste Bewohnerin. Ich überreiche dir deine Perle.« Die Ma schaut in eine Liste mit Nummern. »Deine Nummer ist E32664.« Sie sucht in dem Beutel und findet meine Perle. »Bitte! Du musst sie über dein Medaillon hängen. Wenn du eine Schnur brauchst, kannst du sie bei mir im Büro holen.«

Auf einer Seite der Perle ist meine Nummer eingraviert, auf der anderen Seite befindet sich Bhagwans Unterschrift. Um die Perle an meine Mala hängen zu können, müssen zunächst alle anderen Perlen abgenommen werden. Im Büro besorge ich mir eine Schere und etwas Schnur. Nach einer halben Stunde habe ich alles erledigt. Bhagwans Unterschrift prangt glänzend über seinem Foto. Als ich in der Kommune ankam, hatte ich erwartet, dass ich in diesem Moment etwas Besonderes fühlen sollte, doch eigentlich kann es mir gestohlen bleiben, dass ich jetzt eine offizielle Bewohnerin bin.

Abends fragt mich Sajala, ob ich mir ein Video anschauen möchte, aber ich sage, dass ich eigentlich keine Lust auf die soundsovielte Bhagwan-Lesung habe und dafür auch innerlich zu unruhig bin. Doch sie meint ein ganz anderes Video. Oben, in der Kapelle des Gebäudes, steht ein Videorecorder, auf dem manchmal Filme aus der Videothek um die Ecke abgespielt werden. Zusammen gehen wir in die Videothek. Es ist das erste Mal, dass ich mich wieder einfach so auf die Straße begebe, und es muntert mich auf.

Wir leihen einen Horrorfilm über einen mörderischen Hund aus. Auf dem Rückweg werden wir von zwei Mädchen in unserem Alter angesprochen.

»He, seid ihr Bhagies?«, fragt eines der Mädchen.

Sajala und ich zögern beide mit der Antwort. Dann sage ich: »Nun, eigentlich nennt man uns Sannyasins.«

»Wie?« Es folgt ein Gespräch über das Leben als Sannyas, über rote Kleidung und die Mala. »Ihr findet es doch bestimmt nicht schön, immer nur rote Kleidung zu kaufen. Habt ihr nie Lust, mal in ein Kaufhaus zu gehen und euch etwas Neues zuzulegen?«

Da wird mir plötzlich erst klar, dass wir überhaupt kein Geld haben. Ich habe lediglich Gutscheine für Süßigkeiten, Getränke und Zigaretten, aber das sage ich lieber nicht. Das Gespräch endet damit, dass Sajala und ich Bhagwan und die Kommune verteidigen und erklären, dass wir ein sehr angenehmes Leben führen. Und dass wir nichts vermissen. Die Mädchen glauben uns nicht ganz, man sieht es ihnen deutlich an. Wir selbst glauben es ja auch nur halb.

Bevor der Film anfängt, rufe ich bei meinem Vater an. Er ist froh, dass ich wieder in den Niederlanden bin, und möchte mich schnell sehen. Ich erkläre ihm aber, dass das nicht geht, weil ich arbeiten muss und man auch nicht einfach so für ein paar Tage die Kommune verlassen kann. Ich erzähle ihm auch von Bhagwan. Er hätte schon alles in den Nachrichten gehört, sagt er. Wir reden nicht lange darüber. Ich kann nicht alles so gut erklären, und außerdem schäme ich mich auch ein bisschen wegen der Dinge, die da gerade laufen. Vermutlich wird er denken: Wo ist meine Tochter nur gelandet? Mein Vater ist sehr zufrieden, als er hört, dass ich wieder zur Schule gehen soll. »Du musst alles so schnell wie möglich nachholen.«

Der Film, den wir ausgesucht haben, ist dermaßen gruselig, dass danach keiner von uns schlafen will. Deshalb hängen wir noch ein wenig herum und quatschen. Die Mädchen unterhalten sich über die Männer. Auch hier ist fast jede mit einem Mann oder Jungen zusammen, ist verliebt oder verliebt gewesen und entjungfert. Die meisten Mädchen sind etwas älter als Sajala und ich, die ja auch älter ist als ich, aber trotzdem halte ich sie für zu jung, um mit jemandem ins Bett zu gehen.

»Das Alter spielt keine Rolle. Wenn man jemanden gern hat, ist das wirklich egal«, sagt eines der Mädchen. »Alle tun es doch.«

Zu meiner Überraschung komme ich dahinter, dass die Kommune eine Katze hat. Frits, einen dicken Kater. Als wir durch die Bar zu unserem Zimmer gehen, begrüße ich ihn ausgiebig. Sajala nicht, denn sie ist allergisch gegen Katzenhaare. Mit Frits scheinen wir eine enorm große Familie zu bilden. Aber es stinkt mir, dass ich Snuffie habe weggeben müssen, denn offenbar ist Allergie doch kein ausreichender Grund, um Haustiere von hier fernzuhalten.

Am nächsten Tag hören wir, dass ein Zeitungsjournalist einen Artikel über Kinder in der Stadt Rajneesh schreiben will. Sajala und ich werden gefragt, ob wir dabei mitmachen wollen. Wir haben unsere Zweifel, weil die Presse allem einen negativen Anstrich gibt und Sannyasins immer ins schlechte Licht gerückt werden. Wir müssen also aufpassen, was wir sagen. Aber da der Artikel auf einer Kinderseite erscheinen wird, ist das Risiko vielleicht nicht so groß. Um auf dem Foto gut auszusehen, ziehe ich meinen rot gefärbten Choose-Life-Wham!-Pullover an.

Der Journalist ist nett – er stellt sehr viele Fragen, hängt sich aber nicht nur an den unangenehmen Themen auf. Wir erzählen ausführlich, wie wir Sannyasins geworden sind und welche Aufgaben wir haben. Der Fotograf bedauert es, dass später nur ein Schwarz-Weiß-Foto abgedruckt wird. Er findet unsere violett-rote Kleidung, kombiniert mit der Tischdecke in der Bar und dem schwarzen Johannisbeersaft, den wir trinken, ein Farbfoto wert. Wir erzählen auch über unsere Sorgen und unseren Kummer wegen Bhagwan. Letzteres ist für den Journalisten offensichtlich unsere wichtigste Aussage, denn er macht das Zitat zur Überschrift seines Artikels.

Ich habe die Arbeit im Empfang schon gut im Griff, als der Termin beim Montessori-Gymnasium in der Pieter de Hoochstraat ansteht. Eigentlich würde ich lieber mit Amrita und Sajala den Telefondienst machen, aber es muss nun einmal sein. Meine Mutter und ich fahren mit der Straßenbahn, da wir keine Fahrräder haben.

Herr Hobijn, der Englischunterricht gibt und die Unterstufe leitet, empfängt uns. Er stört sich nicht an unserer roten Kleidung, fragt aber, was ich während der letzten Monate in England gemacht habe und warum ich auf dem Montessori-Gymnasium in Den Haag in der Orientierungsstufe sitzen geblieben bin.

»Da habe ich gefaulenzt, und in England habe ich nur gearbeitet.« Auf diese Weise hoffe ich, ihn davon zu überzeugen, dass ich für eine gewöhnliche Schule ungeeignet bin. Doch statt uns wegzuschicken sagt er, dass ich in ein paar Tagen in der zweiten Klasse anfangen kann. »Die 2A ist eine nette Klasse, auch wenn dort etwas härter gearbeitet werden könnte.«

Herr Hobijn bespricht danach noch etwas mit meiner Mutter. Später erzählt sie, er sei der Meinung, dass das Montessori-Gymnasium eine prima Schule für mich ist, weil er mich für sehr selbständig hält.

Selbständig oder nicht, ich habe überhaupt keine Lust, zur Schule zu gehen. Ich muss mich schon an das Leben in der Kommune gewöhnen, und jetzt soll ich mich sicher auch noch mit anderen Kindern auf der neuen Schule anfreunden.

»Wenn du wieder zur Schule gehst, hast du schon bald Geburtstag. Vergiss das nicht! Vierzehn. Vierzehn! Ein großes Mädchen!«

Meine Mutter versucht mich aufzumuntern, das ist mir klar. Ich freue mich nicht auf meinen Geburtstag, nicht einmal auf meinen normalen Geburtstag, den die Sannyasins ja sowieso nicht zu feiern brauchen. Ich sehe, dass meine Mutter ihr Bestes tut, während es um sie selbst, um Bhagwan und die Ranch schlecht steht, und eigentlich müsste ich sie ein wenig aufmuntern. Doch mir fehlt die Energie dazu.

Als wir zurückkommen, hören wir, dass Bhagwan und seine Freundin wahrscheinlich nach Indien zurückgeflogen sind. Auf jeden Fall ist er nicht auf der Ranch, und diese wird vielleicht geschlossen. Ich denke an Pradeesh, der jetzt in Rajneeshpuram sitzt. Wie mag es dort aussehen? Ich bin froh, dass meine Mutter in der Nähe ist, auch wenn ich nicht weiß, wer wen trösten muss.

Der Amerikaner, der mir immer so zulacht und zuzwinkert, ist witzig. An einem Nachmittag begegne ich ihm in der Teepause. Er hat mich gesehen, als in der Bar das Foto von mir für den Zeitungsartikel gemacht wurde, erzählt er später. »Phantastisch hast du ausgesehen. Schon eine richtige Frau«, sagt er. Ich finde es schön, Komplimente zu bekommen. Dann fragt er, ob ich auf sein Zimmer mitgehen will, um kurz auszuruhen. Ich finde die Frage komisch, aber dann sagt er, dass ich eine »besondere Energie« ausströme und er gerne für mich sorgen will. Ich spüre, dass ich ein Bedürfnis nach Aufmerksamkeit habe, also gehe ich mit auf sein Zimmer, und wir unterhalten uns über amerikanisches Englisch. Wenn ich etwas schreibe, will er es lesen und korrigieren. Plötzlich fragt er, ob ich noch Jungfrau bin.

»Ja«, sage ich zögernd, »ich bin noch Jungfrau.« Dabei werde ich rot.

»Das macht doch nichts, ich kann dir helfen. Darf ich dich entjungfern? Ich werde sehr vorsichtig sein. Mit Jungen in deinem Alter ist das nur eine elende Stümperei. Durch mich erfährst du eine sehr liebevolle Initiation.«

Ich lehne mich auf seinem Bett zurück. Dieses unerwartete Ansinnen lässt mich zittern, und ich finde den Amerikaner seltsam. Durch seine Fürsorglichkeit und Aufmerksamkeit fühle ich mich geborgen, aber ich weiß nicht so recht, was das mit Sex zu tun haben soll.

»Du wirst eine prächtige, sich entfaltende Blume sein, wenn ich es mit dir tue«, sagt er noch, aber ich stammele, dass die Teepause beendet ist und ich wieder an die Arbeit muss.

»Musst du machen!«, sagt später am Tag ein etwas älteres Mädchen aus Deutschland. *»It's great!* Gewöhnliche Jungen sind so unsicher. Ich hatte einen Mann, der mich massierte, der war einfach großartig, danach fühlte ich mich tagelang gut.« Ich stelle mir vor, dass ich dann alle möglichen Dinge tun muss, die ich gar nicht kann. »Du brauchst dir keine Sorgen zu machen, der weiß bestimmt, was er tut. Es ist so befreiend, genieße es einfach, *enjoy!«*

Enjoy, enjoy! Ich bin noch keine vierzehn, denke ich. Ich habe noch so viel Zeit, und ich will mich für einen netten Jungen aufheben. Auf dem Weg in mein Zimmer beschließe ich, die Sache mit Sajala zu besprechen. Doch dort ist niemand. Im Bett denke ich eine Zeitlang über Sex, Männer und Jungen nach. Die Jungen hier sind längst nicht so galant und erwachsen, wie ich es mir wünschen würde. Sie zeigen auch nicht so viel Interesse. Jedenfalls hat sich hier noch kein Junge um eine Beziehung mit mir bemüht. Außerdem gibt es nicht so viele Jungen.

Bhagwan sagt, dass Sex zu einem höheren Bewusstsein führt. Dass er gut und gesund ist und dass daran nichts falsch ist. Vielleicht hat der Amerikaner Recht, und es ist besser, es mit ihm zu tun, als mit einem unerfahrenen Jungen. Lieber gleich richtig lernen.

Es ist mitten in der Nacht, als ich durch wüstes Gepolter aufwache. Es ist Sajala. Ich rieche den Duft der Kommuneseife. Kurz darauf, als sie schließlich im Bett liegt, will sie mir etwas erzählen. Sie hat mit Prem, in den sie ein bisschen verliebt ist, bis spät in den Abend in der Bar gesessen. Er hat sie gefragt, ob sie in sein Zimmer mitkommt, und dort haben sie es gemacht.

»Er war wirklich sehr lieb. Er meinte, es wäre eine große Ehre für ihn, und dann sagte er, dass er auch in mich verliebt ist.«

»Jemine!«, bringe ich nur hervor, während ich über den Amerikaner nachdenke. Muss ich eigentlich erst verliebt in ihn sein?, frage ich mich. Oder er in mich? Unter den Klängen von Sajalas Tonband mit Harfenmusik schlafen wir ein.

»Kommst du mal mit mir mit?«, fragt mich der Amerikaner am nächsten Tag auf dem Flur. »Dann toben wir etwas herum. Du bist bestimmt kitzelig«, sagt er und bohrt mir einen Finger in die Seite. Ich muss laut lachen.

Im Empfang spreche ich mit Amrita über ihn.

»Er macht einen sehr witzigen Eindruck auf mich, wirklich ein Swami, mit dem du Spaß haben kannst«, sagt sie. »Oh ja, da ist noch eine Nachricht für dich.«

»Für mich?«, frage ich.

Unter C wie Chandra liegt wirklich ein Brief in der Message-Box. *»I would like to be with you«,* steht da, unterschrieben mit »Gopal«. Daneben sind zwei Herzen gezeichnet.

»Gopal, ist das nicht der große Deutsche mit dem blonden Haar? Der auch schon ziemlich alt ist, dreißig oder so?«

»Der eine, der in der Snackbar arbeitet?«, meint Amrita. »Ich glaube, das ist er. Der hing hier gestern herum. Er kannte deinen Namen nicht, deshalb hat er mich danach gefragt. Willst du ihm antworten?«

Im selben Moment kommt er vorbei.

»He, Chandra. Hast du meinen Brief gefunden?«

»Eh, ja«, sage ich.

Amrita und ich kichern.

»Antwortest du mir?«

»Ich werde darüber nachdenken«, sage ich.

Dann geht er weiter.

Amrita fragt: »Nun, antwortest du ihm? Schließlich wollen wir es alle wissen. Er findet dich nett, wie man sieht.«

Ich weiß es noch nicht. Ich bin nicht einmal halb so alt wie er.

Abends sehe ich meine Mutter beim Essen. Die Atmosphäre ist nicht gut. Eigentlich finde ich es unangenehm, mit ihr zu essen, denn sie beschwert sich über alles. Sie erzählt von ihrem wöchentlichen Pflichtdienst im Zorba.

»Gestern fuhren wir mit dem Kleinbus zum Zorba. Als wir fast angekommen waren, sahen wir ein paar Leute mitten auf dem Dam lustige Musik machen. Wahrscheinlich hatten sie auch ein paar Joints geraucht. Ich dachte, das sieht doch lustig aus, aber im Bus meinten alle: ›Was für blöde Hippies!‹ Beschimpft haben sie sie. Ich dachte, ich bin im verkehrten Film. Ich würde lieber mit den Leuten auf dem Dam Musik machen, als mit diesen schimpfenden Sannyasins in einem Bus zu sitzen.«

Jammer doch bloß nicht so viel, denke ich. Sei nicht mit allem so negativ. Passe dich an oder hau ab. Dann bleibe ich eben hier, und du kannst Musik mit deinen Hippies machen. Aber ich sage nichts, es hat ja doch keinen Sinn.

»Oh ja«, sagt sie, »kommendes Wochenende bin ich kurz weg. Ich übernachte in Leiden, ich muss mal rauskommen. Wenn du auch wegwillst, musst du Papa anrufen. Er findet es bestimmt toll, wenn du ihn besuchst.«

»Weggehen? Ich habe doch meine Schichten im Empfang. Musst du nicht eigentlich auch *worshippen?* Außerdem, in der Kommune beteiligt man sich zu hundert Prozent, nicht zu achtzig Prozent.«

»Du plapperst alles nach, was man dir hier sagt«, antwortet sie. »Du bist ein guter Papagei.«

»Und du hängst wieder mal die Rebellin raus. Niemand geht einfach mal so weg.«

Ich ärgere mich maßlos über meine Mutter. Ich tue zumindest, was von mir erwartet wird.

»Spiel dich nicht so auf«, schicke ich ihr noch hinterher. »Das ist schwach.«

»Nein, die Leute hier sind schwach«, sagt sie. »Sie quatschen nur nach, was der andere sagt, und Kritik trauen sie sich nicht zu äußern. Weißt du, dass da durchaus Leute sind, die mir im persönlichen Gespräch anvertrauten, dass sie einer Meinung mit mir sind? Dass sie es mutig von mir finden, wenn ich nicht alles klaglos hinnehme? Sie wagen es nur nicht *coram publico* zu sagen.«

»Gut, dann mach doch deine eigene Kommune auf. Aber belästige mich nicht mehr mit deiner Kritik. Viel Spaß in Leiden!«

Und dann laufe ich weg, obwohl ich sehe, dass meine Mutter weint.

Ich schlendere noch ein bisschen durch die Gänge und treffe schließlich Sajala in der Snackbar.

»Ich bin auch beim Montessori-Gymnasium gewesen und fange dort genau wie du in ein paar Tagen an, nach dem Wochenende. Ich komme in die dritte Klasse, also nicht zu dir«, sagt sie. »Aber wir können natürlich jeden Morgen zusammen zur Schule fahren.«

»Das ist prima«, sage ich. »Da kommt harte Arbeit auf mich zu. Weil ich gleich in der zweiten Klasse anfange, habe ich die Anfänge von Physik, Biologie und Deutsch verpasst. Stell dir mal vor, wie weit die schon in Mathematik sein müssen.«

»Ja, das ist gewaltig. Aber wenigstens lernen wir etwas. Fast alle anderen Teenager gehen auf die Realschule. Die haben es gut und sind in ein paar Jahren fertig. Ich kapiere nicht, warum unsere Mütter es als einzige wichtig finden, dass wir eine gute Ausbildung bekommen.«

»Erwähne bitte nicht meine Mutter. Die ist mir wirklich ein Klotz am Bein. Ständig geht sie mir mit ihren Gefühlen auf den Wecker.«

»Lass uns mal kurz nach draußen gehen.«

Wir gehen in den Garten und stellen uns unter das Vordach des »Raucher-Tempels«, weil es regnet. Ein paar Leute sitzen auf den Bänken und rauchen. Plötzlich bietet uns jemand eine Zigarette an. Wir schauen uns an und nehmen dann eine.

»Komm, wir probieren es mal«, sage ich. Zusammen rauchen wir die eine Zigarette. Uns wird schlecht, aber danach versuchen wir noch eine. Jeder bekommt für seinen Gutschein ein ganzes Päckchen pro Tag, daher geizt niemand damit.

Nachts findet plötzlich wieder ein Kommunetreffen statt. Wir hören, dass gegen Bhagwan nicht gerichtlich vorgegangen wird. Er muss vierhunderttausend Dollar bezahlen, unter anderem als Bußgeld. Als Gegenleistung für das Eingeständnis einiger Übertretungen, wie den Besitz eines falschen Visums, darf er ohne weitere Strafverfolgung ausreisen. Das bedeutet allerdings, dass er das Land innerhalb einer Woche verlassen muss.

Die Leute wissen nicht, ob sie weinen oder lachen sollen. Schließlich lachen die meisten, weil Bhagwan gesagt hat, dass man, wenn man die Hölle erleben will, sich nur in die USA zu begeben braucht. Es wird aber auch geweint, denn Bhagwan muss jetzt einen neuen Ort finden – und wo soll er hin? In meinem Kopf dreht sich alles. Rajneeshpuram ohne Bhagwan, das ist unvorstellbar.

Doch Sajala und ich müssen uns auf das Montessori-Gymnasium konzentrieren. An unserem ersten Schultag holen wir zunächst unsere Essenspakete im Magdalena ab. Danach verlasse ich zusammen mit Sajala das Gebäude. Auf der Straße landen wir im morgendlichen Berufsverkehr, was ich seit langem nicht mehr erlebt habe. Und mir fällt auf, dass uns viele Leute anstarren. Wir nehmen die Straßenbahn bis zur Hobbemakade. In der Pieter de Hoochstraat bleiben wir kurz stehen, es sind wirklich viele Schüler, die hineinwollen. Aber schlimmer als früher kann es bestimmt auch nicht werden, ermuntern wir uns gegenseitig. Im Schulgebäude geht jede ihren Weg.

In der ersten Stunde habe ich Englisch bei Herrn Hobijn. Der Unterricht findet in einem Raum am AB-Gang statt, teilt mir Hausmeister Simon mit. Durch die durchsichtigen Klapptüren sehe ich Dutzende Schüler, die vor den Klassenzimmern stehen. Es herrscht ziemlich viel Trubel, aber als ich den Gang betrete, wird es totenstill. Alle starren mich an. Meine Füße tragen mich weiter, ich weiß gar nicht, wie, denn eigentlich möchte ich nur noch wegrennen. Die Minuten, die ich vor dem Klassenzimmer warten muss, scheinen eine Ewigkeit zu dauern. Ich höre die Schüler leise über mich flüstern. Zum Glück erscheint dann Herr Hobijn.

»Hallo, Chandra. Ich habe dich schon erwartet. Komm mit in die Klasse.«

Als wir alle sitzen, stellt mich Herr Hobijn der Klasse vor und erklärt, dass ich viele Unterrichtsstunden verpasst habe. Ich versuche, mich unsichtbar zu machen. Was werde ich jetzt wieder alles tun müssen, um dazuzugehören? Glücklicherweise sitze ich neben einem Jungen, der sich das Gleiche zu fragen scheint.

Er heißt Ilan, und da ich Sajala nirgends entdecken kann, verbringen wir die Pause gemeinsam. Er raucht, und ich rauche ein bisschen mit. Schule finden wir beide nicht sonderlich interessant, aber wichtig für später. Erst in der großen Pause sagt er etwas über meine Mala und die rote Kleidung.

»Jeder ist hier ein bisschen anders, weißt du? Das macht nichts. Und das Schlimmste, die ersten paar Stunden, hast du ja jetzt hinter dir.«

Am Ende des ersten Tages, nach einer Doppelstunde Niederländisch und Handarbeit, trotte ich zur Straßenbahn. Sajala ist nirgends zu sehen. Keine zehn Minuten später bin ich zu Hause. Aber ich habe das Gefühl, eine Stunde unterwegs gewesen zu sein. Ich habe höllische Kopfschmerzen und will sofort auf mein Zimmer. Am Empfang wird anders entschieden, heute Nachmittag wird im Magdalena dringend zusätzliche Hilfe benötigt.

Ich begebe mich in die Küche und binde mir eine Schürze um. Es ist schön, etwas mit den Händen tun zu können und nicht nachdenken zu müssen.

Plötzlich sehe ich durch das Fenster, wie mich aus dem Garten eine große Menschenmenge anschaut. Die Leute sind um die zwanzig Jahre alt. Sie starren mich an und ich sie.

»Die kommen von einer Fachhochschule, sie werden hier rundgeführt«, sagt eine Ma. »Blöde Typen, wir sind hier doch kein Zoo!« Doch ein paar junge Leute lachen mir freundlich zu.

Nach der Arbeit suche ich meine Mutter auf und erzähle ihr kurz von meinem ersten Schultag. Sie schenkt mir einen Kalender mit Pop-Idolen.

»Hast du schon Hausaufgaben aufbekommen?«, fragt sie.

»Hallo, das ist eine Montessori-Schule. Da muss ich mir mein eigenes Arbeitsschema entwickeln.«

»Reagier doch nicht gleich so gereizt!«

»Ich bin einfach nur müde«, antworte ich und gehe.

Abends sehe ich Sajala in unserem Zimmer. Sie fand es prima in der Schule und hat schon Freundschaften geschlossen. Morgen fängt ihre erste Stunde später an als meine.

Man hat ihr zwar viele Fragen über die Sannyasins gestellt. »Aber das ist normal«, sagt sie. »Auf jeden Fall sind meine Klassenkameraden alle schon vierzehn oder fünfzehn. Die verstehen etwas mehr. Und wir haben Philosophie als Unterrichtsfach, da sind sie es gewohnt, Andersdenkende zu akzeptieren.«

Ohne noch viel zu reden, schlafen wir ein.

Am nächsten Tag habe ich nach einem erneut sehr anstrengenden Schultag abends Lust, in die Bar zu gehen. Dort ist es berstend voll. Mit Bier und Wein und Bedienung hinter der Theke ist es genau wie eine Kneipe in der Außenwelt. Ich schnappe mir einen Hocker und setze mich an den Tresen. Man erzählt sich Witze, und alles lacht laut. Dann kommt der Amerikaner und stellt sich neben mich. Er wirkt plötzlich sehr groß und breit.

»Kommst du gleich mit nach oben?«, fragt er.

Eigentlich habe ich Lust, in der Bar zu bleiben, aber kurz ausruhen und in einem Zimmer herumhängen ist auch verlockend.

Ich verspreche ihm, mich gleich dazu zu äußern. Inzwischen rede ich mit Sajala und einigen anderen Jugendlichen. Es geht um die Ranch und die Frage, wohin Bhagwan jetzt gehen kann. Als Sajala nach einer Stunde ein Gespräch mit Prem beginnt und sich auf dessen Schoß setzt, kommt der Amerikaner zurück.

»Ich gehe jetzt in mein Zimmer. Dort ist niemand. Ich sehe dann ja, ob du kommst«, sagt er und schenkt mir im Weggehen ein Augenzwinkern.

Ich schaue, ob meine Mutter in der Bar ist, doch ich entdecke sie nirgends. Als ich mein Glas leergetrunken habe, beschließe ich, ihm zu folgen.

Der Amerikaner liegt bereits auf seiner Matratze, als ich hereinkomme.

»Leg dich zu mir«, sagt er.

Ich setze mich auf die Matratze und schaue ihn an. Einfach so ins Bett kriechen läuft nicht bei mir, denke ich. Da richtet er sich auf und beginnt meinen Rücken zu massieren. Das ist ein schönes Gefühl. Wir sprechen beide kein Wort.

Nach einiger Zeit legt er mich auf die Matratze, sodass er nicht nur meinen Rücken, sondern auch die Beine berühren kann.

»Deine Muskeln sind kräftig. Du hast in der letzten Zeit sicher hart gearbeitet. Hat dir schon mal jemand dabei geholfen, dich zu entspannen? Lässt du dich selbst schon mal so richtig gehen?«

Ich bleibe still und starre auf das Porträt von Bhagwan an der Wand.

»Du musst ein bisschen lockerer werden, nicht so ernsthaft sein. Es ist in Ordnung, wenn man lacht und tief seufzt. Komm her, und lass dich umarmen. Kleines Mädchen, was musst du hart arbeiten, was versuchst du immer, dein Bestes zu geben. Und dabei bist du noch so sehr damit beschäftigt, heranzuwachsen und schön zu werden. Es ist alles nicht so einfach, oder? Komm her, hier findest du Sicherheit.«

Ich will es nicht, ich will nichts fühlen, aber es ist angenehm, sich kurz zu verkriechen, nichts tun zu müssen. In seinen Armen bin ich sicher, er versteht mich, er weiß, wie kompliziert alles ist. Wie warm und stark er ist! Ich breche in Tränen aus, und er tröstet mich.

»Nur zu, das ist gut so. Habe ich es nicht gesagt: Du bist eine aufblühende Knospe. Ein ungeschliffener Diamant. Es gibt bestimmt nur wenige Menschen, die dich so sehen. Komm zu mir.« Und er zieht mich noch dichter an sich heran. »Kleine sinnliche Frau, lass mich dich spüren. Komm, wir ziehen deine Kleider aus.«

Ich lasse es geschehen. Ich lasse alles geschehen, ich wehre mich nicht, ich überlasse ihm die Führung. Für den Rest des Abends tröstet er mich überall. Es geht wie im Rausch vorbei.

Ein paar Stunden später laufe ich in meinem T-Shirt über den Flur ins Badezimmer. Es ist still, alle schlafen. Mein Körper fühlt sich komisch an, und als ich im Badezimmer in den riesigen Spiegel blicke, weiß ich auch, warum. Ich bin kein Mädchen mehr. Im Spiegel steht mir eine Frau gegenüber. Denke ich. Eine Frau, die gerade mit einem erwachsenen Mann im Bett gewesen ist. Ich gehöre dazu, er findet mich schön, ich bin gut genug. Und er hat mich getröstet.

Ich wasche mich mit Alkoholspray und Tüchern. Dann gehe ich unter die Dusche. Sex, denke ich. Jetzt weiß ich, wie das ist, und ich bin nicht mehr unschuldig. Was für ein Getue, und mir bedeutet es nicht viel. Komisch, dass da so viel Aufhebens drum gemacht wird.

Der Amerikaner findet es nicht gut, als ich zurückkomme und ihm sage, dass ich in mein Zimmer gehe. »Ich komme mit«, sagt er. »Zusammen einschlafen gehört dazu.«

Ich bin einverstanden, da ich zu müde bin, mich deswegen mit ihm auseinanderzusetzen, und außerdem habe ich eine Matratze für zwei Personen. Ich mache mir zwar Gedanken wegen Sajala, doch die liegt nicht in ihrem Bett. Den Wecker stelle ich auf sieben Uhr, denn morgen früh muss ich zur Schule.

Am nächsten Morgen wache ich mit trockener Kehle und dem Gedanken auf, dass etwas Wichtiges geschehen ist. Langsam tröpfelt die Wirklichkeit in mein Gehirn, und ich erinnere mich an den Schweiß, die Berührungen, die ausgewogenen Bewegungen. Endlich habe ich mich gehen lassen und strömt die Energie so, wie Bhagwan es will und die anderen Frauen es tun. Neben mir liegt der Amerikaner. Er sieht süß aus mit seinen schwarzen Locken. Jetzt bin ich wirklich mit jemandem zusammen. Allerdings habe ich verschlafen.

Die Ruhe wird brutal gestört, als plötzlich meine Mutter hereinstürmt.

»Warum bist du verflucht noch mal nicht in die Schule gegangen?«, schreit sie, und dann entdeckt sie den Amerikaner. Ihre Miene verzerrt sich. *»What the hell are you doing here?«* Vollkommen außer Rand und Band flucht und schimpft sie.

Der Amerikaner sitzt aufrecht im Bett und reibt sich die Augen.

»Sie wollte es, sie ist eine Frau, sie kann selbst entscheiden!«, schreit er zurück und steigt nackt aus dem Bett.

Ich kann mich nicht bewegen, mein Körper ist aus Stein, und ich spüre, wie ich schwer und schwerer werde. »Ich bin ihre Mutter!«, kreischt Rupi, woraufhin er zurückbrüllt: »Alle Kinder hier gehören der Kommune. Sie muss es selbst wissen, ich habe sie nicht gezwungen.« Dann legt er sich sein Handtuch um und verschwindet. Mich hat er nicht mehr angeschaut.

Meine Mutter blickt mich tränenüberströmt und hilflos an, und ich beginne jetzt auch zu schreien.

»So ist es hier doch, so geht es hier doch! Kümmere dich nicht darum, ich bin erwachsen, in einer Woche bin ich vierzehn. Du hast mir überhaupt nichts mehr zu sagen, oder du hättest mich nicht mit hierhernehmen dürfen. Alle anderen Mädchen haben auch Freunde. Geh, scher dich aus meinem Zimmer!«

Es ist schon später Morgen, als ich beschließe, doch noch zur Schule zu gehen. In der Klasse schaue ich mir die unschuldigen und unwissenden Mitschüler an. Die verstehen gar nichts.

Ich bin plötzlich viel älter als sie. Bei denen dreht sich alles nur um Äußerlichkeiten, Ausgehen und Küssen. Als ich meinen Kalender mit Pop-Idolen durchblättere, fällt mein Blick auf ein Foto von Madonna. *»Like a Virgin«* steht daneben, *»touched for the very first time.«*

Der Tag geht schnell vorbei. Kein einziges Gespräch und nichts vom gesamten Unterricht bleibt hängen. Als ich in die Kommune zurückkomme, gehe ich zum Empfang. Neben mir sitzt eine nette niederländische Frau, mit der ich in letzter Zeit ab und zu gesprochen habe. Sie schaut mich nicht an und sagt nach einer ganzen Weile: »Bist du heute Nacht mit meinem Freund im Bett gewesen?«

Freund? Hat er etwa eine Beziehung? Hat er eine Freundin? Ich habe das Gefühl, zu einem winzigen Punkt in einem riesigen, sich drehenden Raum zu werden. Ich wäre sein neues Projekt, hat er gesagt, und ich laufe würgend zur nächsten Toilette.

»Wie war es bei dir?«, fragt Sajala, als wir zu zweit im Badezimmer stehen.

»Ich weiß nicht, es tat weh. Ist das immer so?«

»Bei mir nicht«, antwortet sie, während sie Gel in ihr Haar schmiert. »Er ist immer sehr lieb. Manchmal ist er nur mit mir beschäftigt«, kichert sie.

»Und, findest du das schön?«, frage ich.

»Ich finde, dass die Kondome fürchterlich nach Gummi stinken. Findest du das auch? Aber ich kann unheimlich viel mit ihm lachen. Mein Gott, ich bin wahnsinnig verliebt in ihn.«

»Ja, ich auch«, sage ich, »aber er hat noch eine Freundin. Die haben jetzt wohl Krach.«

»Aber hier in der Kommune hat doch niemand eine echte Beziehung«, antwortet Sajala.

Ich finde es in Amsterdam noch viel komplizierter als in Medina. Bhagwan hat die USA verlassen, und wir wissen nicht, wohin. Die Leute reden über umziehen, von vorne beginnen, aussteigen und Vertrauen haben – alles durcheinander. Inzwischen hat meine Mutter sich mit allen überworfen und posaunt herum, dass ich mit jemandem im Bett gewesen bin. Ich versuche, ihr aus dem Weg zu gehen, begegne ihr aber ständig in dem Gebäude.

»Es ist nicht gut, was du machst«, sagt sie. »Du sollst nicht tun, was andere Mädchen tun, nur weil du so sein willst wie sie.«

»Deshalb tue ich es überhaupt nicht!«, brülle ich empört. »Ich gehöre doch der Kommune! Wir sind keine Kinder, und alle hier sind meine Eltern.«

»Ja, das erzählen sie einem. Dass du nicht mehr mein Kind bist, weil du nun ein Kommunekind bist. Trotzdem bin ich deine Mutter, und ich finde, dass du nicht mit Erwachsenen ins Bett steigen solltest. Du warst dabei doch wohl vorsichtig?«

»Das geht dich nichts an. Ich will nicht darüber reden«, sage ich und schaue sie mit vorgerecktem Kinn an.

»Aber ich will darüber reden. Und auch darüber, wie es hier ansonsten ist. Vielleicht habe ich einen Fehler gemacht.«

»Ich will es gar nicht hören«, unterbreche ich sie, doch sie fährt fort.

»Ich war ein paar Tage weg und weiß jetzt, dass dies kein guter Ort für uns ist. Ich denke, dass ich eine Wohnung für uns suchen werde.«

»Mach nicht immer so viel Ärger!«, rufe ich ihr zu und laufe schnell weg.

Auf dem Flur begegne ich dem Amerikaner. Seit jener Nacht habe ich ihn gemieden.

»Du hast alles falsch verstanden«, sagt er. »Es ist doch egal, ob ich eine Freundin habe.«

»Das ist nicht egal. Ihr ist es auch nicht egal.«

»Es ist wohl besser, wenn wir uns nicht mehr verabreden. Jedenfalls erscheint es mir besser so. Angesichts der Haltung deiner Mutter und so. Such dir lieber jemand anderen, bei dem du dich ausweinen kannst.«

Dann geht er. Ungläubig starre ich ihm hinterher.

Sajala hat mit Prem mehr Glück, erzählt sie. Er ist immer noch in sie verliebt. Nicht, dass er sich nicht für andere Frauen interessiert. Eine seiner Freundinnen kommt in Kürze aus dem Ausland zurück. Sajala weiß nicht, was dann geschieht. »Dann wird es wohl aus sein«, sagt sie. Mittlerweile hat sie auch einen anderen Swami ins Auge gefasst. Ein Deutscher schickt ihr andauernd Liebesgedichte. Er ist sehr hübsch.

Sajala macht die Schule Spaß, aber ich finde sie alles andere als spannend. Am nächsten Tag steige ich beim Albert Cuyp aus der Straßenbahn und gehe statt in die Schule zum Weteringcircuit. Stundenlang sitze ich auf einer Bank. Ich esse mein Mittagsbrot und starre auf die Tauben. Ich will nicht zu Hause sein und auch nicht in der Schule. Ich will nirgends sein. Als nach einiger Zeit zwei Polizisten kommen, stehe ich auf, weil ich Angst habe, dass sie mich wegen des Schwänzens festnehmen. Mitten durch den Regen marschiere ich zurück in die Kommune.

Am Freitagabend gehen Sajala, meine Mutter und ich ins Zorba, denn um zwölf Uhr werde ich vierzehn. Meine Mutter hat gesagt, wir sollten es feiern, auch wenn wir ständig Krach haben.

r fahren mit einem Kommunebus dorthin. Draußen auf dem ıdezijds Voorburgwal steht eine lange Reihe, denn Zorba ist Amsterdams beliebteste Disko. In einem kleinen Buch über Diskos stehen wir an erster Stelle. Glücklicherweise brauchen wir nicht zu warten und werden außerdem auch ohne zu bezahlen eingelassen. Es ist proppevoll mit normalen Besuchern.

Wir haben einen herrlichen Abend und tanzen auf »Part Time Lover« von Stevie Wonder. Da die Diskjockeys in der Kommune wohnen, können wir alle Lieder anfordern, die wir wollen, und die Getränke bekommen wir auch umsonst. Verschwitzt und ausgelassen gehen wir ungefähr um ein Uhr wieder nach Hause.

In der Bar, wo ich noch mal eben mit Sajala nachschaue, ob Prem dort ist, begegne ich dem Deutschen Gopal. Etwas weiter hinten sitzt der Amerikaner, aber wir würdigen uns keines Blickes.

»Du hast noch nicht auf meinen Brief reagiert«, sagt Gopal.

»Ich hatte zu viel zu tun.«

»Ja, du bist ständig beschäftigt. Hast du Lust, mit auf mein Zimmer zu kommen? Ich habe noch zwei Stücke Pizza vom Abendessen übrig.«

Ohne nachzudenken, folge ich ihm auf sein Zimmer. Ich bin vierzehn, also warum nicht?

Plötzlich gibt es da jemanden, der uns ein paar Mal am Tag an der Rezeption anruft und uns etwas vorstöhnt. Wir finden eine Lösung: Ein netter Swami nimmt den Hörer ab. »Ja, holen Sie sich nur ordentlich einen runter«, sagt er.

Auf unserem Zimmer schreiben Sajala und ich in unsere Tagebücher – es gibt immer genug zu schreiben – und machen manchmal Hausaufgaben, obwohl wir im Büro besser arbeiten können. An vielen Dingen, die in der Kommune stattfinden, nehmen wir nicht teil. So gehen wir weder zu den Bhagwan-Lesungen im Mandir, noch beteiligen wir uns an den Meditationen, die übrigens vor allem von Nicht-Sannyasins wahrgenommen werden.

Trotz aller unangenehmen Verwicklungen und Bhagwans Abreise sowie der Sorge um die Ranch wird von der Kommune zu Ehren von Bhagwans Geburtstag ein großes geschlossenes Fest im Zorba organisiert. Es ist und bleibt eine besondere Fähigkeit der Sannyasins, finde ich, dass sie auch aufgrund eines noch so kleinen Anlasses ein Fest feiern. Eigentlich fände ich es ganz schön, wenn man auch mal etwas speziell für die Kinder machen würde. Als ich das gegenüber einer Ma äußere, die den Empfang leitet, sagt sie, dass ich doch ein Kinderfestival organisieren könnte.

Gesagt, getan. Wir laden alle Kinder ein, die nicht in der Kommune wohnen. Mit Sajala überlege ich, was wir tun könnten. Wir kommen auf Tänze und Sketches. Nicht alle Kinder und Teenager wollen mitmachen, was ich gut verstehe, denn ich würde lieber auch nicht aufs Podium müssen. Zum Glück sind zwei verrückte englische Swamis zu Besuch, mit denen man herrlich lachen kann. Sie sind bereit, ein paar Nummern aufzuführen. Einer von ihnen wird *I Want To Marry a Light House Keeper* singen. Sajala verspricht, *Like a Virgin von Madonna im* Play-back zu bringen. In einem leeren Teil des Büros üben wir. Manchmal proben wir die Lieder auf der Karaoke-Maschine im Mandir. Ich entwerfe einen Ablauf und zähle die Minuten. Das Programm wird ungefähr eine halbe Stunde dauern. Wir haben unheimlichen Spaß.

Nach einer der Proben im Büro sind Sajala und ich noch in Hochstimmung. Wir laufen tanzend mit einem Ghettoblaster im Zickzack von einem Büro zum nächsten. Der Swami, der uns von dem lauten Stöhner erlöst hat, sitzt noch an seinem Schreibtisch, und wir tanzen um ihn herum. Sajala und ich führen die sexy Madonna-Choreographie direkt vor seiner Nase auf. Doch der Swami findet es nicht spaßig.

»Ihr macht mich nervös. Ihr seid noch nicht mal fünfzehn. Benehmt euch auch so.«

Wir lachen ihn aus und sagen: »Aber alle Männer finden uns sexy, bist du etwa schwul oder so?« und: »Schau uns mal genauer an.«

Da wird der Swami ein bisschen ärgerlich: »Geht endlich, und macht etwas Nützliches!«

Verdutzt ziehen wir ab.

Kurz vor dem Fest hören wir, dass die Ranch offiziell geschlossen wurde. Es wirkt wie ein Schock, obwohl es zu erwarten war. Es sieht so aus, als würden viele Sannyasins ihre Koffer packen. »Dies ist das Ende eines Zeitalters«, höre ich um mich herum. Ich denke an all die Tage, die ich dort verbracht habe. Was wird von unserer Stadt übrig bleiben? Was wird geschehen, und wo wird die neue große Kommune entstehen? Es ist jammerschade, die Ranch war ein Paradies, ein großes Wunder. Niemand, außer Bhagwan und wir, seine Sannyasins, hat dies jemals zuvor versucht. Jetzt müssen wir irgendwie anders weitermachen. Armer Pradeesh, er hat das alles aus der Nähe miterleben müssen.

Zum Glück gibt es das Fest. Das Kinderfestival ist ein Erfolg. Das Publikum schenkt uns riesigen Applaus. Entgegen der Absprache werde ich am Ende als die treibende Kraft hinter der Show angekündigt und auf die Bühne gehoben. Jeder gratuliert mir, auch meine Mutter. Endlich habe ich wieder etwas getan, das Sinn macht.

In der Schule komme ich jetzt etwas besser zurecht. Vor allem, weil die Lehrer mich nett finden. Meine Klassenkameraden und die anderen Schüler schauen mich nicht mehr so komisch an, und ich schließe sogar ein paar Freundschaften. Weil ich kein Taschengeld habe und Ilan mir in der Pause oft einen Tee und irgendwelche leckeren Dinge spendiert, lade ich ihn zu uns in die Kommune ein. Er macht große Augen und findet alles sehr sauber und gemütlich. Es ist das erste Mal, dass ich jemanden von außen mitnehme. Manchmal gehe ich auch mit ihm nach Hause, wo ich ein Butterbrot mit Aufschnitt nach dem anderen verschlinge, weil es in der Kommune kein Fleisch gibt.

Während der Weihnachtsferien versuche ich tagsüber etwas Hausaufgaben zu machen. Abends habe ich mit Deepak, einem der Jungen, Dienst in der Bar. Ich lerne Bier zapfen und Hochprozentiges ausschenken. Regelmäßig plündern wir den Vorratskasten mit Mars, Bounty, Snicker und Zigaretten. Es ist schön, die ganze Kommune um sich herum zu haben, selbst wenn sich die Gespräche häufig um die Frage drehen, ob die Kommune noch lange bestehen wird. Ein Mal haben wir sogar ein großes griechisches Fest in der Bar, da berichtet wurde, dass Bhagwan zwar für Indien kein Visum bekommt, weil man ihn dort nicht haben will, dass er aber vielleicht nach Griechenland geht. Die restliche Zeit verbringen wir zusammen mit anderen Jugendlichen in der Kapelle oder schmökernd im Raucher-Tempel.

Deepak ist in Sajala verliebt, aber er beschwert sich, dass sie nur Augen für die älteren Männer hat. Sie hat jetzt nicht mehr Prem, sondern Shunyo. Die Jungen interessieren sich nicht für ältere Frauen, nur für uns, und die älteren Frauen würdigen die Jungen keines Blickes.

Das alte Jahr geht zu Ende, ein neues steht bevor, und deshalb wird im Zorba wieder ein großes Fest organisiert. Jeder möchte daran teilnehmen. Nur zwei Personen brauchen zu bleiben, um die Kommune zu beaufsichtigen. Das Fest reizt mich nicht. Meine Mutter ist in Leiden bei ihrem Freund, und ich freue mich darauf, wieder einmal alleine zu sein.

Ich bleibe, und es dauert sehr lange, bis alle weg sind. Der Bus fährt fünfundzwanzig Mal hin und zurück.

Jetzt, wo es leer ist, atmet das Gebäude eine andere Atmosphäre. Plötzlich erscheinen mir die Flure zu schmal, um in ihnen herumzuwandern. Ich schlafe eine Stunde in meinem Zimmer. Kurz vor zwölf gehe ich aufs Dach. Die beiden anderen Sannyasins, die beim Empfang zurückgeblieben sind, stehen auch dort oben. Wir betrachten das Feuerwerk, das über Amsterdam hereinbricht. Ich frage mich, wie das Jahr 1986 werden wird.

Sajala und ich haben in der Kommune Bindu kennengelernt, einen Jungen von Ende zwanzig, der gut Gitarre spielt. Bindu singt Lieder und begleitet sich selbst auf der Gitarre, und das tut er überall, in der Bar, auf dem Flur, in der Snackbar. Ohne seine Gitarre sieht man ihn selten.

Bindu macht mir einen Vorschlag, als ich mit ihm und Sajala über die Probleme mit meiner Mutter und unsere ewigen Streitereien rede.

»Wenn du bleiben willst, kannst du doch beschließen, nicht mit ihr mitzugehen. Du bist ein Kommunekind, also kannst du auch selbst Entscheidungen treffen.«

»Ja, aber sie ist meine Mutter, und sie hat das Recht, für mich zu entscheiden«, antworte ich.

»Dann übertrage mir doch die Vormundschaft. Dann kann sie nichts mehr machen. Ich wäre sofort dazu bereit.«

Ich weiß nicht. Das würde vielleicht doch zu weit gehen. Schließlich ist meine Mutter immer noch meine Mutter, was immer sie auch tut.

»Danke für das Angebot«, sage ich. »Falls ich Gebrauch davon machen will, lasse ich es dich wissen.«

Für mich selbst habe ich bereits beschlossen, nie und nimmer jemandem einfach so die Vormundschaft über mich zu erteilen. Auch wenn es vielleicht die einzige Lösung sein sollte, um zu verhindern, dass mich meine Mutter wieder irgendwohin schleppt.

Ich war der Meinung gewesen, meine Mutter, Bhagwans Situation, die Schule und der Sex mit Männern wären die kompliziertesten Dinge in meinem Leben, doch plötzlich habe ich es mit einer kurzhaarigen Lesbierin zu tun. Sie arbeitet bei Zorba im Kiosk, wo sie Schmuck verkauft. Als ich sie sehe, beginnt sie ein Gespräch mit mir und macht mir Komplimente. Dreht sich denn alles nur um Sex?, frage ich mich, als sie sich über meinen Busen auslässt. »Ich bin nicht lesbisch«, sage ich, um sie loszuwerden, doch ein paar Tage später scheint sie in dieser Hinsicht anderer Meinung zu sein.

Es ist ungefähr sechs Uhr morgens, als ich aufwache, weil plötzlich jemand in mein Bett kriecht. Es ist die Lesbierin. Sie fummelt an meiner Unterhose herum und steckt ihren Kopf unter meine Decke.

»He, was machst du da?«, schreie ich.

Sie schaut mich an und sagt: »Warte mal ab, du wirst das sehr schön finden.«

»In einer Stunde muss ich aufstehen und in die Schule«, entgegne ich, aber sie grabscht stur weiter an mir herum.

Ich muss mich umdrehen, um mich aus ihrem Griff zu lösen, und als ich ihr noch einmal sage, dass ich nichts mit einer Frau zu tun haben will, antwortet sie nur, eigentlich sei jeder bisexuell.

»Nächstes Mal wirst du sehen, wie schön das ist, *go with the flow,* du bist so gehemmt.«

»Du bist so gehemmt«, geht mir durch den Kopf, als ich später auf den Schulhof komme. Hier laufen überall vierzehnjährige Kinder herum, die gerade mit ihren Eltern gefrühstückt haben und ein normales Leben führen. Sie machen sich Sorgen wegen der Klassenarbeiten oder wegen eines Pickels, und nicht darüber, ob man gehemmt ist, weil man nicht mit einer fünfunddreißigjährigen Lesbierin ins Bett will, bevor der Schultag auch nur begonnen hat.

Als ich meiner Mutter begegne und sie wieder mit dem Wegziehen anfängt, versuche ich, ihr nicht mit der Vormundschaft zu drohen. Aber als sie erzählt, dass sie mit ihrem Freund zwei Wochen Urlaub auf Madeira machen will, was ich als asozial gegenüber der Kommune empfinde, kann ich mich nicht mehr zurückhalten.

»Ganz egal, was du vorhast, ich kann hierbleiben, wenn ich will. Kommunekinder gehören allen. Und wenn du deine eigenen Pläne machst, dann kann ich das auch. Jemand hat mir nämlich angeboten, die Vormundschaft für mich zu übernehmen. Dann bin ich dich endlich los und kann einfach hierbleiben.«

Meine Mutter wird kalkweiß im Gesicht und schreit mich an: »Wer hat dir das angeboten? Sicher so ein Swami!«

»Das spielt keine Rolle. Jemand, der begreift, dass ich hier hingehöre. Er sagt, dass wir schließlich Kommunekinder sind.«

»Siehst du, also doch ein Swami. Er will dich wahrscheinlich nur ins Bett kriegen.«

»Das ist nicht wahr. Er meint es ernst. Er spielt uns Lieder vor, und sonst ist da nichts.«

»Aha, um Bindu handelt es sich also. Dem werde ich gleich klarmachen, dass er nicht einfach so die Vormundschaft für ein Kind übernehmen kann. Was bildet der sich denn ein, schließlich bin ich deine Mutter!«

»Ja, aber eine Mutter, die einfach so in Urlaub fährt. Und die mich einfach so hierhin und dorthin schleppt!«, schreie ich ihr nach, während sie wütend davonläuft.

Ich bin auch außer mir und rauche eine Zigarette im Raucher-Tempel. Es ist kalt. Ich betrachte das Gebäude, in dem wir leben.

Eigentlich hat es keine große Bedeutung mehr. Die Gruppe ist auseinandergefallen, und das Gefühl von Zusammengehörigkeit, wie es früher existierte, bevor ich nach Medina gegangen bin, hat es danach nie mehr gegeben. Jeden Tag ziehen Leute aus oder kommen Sannyasins aus anderen Kommunen hinzu. Aber es ist hier immer noch besser als weiß Gott wo mit meiner Mutter.

Als ich wieder hineingehe, streitet sich meine Mutter mit Bindu am Empfang. Sie achten nicht auf mich. Ich verstehe beide. Er will mir nur helfen, und sie ist wütend. Ich mische mich nicht ein und suche mein Zimmer auf.

Bevor sie abreist, sagt mir meine Mutter noch, dass sie lange über uns nachgedacht hat. Sie hat Verständnis dafür, dass ich mich gegen sie auflehne, sagt sie, und sie will den Zeitpunkt abwarten, bis ich auch der Meinung bin, dass wir von hier verschwinden müssen. Sie ist lieb und gibt sich Mühe, alles wieder gutzumachen. Doch vorläufig kann sie nicht mit mir rechnen.

Ich bekomme jetzt plötzlich Liebesgedichte von Sunyo, und das findet Sajala gar nicht schön, auch wenn ich nicht an ihm interessiert bin. Ich bekomme immer häufiger Post. Zuletzt von einem der Therapeuten. Der schreibt: »Chandra, du bist so lieb, und dein Körper ist so schön, es ist schade, dass du schon jemanden hast. Alles Liebe, dein Sudhas.« Sajala und ich reden über alle Briefe. Wenn wir ihnen Glauben schenken können, sind wir so etwas wie Topmodels.

Ich bin nicht wirklich mit jemandem zusammen, wie Sudhas glaubt. Manchmal, wenn Sajala nicht da ist, verabrede ich mich mit jemandem. Aber ich bin mit niemandem liiert. Übrigens gibt es auf der Schule einen Jungen, den ich nett finde. Er ist in meiner Klasse und heißt Kasper. Wir unterhalten uns vor allem über Ajax. Vielleicht ist es doch besser, mich an die Jungen aus unserer Schule zu halten, denn auf sie kann man eher zählen. Auch wenn ich sie sehr unerwachsen finde und man sie nicht mit nach Hause nehmen kann, wenn man in einer Kommune wohnt.

Nico Haak hat ein Karnevalslied über uns gemacht. Wir hören es beim Empfang im Radio. Der Schlager heißt »Alles darf man, so sagt Bhagwan«, und er ist ziemlich witzig, auch wenn ich Karneval überhaupt nicht mag. Nico Haak singt: »Rosenduft und Mondenschein, ukuburu, rutuguru, wir dürfen alles, das ist fein; willst du es mal nehmen, dann nimm es nicht zu schwer, alles, alles darf man, das ist sonnenklar, alles darf man, so sagt Bhagwan, ist das nicht wunderbar?«

Nico Haak treibt seinen Spott mit uns, aber wir treiben auch unseren Spott mit ihm, indem wir das Lied oft und laut spielen. Sogar im Zorba wird das Lied jeden Abend gespielt. Eigentlich ist Nico Haak uns gegenüber ja auch gar nicht negativ eingestellt.

Meine Arbeit beim Empfang macht mir nicht mehr solchen Spaß, weil wir nicht mehr mit dem Telex spielen dürfen. Es hat gigantisch hohe Rechnungen gegeben, die sich nicht durch die normale Benutzung des Telex erklären lassen. Amrita, Sajala und ich bekommen gewaltig etwas zu hören. Schade, denn ich hatte einen netten Kontakt zu einem Swami in der Kommune in Köln, mit dem ich mich viel über unsere alltäglichen Sorgen ausgetauscht habe.

Vielleicht ist es ganz gut, dass mir die Arbeit nicht mehr so viel Spaß macht, denn eigentlich müsste ich mich stärker um meine Hausaufgaben kümmern. Ich sollte mich lieber auf die Schule konzentrieren, denn das Schuljahr schreitet stetig voran, und ich hinke in allen Fächern hinterher. Nur Niederländisch und Geschichte gefallen mir wirklich, weil ich da nette Lehrerinnen habe. Die anderen Fächer interessieren mich nicht.

Mein Vater, den ich ab und zu anrufe, meint, dass ich mich mehr hinter Mathematik klemmen soll. Aber das ist vielleicht darauf zurückzuführen, dass er selbst Mathematiklehrer ist. Er fragt, wann ich ihn mal wieder besuchen komme. Ich halte ihn hin; es ist viel zu kompliziert, hier wegzufahren. Ich habe keine Lust, ihm von den Dingen zu erzählen, die hier passieren. Meiner Meinung nach würde er das alles nicht verstehen.

Als meine Mutter aus dem Urlaub zurückkommt, sagt sie, dass sie jetzt mit Sicherheit weiß, dass sie so schnell wie möglich aus der Kommune ausziehen will. Sie wird sich nach einer Wohnung in Amsterdam umschauen, sagt sie. Wenn sie so gerne weg will, kann sie dann nicht einfach meinen Koffer packen und mich mitschleifen? Aber genau das tut sie nicht. Sie möchte, dass ich freiwillig mitgehe, weil ich einsehe, dass sie Recht hat. Doch sie hat nicht Recht. Wir denken einfach total anders darüber. Was habe ich damit zu schaffen, dass sie einen Fehler begangen hat, als sie in die Kommune gezogen ist? Ich habe alles so gemacht, wie es sich hier gehört. Genau genommen kann sie sich nicht über mich beklagen.

Trotzdem ist es schön, meine Mutter wiederzusehen, und sie gibt sich wirklich Mühe, lieb zu mir zu sein. Ich denke allerdings, dass es gut für mich ausgeht, denn in Amsterdam findet sie bestimmt nicht so leicht eine Wohnung. Zum Glück herrscht hier enorme Wohnungsnot.

Aber eines Tages finde ich eine Nachricht auf meinem Bett. Am nächsten Morgen will sie mit mir eine Wohnung in Bijlmermeer besichtigen. Es ist ein Zweizimmerappartement in Gein, ganz in der Nähe zweier Mas, die schon umgezogen sind. Ich darf gar nicht daran denken, jeden Tag mit der U-Bahn in die Schule fahren zu müssen.

Ich weigere mich denn auch, meine Mutter zu begleiten. Zum Glück klappt es mit der Wohnung nicht. Jemand anderes hat sie ihr vor der Nase weggeschnappt, erzählt sie. Doch eine Woche später erscheint sie mit der Nachricht, sie habe eine andere Wohnung gefunden. Ein Dreizimmerappartement in Reigersbos. Sie hat es sich schon selbst angeschaut, weil sie wusste, dass ich sowieso nicht mitgehen würde, und sie hat die Wohnung genommen. Es grenzt an ein Wunder, denn eigentlich war sie schon vergeben. Meine Mutter hat bei der Wohnungsbaugesellschaft angerufen und durfte vorbeischauen. »Ich stehe mit meiner Tochter auf der Straße«, hat sie gesagt. Und nachdem sie dann im Büro auch noch ein paar Tränen vergossen hat, wurde ihr die Wohnung angeboten. Der Brief, in dem stand, dass andere Leute die Wohnung bekommen würden, und der bereits für die Post bereitlag, wurde an Ort und Stelle zerrissen. In einer Woche können wir einziehen.

Aber auch wenn sie die ganze Kommune zusammenschreit, ich gehe nicht mit ihr mit. Ich werde nicht in Bijlmermeer wohnen, nur weil sie sich das plötzlich in den Kopf gesetzt hat. Meine Mutter wird ja sehen.

»Was willst du denn dann machen?«, fragt Sajala. »Du kannst hier doch nicht alleine bleiben.«

»Warum sollte das nicht möglich sein? Du bist doch auch hier.«

»Ja, aber meine Mutter ist hier. Die zieht noch nicht weg. Auch wenn sie ab und zu darüber nachdenkt.«

Sajala und ich wissen noch nicht so recht, was genau ich dann machen soll. Auf jeden Fall wollen wir uns nicht trennen, versprechen wir uns.

Mit Bindu rede ich nicht mehr über die Vormundschaft. Er singt weiter seine Lieder, und nachdem es jetzt danach aussieht, als würde die Kommune vielleicht nicht mehr lange existieren, singt er oft »It's a Wild World«. Wir sitzen im Flur und fühlen uns nostalgisch. Sajala und ich lehnen uns aneinander. Bindu hat seine Gitarre im Schoß. *»Oh, baby baby, it's a wild world. It's* *hard to get by, just upon a smile, girl«*, singt Bindu für uns. *»But if you want to leave, take good care, I hope you meet a lot of nice friends out there, but just remember there's al lot of bad everywhere.«* Sajala und ich müssen beide ein wenig weinen. Das ist es eben, was die Kommune ausmacht, denke ich. Zusammen Musik machen, während alle das Gleiche fühlen. Das gibt es zu Hause nie.

»Kommst du freiwillig mit, oder muss ich dich hinter mir herschleifen?«

Meine Mutter steht vor dem Tisch, an dem ich mein Mittagessen einnehme.

»Wenn du freiwillig mitgehst, sehe ich dich in einer Viertelstunde in deinem Zimmer. Wenn nicht, werde ich dich schon finden.«

Ich esse mein Butterbrot weiter, als sei nichts geschehen. Doch dann überlege ich mir, dass meine Mutter vielleicht in meinem Zimmer herumstöbert, wo auch meine Tagebücher liegen. Schnell laufe ich nach oben. Meine Mutter wühlt tatsächlich in meinem Schrank herum. Ich sehe meinen Koffer auf dem Boden liegen. Ein paar Sachen sind bereits eingepackt.

»Hast du beschlossen, freiwillig mitzugehen, oder muss ich dich zwingen? Die Wohnung ist sauber, wir können direkt einziehen. Ich habe mein Auto wieder abgeholt, in einer halben Stunde fahren wir. In zehn Minuten sind deine Sachen gepackt! Jetzt ist endgültig Schluss!«

Sosehr ich es auch versuche, der Wille, mich auf einen Kampf einzulassen, ist nicht mehr da. Ich fühle mich geschlagen. Ich spüre, dass die Kommune auseinanderbricht, dass jeder zweifelt. Bhagwan reist durch die Weltgeschichte, und wir haben keine Ranch mehr. Ich brauche eine Stunde, um mich wieder zu akklimatisieren, wenn ich von der Schule zurückkomme und mich auf die Sitten zu Hause einstellen muss. Jeder will etwas von mir, ich habe die Schnauze voll vom ewigen Nachdenken, mein Leben ist zu kompliziert. Vielleicht ist es doch ganz schön, eine eigene Wohnung zu haben, in der mich niemand stört. Ich gebe auf. Meine Mutter wird meine Sachen in ein paar Minuten ins Auto legen, es gibt niemanden mehr, der sie zurückhält, auch ich nicht. Es ist unmöglich, jetzt noch den Vormundschaftsantrag zu stellen. Was habe ich auch an diesem Bindu mit seiner Gitarre, der dann für mich sorgen muss?

Ich lasse meine Mutter alles einpacken, während ich mich an die Wand lehne. Doch als sie auch die Matratze mitnehmen will, protestiere ich.

»Die gehört der Kommune.«

»Vielleicht, aber wir haben der Kommune genug bezahlt. Komm, fass mit an!«

Zusammen mit meiner Mutter trage ich die Matratze durch alle Gänge. Wir stopfen sie ins Auto. Als ich auf der Straße stehe, kommt Sajala nach draußen.

»Gehst du? Sehe ich dich morgen in der Schule?«

Während meine Mutter meinen Koffer holt, verabreden Sajala und ich uns für die große Pause am Montag. »Vielleicht haue ich aber auch vorher schon ab«, sage ich ihr. Ich gehe nicht mehr rein, bevor wir in Richtung Bijlmermeer fahren.

KAPITEL 9

Fleischkroketten bei Keyzer
1986 Bijlmermeer

Einen Monat lang geht es einigermaßen in dem neuen Zuhause. Die Etagenwohnung ist alles andere als geräumig, und meine Mutter sammelt schnell allen möglichen Kram um sich herum. Ich habe nicht viel. Obwohl mein Zimmer kleiner als das in der Kommune ist, ist es praktisch leer.

Meine Mutter und ich haben ständig Streit. Wir kabbeln uns wegen jeder Kleinigkeit. Sie weiß sich keinen Rat mehr, sagt sie.

»Wenn du mit deinem ewigen Protest nicht bald aufhörst, ziehen wir irgendwohin, wo ich gerne wohnen möchte, und du kannst dann auf die Realschule gehen. Wir bleiben deinetwegen in Amsterdam, damit du nicht mehr die Schule zu wechseln brauchst.«

Wir wohnen überhaupt nicht meinetwegen hier, wir wohnen hier, weil du in die Kommune wolltest und dann sofort wieder raus, schreibe ich in mein Tagebuch.

Es ist ein enormer Gewöhnungsprozess, plötzlich wieder einen Haushalt für zwei Personen zu haben. Keine großen Töpfe und Pfannen, keine festgelegten Essenszeiten, keine Horden von Leuten. Manchmal sitzen wir auf dem Sofa und sehen fern, genau wie früher. Wir kaufen neue Kleidung, fast nichts davon ist rot. Meine Mutter trägt manchmal noch ihre Mala, ich dagegen nie.

Ab und zu besuche ich die Kommune. Doch es ist dort jetzt viel weniger schön. Fast alle ziehen aus, die Hälfte ist bereits verschwunden. Selbst Sajala und ihre Mutter suchen eine Wohnung. Es sieht so aus, als wenn sie bald in unserer Nähe wohnen würden.

Bijlmermeer oder Bijlmer bzw. »Amsterdam-Südost«, wie ich es auf Wunsch meiner Mutter nennen soll, ist kein angenehmes Wohnviertel. Mit U-Bahn und Straßenbahn brauche ich mehr als eine Dreiviertelstunde, um zur Schule zu kommen, und die Schulfreunde wollen mich nicht besuchen, weil es so weit weg ist. Außerdem ist es hier manchmal gefährlich. Dennoch gewöhnen sich meine Mutter und ich an die Gegend, und wir haben sogar wieder einen Hausarzt gefunden.

Eines Tages, nach dem soundsovielten Streit, haben meine Mutter und ich ein langes Gespräch. Sie fragt mich, was ich von unserer Zeit in der Kommune halte. Darauf zu antworten fällt nicht leicht. Ich verstehe, dass sie es ausprobieren wollte, und ich habe mein Bestes für sie getan. Sie hat für mich viel weniger getan, finde ich.

»Und die Männer?«, fragt sie.

»Das hätte ich lieber nicht gemacht«, sage ich. »Ab jetzt bin ich einfach wieder Jungfrau. Ich mache es auf meine Weise.«

Darüber ist meine Mutter froh. So glücklich, dass sie für den Rest des Abends gemütlich mit mir auf dem Sofa sitzen will, eng aneinandergekuschelt.

Sajala zieht in unsere Gegend. Mit dem Fahrrad sind es zehn Minuten. Wir essen oft zusammen und tanzen auf *Into The Groove* von Madonna. Wir treiben auch allen möglichen Unsinn, zum Beispiel klauen wir Dutzende silberfarbener Armbänder bei Hema. Wir schminken uns gegenseitig, reden über die Jungen in der Schule und gehen zusammen einkaufen. Manchmal sind wir im Zorba und nehmen dann den Nachtbus zurück.

Nach dem Auszug von Sajala und ihrer Mutter löst sich die Kommune auf. Auf einer Seite des Gebäudes wohnen noch ein paar Leute, aber die restlichen Sannyasins gehen wieder in ihr Heimatland oder ziehen nach Bijlmermeer. Pradeesh kommt zurück, nachdem er noch eine Zeitlang mit seiner Mutter in Kalifornien gelebt hat. Ab und zu gibt es Feste, bei denen sich alle wiedersehen.

Bhagwan macht eine gigantische Weltreise. In ungefähr fünfzehn Ländern versucht er ein Visum zu bekommen, sogar in den Niederlanden, doch er darf sich nirgends niederlassen, denn alle Regierungen haben Angst vor einer immensen Kommune voller Anhänger und Waffen. Schließlich darf er doch in Indien einreisen und baut dort den Ashram neu auf. Er nimmt sogar einen neuen Namen an: Osho. In der *Rajneesh Times*, die noch eine Weile erscheint, stehen eine Menge Artikel darüber. Aber ich lese sie nicht. Die Schule ist jetzt das Wichtigste, neben meinen neuen Freunden und Freundinnen.

Mein Vater ist inzwischen geschieden und arbeitet als Mathematiklehrer in Amsterdam. Da ich Philosophie als Abschlussfach habe und er das sehr mag, verabreden wir uns oft bei Keyzer neben dem Concertgebouw und reden dort über Philosophie, während wir Fleischkroketten essen. Er fragt, wann ich wieder meinen alten Namen annehme, doch das ist, obwohl ich es gerne tun würde, äußerst schwierig, da ich in der Schule Chandra heiße und mich jeder unter diesem Namen kennt.

Meine Mutter hingegen nimmt ihren alten Namen wieder an; ihre Freunde brauchen Monate, um sich daran zu gewöhnen. Meine Oma ist sehr froh darüber, obwohl sie meine Mutter nie Rupi genannt hat. Es ist eine schwierige Zeit, meine Mutter bekommt Brustkrebs und verliert eine Brust. Wenn es mir zu viel wird, laufe ich von zu Hause weg und gehe zu Sajala. Doch am nächsten Tag bin ich schon wieder zu Hause. Meine Mutter und ich streiten uns viel, und ich verlasse früh die gemeinsame Wohnung, noch vor meinem Abitur, denn wir treten uns gegenseitig zu sehr auf die Füße und kommen nicht gut miteinander aus. Mein Auszug ist wohltuend für unsere Beziehung.

Wie klein die Sannyas-Welt nach all der Zeit noch immer ist, erweist sich im Jahre 1990, als in den Nachrichten plötzlich gemeldet wird, dass Bhagwan gestorben ist. Sofort beginnt das Telefon zu klingeln, und es dauert lange, bis die Telefondrähte wieder abkühlen. »Der Sexguru Bhagwan Shree Rajneesh ist in Indien an Herzversagen gestorben«, sagt der Nachrichtensprecher im Fernsehen.

Mich berührt es nicht sonderlich. Auch wenn ich finde, dass ihm die Bezeichnung »Sexguru« nicht gerecht wird. Schließlich hatte er möglicherweise das Beste mit uns vor und hat versucht, eine neue Welt zu gründen. Selbst wenn es missglückt ist, er hat es zumindest versucht. Das ist erlaubt. Ich habe Bhagwan geliebt, seit er über mich als Sechsjährige so hat lachen müssen, doch es war nicht mehr als die Liebe zu einem Opa. Es gibt genug Sannyasins, die ihn vermissen, die andere Gurus suchen oder immer noch der Meinung sind, dass sie nach Indien gehen müssen. Und ich kann mich, indem ich dieses Blatt meiner persönlichen Geschichte umschlage, auf mein eigenes Leben konzentrieren und versuchen, meine Träume wahr zu machen.

KURZE GESCHICHTE DER BHAGWAN-BEWEGUNG

1978 ist Bhagwan Shree Rajneesh, ursprünglich Rajneesh Chandra Mohan, bereits ziemlich bekannt als indischer Guru. Sein Ashram in Poona ist ein vielbesuchtes spirituelles Zentrum, eine Oase inmitten indischer Armut. Mit seinen schönen Pfaden und prachtvollen Gärten ist der Ashram ein Paradies, in dem Sannyasins sich im gerade erst angebrochenen Ich-Zeitalter selbst entdecken können. »Überlasse dich mir, und ich werde dich transformieren«, sagt Bhagwan, »ich bin die Pforte.« Die Pforte führt zur Erleuchtung, dem höchsten Bewusstseinszustand.

Viele fühlen sich durch die interessante Kombination westlicher Psychologie mit östlicher Spiritualität angezogen, die Bhagwan (wörtlich: der »Gesegnete«) vertritt. Bhagwans Charisma und große Bildung sind für zahllose Menschen unwiderstehlich, manche bezeichnen ihn sogar als Superpsychologen, der eine utopische, tabulose Kommune leitet, in der persönliche Freiheit propagiert wird. Eine geradezu magische Anziehungskraft wird ihm zugeschrieben. Oft berichten Sannyasins, wie Bhagwan sie »gerufen« hat und eine fast übernatürliche Kraft sie nach Indien hat reisen lassen. Bhagwan, 1931 in einem indischen Dorf geboren und ursprünglich Professor der Philosophie, nimmt Buddhismus und Hinduismus als Grundlage, behandelt sämtliche großen Themen der Politik und Religion, und in seinen Lesungen zitiert er die Weltliteratur – auch wenn er in seinen Aussagen nicht immer konsequent ist. Bhagwan nennt und rühmt Philosophen, Weise, Mystiker sowie Politiker und scheint in allen Bereichen sattelfest zu sein. Für viele Amerikaner, Westeuropäer und Japaner hat er die Antwort auf die Frage, warum sie auf die Welt gekommen sind. Es sind vor allem Intellektuelle, »Guru-shopper« und Gebildete, häufig aus der New-Age-Bewegung, die nach Poona kommen. Auch Künstler, Prominente und Musiker wie der Deutsche Deuter und der Japaner Kitaro werden Sannyasins, bis hin zu einem Großneffen von Prinz Charles. Sogar Diana Ross stattet Bhagwan einen Besuch ab.

Alle Abteilungen und Gebäude im Ashram sowie in Bhagwans späteren Kommunen werden nach seinen favorisierten Denkern benannt, und alles strahlt die Atmosphäre des Zen aus: Die Räume sind strahlend weiß, es herrscht absolute Hygiene, der Ästhetik wird besondere Aufmerksamkeit gewidmet, und Bhagwan selbst trägt einfache, schöne Gewänder.

Neben Meditation und Lesungen gibt es für Interessierte eine Vielzahl an Angeboten, die woanders nicht so leicht zu finden sind. Wer tiefer in sich selbst eintauchen und sein Ego niederreißen möchte, um die Erleuchtung zu erlangen, kann in Encounter-Gruppen mitmachen, in denen durch Gesellschaft und Familie auferlegte Konditionierungen abtrainiert werden. Daneben kann man auch Tantra-Gruppen besuchen, wo sexuelle Energie in spirituelle Energie umgewandelt wird. Nicht selten geht es in diesen Sitzungen sehr handgreiflich zur Sache, oder es wird dort Sex praktiziert. Im nahe gelegenen Krankenhaus, in das die Leute nach einem Workshop manchmal mit gebrochenen Gliedmaßen eingeliefert werden, dürfte man mit dem Euphemismus »Im Ashram von der Treppe gefallen« vertraut gewesen sein. Bhagwan erfreut sich schon sehr bald des Spitznamens »Guru of the vagina«.

Die Organisation des Ashram liegt in den Händen von Frauen, die Bhagwan bevorzugt. Da sind Vivek, Bhagwans Freundin seit 1973, und Laxmi, die zehn Jahre lang als seine persönliche Sekretärin fungiert. 1975 betritt Sheela die Bühne, und sie ist es, die die Rajneesh Foundation gründet.

Jeder Sannyas wird offiziell mit Vor- und Zunamen registriert. Dies bedeutet auch, dass jeder ein- oder ausgehende Brief gemeldet wird. Sämtliche Briefe beginnen mit der Formel *Love* und enden mit den Worten *His blessings*.

Wirtschaftlich betrachtet ist der Ashram eine Goldgrube. Die Eintrittsgelder, die Kosten für das Essen sowie die Teilnahme an Gruppen und Workshops liegen weit über normalen indischen Preisen. Auch wenn das meiste Geld durch freiwillige Spenden hereinkommt, scheut man sich nicht, bei reichen Sannyasins enorme Summen (eine Million Dollar ist keine Seltenheit) auf die krumme Tour einzutreiben, wie berichtet wird.

Was als ideologische Gruppe von Menschen mit dem gemeinsamen Ziel, einem spirituellen Weg zu folgen, begonnen hat, wird langsam zu einer geölten Maschinerie. Struktur, Gesetze und Arbeitsdisziplin gewinnen zunehmend an Bedeutung, damit die stetig wachsende Gruppe von Sannyasins in einigermaßen geordneter Form zusammenleben kann. Ungefähr dreitausend Menschen wohnen in und vor allem rund um den Ashram, und anlässlich von Feiertagen wie dem Geburtstag und Erleuchtungstag von Bhagwan kommen noch Tausende hinzu.

Die rote Kleidung – die die Morgenröte symbolisiert – wird im Ashramladen zum Kauf angeboten und darf nicht mitgebracht werden. Eine PR-Abteilung wird eingerichtet, Restaurants und ein Gesundheitszentrum werden eröffnet, und zu kaufen gibt es Schmuck, selbstentworfene Kleidung, Tonbänder und Bücher von Bhagwan.

Von Bhagwan scheint eine besondere Energie auszugehen, in der Liebe und persönliches Wachstum zur vollen Entfaltung kommen können. Das Leben im Ashram ist intensiv, aufregend und rasant. Daneben besteht ein absolutes Vertrauen, dass alles, was mit Bhagwan zu tun hat, gut ist. Muss ein früherer Architekt die Toiletten putzen, dann wird von diesem Sannyas erwartet, dass er »eins wird mit der Klobürste«, denn auch Arbeit ist eine Form der Meditation.

Eigene Instinkte und Gedanken gelten nicht mehr, da sie zum Ego gehören und als eine Barrikade auf dem Weg zur Erleuchtung betrachtet werden. Kritik und negatives Verhalten schaden angeblich Bhagwan und der Kommune. Ein echter Sannyas, so scheint es, will so viel wie möglich in der Nähe seines Lehrers sein und in totaler Hingabe (*»be total«*) alles für diesen tun. Geschieht dabei etwas Negatives, dann rührt dies von dem Sannyas selbst her.

Manche kehren nur in den Westen zurück, um das Geld zu verdienen, mit dem sie wieder schnellstmöglich nach Poona zurückreisen können, oder sie gehen einer Beschäftigung nach, mit der sie schnell Geld verdienen können, darunter Prostitution und Drogenschmuggel, wie behauptet wird. Bhagwan fordert dies auch ein. »Komm im September zurück, und nimm an zwei Gruppen teil!«, oder: »Es ist gut, wenn du eine Weile bleibst.«

Die strikten Hygienevorschriften im Ashram sind schlichtweg notwendig, denn Bhagwan hat eine schlechte gesundheitliche Verfassung. Er ist allergisch gegen Staub, hat Asthma, Ekzeme, Rückenprobleme und leidet unter Diabetes. Außerdem treten im Ashram Hepatitis, Ruhr, Typhus und Geschlechtskrankheiten auf. Besucher werden von einem besonderen Team beschnüffelt, denn Parfümdüfte und Seife gefährden Bhagwans Gesundheit. Gleichzeitig ist dies eine Methode, unerwünschte Sannyasins und Besucher, die kritisch eingestellt oder auf andere Weise gefährlich sind, auf Abstand zu halten.

Wegen wiederholter Drohungen unterschiedlicher Gruppen, wie Moslems, denen Bhagwans Bemerkungen über den Propheten Mohammed nicht gefielen, wird außerdem eine Schutztruppe formiert.

Die Gesetze, die in der Kommune gelten, können auf der Stelle geändert werden. »Was geschieht, geschieht«, so lautet das Credo.

Weil Kinder laut Bhagwan von intensiver Meditation ablenken und nur wenige Menschen in diesem Leben das Karma besitzen, Kinder in die Welt zu setzen, rät er Frauen, sich sterilisieren zu lassen. Es heißt, im Ashram seien zur Propagierung dieser Maßnahme Broschüren verteilt worden. Die Familie ist kein gesunder Ausgangspunkt. Beziehungen sind dazu da, um den Menschen auf dem eigenen Weg weiterzubringen, und letztendlich kann man sich nur selbst glücklich machen. Treu sein und sich Vergnügen verbieten ist ungesund, ebenso wie Abhängigkeit (*Getting rid of codependency* lautet der Name eines populären Workshops). Kinder werden liebevoll empfangen, denn sie entspringen »dem Göttlichen«, doch unterschwellig ist zu spüren, dass sie keine große Rolle spielen.

Obgleich Bhagwan eine Freundin hat, Vivek, ist nicht klar, ob es sich um eine platonische Beziehung handelt oder nicht. Es wird erzählt, Bhagwan unterhalte viele sexuelle Verhältnisse und nutze Privataudienzen, um mit weiblichen Sannyasins ins Bett zu gehen.

Bhagwan hat seltsame Hobbys. So sammelt er Handtücher, Schreibutensilien und technische Geräte. Durch die ergebene Fürsorge seiner Sannyasins mangelt es ihm an nichts. Sogar ein kugelsicherer Rolls Royce wird eingeführt, angeblich der erste Rolls

Royce in ganz Indien. Weil er die Öffentlichkeit liebt, lädt er regelmäßig Journalisten ein, um über seine Erfolge zu berichten. Die 2500 Lesungen, die er hält, und die zwei Millionen Bücher, die er verkauft, erreichen sämtliche Länder der Erde. Bhagwan ist weltberühmt und häuft ein Kapital von zwischen vier und achtzig Millionen Dollar an.

1981 platzt der Ashram in Poona aus allen Nähten. Um den Sannyasins Raum zu geben und Bhagwans Traum wahr werden zu lassen – die größte Kommune der Welt zu errichten –, wird ein neuer Standort gesucht. Sheela ist die treibende Kraft hinter diesem Projekt.

Manch einer sagt, dass die Schulden, die der Ashram bei den Finanzbehörden hat – es soll sich um einen Betrag in Höhe von fünf Millionen Dollar handeln –, einer der Gründe ist, weshalb man Ausschau nach einem anderen Ort hält. Andere verweisen darauf, dass die Anwohner des Ashrams die Geduld verlieren und dass die indische Regierung den ständigen Zustrom von Leuten aus dem Westen satt hat und daher Visum-Anträge erschwert. Es gibt sogar Auseinandersetzungen auf der Straße, bei denen Sannyasins ausgeraubt und vergewaltigt werden. Wenig hilfreich ist auch, dass Bhagwan kontroverse Ansichten über Mutter Teresa, Hitler, führende Politiker und Religionen äußert. Dessen ungeachtet entstehen überall auf der Welt viele kleine Sannyas-Zentren, in denen meditiert und gearbeitet werden kann.

In den Niederlanden soll es zu diesem Zeitpunkt siebentausend Sannyasins geben, von denen sich ein Teil in ungefähr dreißig kleinen Zentren trifft. Es gibt drei große Sannyas-Zentren, in Amsterdam, Den Haag und Rotterdam. Ende 1982 wird sich die Amsterdamer Kommune Sadhana in einem leerstehenden ehemaligen Gefängnis am Amstelveenseweg etablieren.

Im Februar 1981 hört Bhagwan auf, Lesungen abzuhalten, und läutet damit eine dreijährige Periode des Schweigens ein. Er sagt, er habe eine letzte Phase seines Werkes erreicht und seine Sannyasins würden ihn auch ohne Worte verstehen. Bhagwan will eine Bewusstseinsveränderung auf der Welt erreichen, beziehungsweise eine imaginäre Arche Noah schaffen, in der »Der Neue Mensch« (sein Anhänger) auf höherem Niveau leben kann, mit Bhagwan an der Spitze. Wie zu Zeiten von Buddha werden die Sannyasins um Bhagwan herum eine »Oase« inmitten der übrigen Welt bilden und den Rest der Menschheit »mit ihrem Aroma der Liebe und Erleuchtung anstecken«.

Sheela wird zu Bhagwans Sprachrohr. Im Sommer 1981 kauft sie für gut fünf Millionen Dollar ein Grundstück in Oregon, USA. Es umfasst 260 Quadratkilometer. Dies geht ziemlich geräuschlos über die Bühne. Die Überraschung ist daher auch groß, als Bhagwan 1981 plötzlich mit einer ausgewählten Gruppe von Leuten verschwunden ist. Es wird behauptet, er sei wegen seiner Rückenbeschwerden an einen anderen Ort gezogen.

In Europa wird die Zusammenarbeit zwischen nationalen und internationalen Kommunen sowie Zentren immer enger. Große Feste werden organisiert, so zum Beispiel »The Orange Full Moon Party« im Frans Otten Stadion in Amsterdam, zu dem 4 500 Menschen erscheinen. Während des siebzehn Stunden dauernden Marathons von Musik, Tanz und Theater kommt die Nachricht von Bhagwans Verschwinden. Führende Sannyasins aus Poona sind anwesend und bestätigen, dass es ihm, wo immer er sich auch befinden mag, gut gehe.

Es stellt sich heraus, dass Bhagwan in die Vereinigten Staaten gereist ist. Bei seiner Ankunft in den USA sagt er: »Ich bin der Messias, auf den Amerika gewartet hat.« Nachdem so auch klargestellt ist, dass er vorläufig nicht nach Indien zurückkehrt, beginnen die zurückgebliebenen Sannyasins mit der Auflösung des Ashrams in Poona.

Während Bhagwan sich zeitweise in New Jersey aufhält, arbeiten Sannyasins in Oregon Tag und Nacht am Aufbau der größten Kommune der Welt – das von Sheela erworbene Gelände besteht vorläufig nur aus Grasflächen. Die »Big Muddy Ranch« wird in »Rajneeshpuram« (City of the Lord of the Full Moon) umbenannt. Straßen werden angelegt, eine Landebahn, ein Staudamm und zwei Seen, es werden überdimensionale Wohnwagen aufgestellt, und man beginnt mit dem Anbau von Winterweizen, Sonnenblumen und Gerste.

Kurz darauf erscheint Bhagwan auf der »Ranch«, wie Rajneeshpuram schon bald genannt wird. Bhagwans Wunsch ist in Erfüllung gegangen: »Der Neue Mensch« wird auf der Ranch durch Meditation und ein erweitertes Bewusstsein den großen Bedrohungen der Zukunft die Stirn bieten können. Bhagwans Voraussagen werden bekannt: Von 1985 bis zum Jahr 2000 wird das Leben auf der Erde als außergewöhnlich hart empfunden werden. Es wird eine Zeit der ultimativen Zerstörung und gleichzeitig der ultimativen Transformation sein. Sehr schnell wächst die Zahl der auf der Ranch befindlichen Sannyasins, vor allem durch neu hinzugekommene junge Amerikaner.

Sheela, jetzt Chefin der neuen Rajneesh International – zum Zwecke eines juristischen und finanziellen Neubeginns gegründet –, hat von Anfang an Probleme mit der amerikanischen Regierung. Die Ranch ist in einem Flächennutzungsplan als Agrargebiet ausgewiesen. Daher wird alles getan, um über die Zahl der Bewohner der Ranch Geheimhaltung zu wahren, denn der Flächennutzungsplan erlaubt nur eine beschränkte Anzahl von Bewohnern. Zwischen der Rajneesh International und den örtlichen Behörden, die sich weigern, weitere Baugenehmigungen zu erteilen, entsteht eine juristische Auseinandersetzung. Da Sheela Einfluss auf die Entscheidungen der Behörden nehmen will, fordert sie Sannyasins auf, sich im nahe gelegenen Dorf Antelope anzusiedeln und sich dort in die Lokalpolitik einzumischen. Ihre Taktik ist erfolgreich: Die Sannyasins erobern die Mehrheit im Gemeinderat und stellen sogar einen Bürgermeister. Der Name des Dorfes Antelope wird in Rajneesh umgetauft.

Sheela verkündet Ende 1981 eine neue Religion: den Rajneeshismus. Neue Gesetze werden erlassen, die in einem kleinen Buch festgehalten werden, das Sheela herausgibt. Außerdem muss künftig in schriftlichen Verweisen auf Bhagwan ein großes I benutzt werden, wenn von Ihm die Rede ist. Niemand wagt es, Sheela öffentlich zu widersprechen, die sich inzwischen in Dior- und Gucci-Kleidung zeigt, Rolex-Uhren trägt und in einem Mercedes fährt.

Die Hierarchie innerhalb der Organisation, die anfänglich zwar auch bestanden hatte, jedoch nicht besonders sichtbar gewesen war, wird nun nach außen hin durch die Betonung von Statussymbolen deutlich gemacht. Zudem kämpft Sheela gegen jegliche Anzeichen einer negativen Haltung von »Rajneeshies«. Man muss zu hundert Prozent positiv eingestellt sein, um allen Problemen begegnen zu können. Selbst Krankheiten werden als Übel eingestuft.

Manche sagen, die Kommune erhalte einen totalitären Charakter und Hingabe werde in Wirklichkeit zu reinem Gehorsam.

Bhagwan hüllt sich weiter in Schweigen, und niemand weiß, ob er Sheela zustimmt oder ob Sheela diejenige ist, die lediglich seine Aufträge ausführt, wie sie später behauptet. Allerdings ist deutlich, dass nicht nur Sheela sich in eine Art Königin verwandelt, auch Bhagwan trägt keine einfachen weißen Kleider mehr, sondern zeigt sich plötzlich in kostbaren Gewändern. Seine Kollektion von Rolls Royce wächst zu einer stattlichen Flotte. Sie werden zu Dutzenden gekauft oder als Geschenk entgegengenommen. Gleichzeitig werden Sannyasins in aller Welt ständig um Geld gebeten. »Wir wissen nicht, ob wir das Geld haben, in der nächsten Woche für Bhagwan das Essen zu bezahlen«, heißt es beispielsweise. Erstaunlicherweise werden all diese Veränderungen hingenommen. Zuvor kritisierte Bhagwan noch sämtliche Religionen, jetzt steht er selbst an der Spitze einer Religion. Aber »was geschieht, geschieht«, denkt man, und die Sannyasins gehen zur Tagesordnung über. Auch als Altgediente wie Laxmi und ein persönlicher Leibwächter von Sheela vor die Tür gesetzt werden.

In Europa versuchen Sannyasins, so viel Geld wie möglich zu verdienen und den *Sannyas-way-of-life* zu propagieren, indem sie zahllose Betriebe gründen. Dass Spiritualität nicht mit Mäßigung einhergehen muss, beweisen sie durch ihren Unternehmergeist. Sannyasins errichten Kliniken, holistische Gesundheitszentren, Therapieeinrichtungen, Reisebüros, Diskos, Restaurants, Designstudios, Verlage, Bauunternehmen, Computerbetriebe und Schönheitssalons. Die sprudelnde Geldmaschinerie fällt auf, da es der Wirtschaft in den achtziger Jahren nicht gerade rosig geht. Doch es ist vor allem die erfrischende Arbeitsweise, mit viel Aufmerksamkeit und Geduld für die Kundschaft, die dem »gewöhnlichen Publikum« gefällt.

Im Sommer 1982 findet die First Annual World Celebration statt, die angeblich von sechstausend Sannyasins besucht wird. Die Second Annual World Celebration im Jahr darauf zieht rund fünfzehntausend Menschen an, allerdings sind exakte Zahlenangaben nicht zu belegen. Die Ranch ist jetzt eine Stadt mit Stadtrechten, und alles läuft im *American style*: Sannyasins tragen

Cowboyhüte und Stiefel statt Lunghis und anderer locker fallender Kleidung, es gibt ein Casino, einen Nachtclub, eine Disko, ein Einkaufszentrum, den Rajneesh Deli, Rajneesh Photo Supply, Rajneesh Hair Design und Rajneesh Buddhafield Transport mit hundertfünfzehn Bussen.

Die Auseinandersetzungen zwischen der Ranch und den amerikanischen Behörden verschärfen sich, unter anderem durch die Tatsache, dass sich die umliegenden Bezirke Wasco und Jefferson Sorgen wegen der Besucherzahlen von Rajneeshpuram machen. Die amerikanische Einwanderungsbehörde beginnt mit Untersuchungen, da vermutet wird, dass Sannyasins in großer Zahl Scheinehen eingehen, um an eine Greencard zu kommen. 1982 ereignet sich auch ein kleiner Bombenanschlag in einem Rajneesh Hotel in Portland. Sheela benutzt dieses Ereignis als Vorwand, um die Rajneesh Peace Force zu gründen, bestehend aus hundertfünfzig »Polizei-Sannyasins«. Sie werden mit halbautomatischen Gewehren ausgerüstet.

Inzwischen verkündet Sheela Bhagwans neue Voraussagen. Die bislang unbekannte Krankheit Aids, zunächst »Supergonorrhö« genannt, wird zwei Drittel der Weltbevölkerung treffen, und Naturkatastrophen sowie Atomkriege werden ab 1984 die Welt heimsuchen. Sheela beginnt, Schutzkeller zu bauen, in denen es jeder mehrere Jahre aushalten könnte, und den Sannyasins wird verboten, ohne Kondome und Latexhandschuhe – drei Paar, davon zwei für die Liebenden und das dritte, um die ersten beiden Paar Handschuhe sicher ausziehen zu können - Sex zu betreiben. Das gesamte »verseuchte Material« wandert nach Gebrauch in einen Abfalleimer für *contaminated wastes*. Daneben müssen sich alle Bewohner der Ranch regelmäßig einem Aidstest unterziehen. Das Geschirr wird mit Chlorwasser abgewaschen, und alles, was mit Speichel in Berührung kommt, in dem das Virus verborgen sein könnte, wird mit Alkohol gesäubert. Die Angst vor der »neuen Krankheit« geht so weit, dass das Lecken an Briefumschlägen und Briefmarken als gefährlich betrachtet wird.

Der Führungsstil und die Politik der Ranch werden in allen internationalen Kommunen auf der Welt, die jetzt ein Netzwerk bilden und in denen Englisch Verkehrssprache ist, angewandt. Rajneeshpuram wird von diesen Kommunen finanziell unterstützt. Im Gegenzug gibt es personelle Wechsel: Ausländische Sannyasins, die ständige Bewohner einer der internationalen Kommunen sind, dürfen zeitweise auf der Ranch leben.

Langsam spüren viele Sannyasins, dass die Veränderungen zu keinen Verbesserungen führen, doch unter dem Zwang der herrschenden Moral werden diese Gefühle nur in beschränktem Maße geäußert. Außerdem kann Kritik zu Verbannung führen, und viele haben Haus und Herd aufgegeben, sodass sie keinen Ort haben, an den sie zurückkehren können.

Zur Third Annual World Celebration im Jahre 1984 drohen weniger Menschen zu kommen, woraufhin die Meldung verbreitet wird – nach Ansicht vieler eine Erfindung –, dass Bhagwan während des Festivals durchaus »seinen Körper verlassen« könne. Um ihm möglicherweise ein letztes Mal begegnen zu können, buchen die Sannyasins im letzten Moment doch noch einen Flug in die USA, nur um Bhagwan anschließend in blendender Verfassung in einem seiner inzwischen fünfundsiebzig Rolls Royce herumfahren zu sehen. Ein neues Phänomen während dieses Festivals ist die große Zahl der Kontrollen und bewaffneten Wachleute. Es gibt elf bemannte Wachtürme auf dem Gelände. Auch macht Rajneeshpuram jetzt den Eindruck einer Art Disneyland; überall und für alles müssen Abgaben entrichtet werden, und es wimmelt von Souvenirs wie Spielkarten, Tarotkarten, Tassen,

Bechern und Platzdeckchen, alle mit Bhagwans Konterfei, sowie Aufnähern mit dem Text: MOZES INVESTS, JESUS SAVES, BHAGWAN SPENDS.

Später wird bekannt, dass 1984 die Telefonzellen auf der Ranch abgehört werden und dass in Büros, Häusern, den Zimmern der Gäste sowie in Restaurants Abhöranlagen installiert sind. Monatlich soll für fünfundzwanzigtausend Dollar Waffenmunition gekauft worden sein, um eventuelle Angriffe von außen abwehren zu können.

Im Laufe der Jahre macht die amerikanische Einwanderungsbehörde, der INS, Fortschritte bei den Ermittlungen. Bhagwans Touristenvisum erweist sich als nicht ausreichend, und ihm wird Ultimatum nach Ultimatum gestellt, das Land zu verlassen. Die Ermittlungen des INS und inzwischen auch des FBI betreffen Einwanderungsbetrug, Scheinehen sowie etliche weitere illegale Praktiken wie Erpressung und Einschüchterung, von den Amerikanern als »Maffia-Methoden« bezeichnet. Ständig antwortet die Ranch mit eigenen Klagen, wodurch sich der juristische Streit über Jahre hinzieht. Die Ranch ist sehr isoliert, selten lesen Sannyasins etwas anderes als die *Rajneesh Times*. Dadurch erreichen nicht sämtliche Nachrichten alle Kommunemitglieder. Leute, die dennoch den Mund aufmachen, werden ohne Pardon aus der Kommune geworfen und anschließend exkommuniziert. Einige tauchen offenbar unter und fürchten um ihr Leben.

Der Widerstand gegen Rajneeshpuram scheint zuzunehmen. Sheela sagt, sie werde die Ranch »bis zum allerletzten Blutstropfen verteidigen«. *The Oregonian*, eine Zeitung aus Oregon, berichtet, dass die Rajneesh Peace Force inzwischen über siebenundvierzig schwere Waffen verfügt, darunter sechzehn Uzi-Halbautomatik-Waffen und fünfzehn Galil-Assault-Waffen. Doch es gibt keine Beweise für Aggression von außen. Es wird sogar bezweifelt, dass der Bombenanschlag auf das Rajneesh Hotel in Portland von Nicht-Sannyasins verübt wurde. Um es wie einen Angriff von außen aussehen zu lassen, sollen es Sannyasins von der Ranch selbst getan haben.

Wie viele Anhänger die Bhagwan-Bewegung genau hat, wird nie ganz deutlich. Während der eine von weltweit maximal dreißigtausend Sannyasins spricht, sagt ein anderer, dass zwischen 1974 und 1984 eine halbe Million Menschen Sannyasins werden. Sheela soll, um die amerikanischen Behörden bezüglich der Zahl der auf der Ranch befindlichen Anhänger irrezuleiten, die offiziellen Papiere an einem geheimen Ort vergraben haben. Um zu verhindern, dass dieser entdeckt wird, lässt sie über das Geheimversteck eine asphaltierte Straße bauen, die bislang niemand beseitigt hat.

Im Oktober 1984 beginnt Bhagwan wieder zu reden. Er erklärt ein paar Leute für erleuchtet, unter ihnen einige europäische Kommuneleiter. Später wird alles als Scherz dargestellt: Er habe jedermann wachrütteln wollen. Bhagwan sagt, er wisse, dass er während eines Festivals sterben werde, doch nicht in diesem Jahr.

Um die juristische Auseinandersetzung fortzusetzen und die Wahlen in der nachbarlichen Wasco County gewinnen zu können, lädt Sheela im Rahmen des *Share A Home Programme* 3 500 Obdachlose auf die Ranch ein. Sie erhofft sich, dass alle Obdachlosen ihre Stimme für die Ranch abgeben, sodass Rajneeshpuram dadurch einen Machtzuwachs erfährt. Um dies zu bewerkstelligen, mischt Puja, die Leiterin des medizinischen Stabes, das schwere Beruhigungsmittel und Antipsychotikum Haldol in das Bier und das Kartoffelpüree der Obdachlosen (später erhält Puja den Spitznamen »Schwester Mengele«). Die Behörden von Wasco County durchschauen jedoch die Taktik und befragen die Obdachlosen. Als der Beweis für die Anwendung von Drogen erbracht wird, schickt Sheela die Obdachlosen weg und versucht, ihr Vorhaben auf andere Weise zu realisieren. Sie lässt Sannyasins in The Dalles (der Hauptstadt von Wasco County) die Salatbuffets einiger Restaurants mit Salmonellen verseuchen, wodurch siebenhundertfünfzig Menschen erkranken. Es handelt sich um die größte Massenvergiftung in der amerikanischen Geschichte. Bei den echten Wahlen verzichtet Sheela auf weitere kriminelle Maßnahmen. Die Wahlen führen nicht zum erhofften Erfolg.

Auf der Ranch entwickelt sich alles von schlecht zu noch schlechter. Elf Leute, die hinter die Abhörpraxis gekommen sind, werden von Puja unter dem Vorwand, das Aidsvirus in sich zu tragen, in »Quarantäne« genommen. Eine Person stirbt. Die juristischen Untersuchungen gegen Rajneeshpuram laufen weiter, doch da vierundzwanzig Organisationen, Betriebe und Institutionen errichtet worden sind und die Ranch achtundzwanzig Bankkonten unterhält, davon zwölf in der Schweiz, ist es für die amerikanischen Behörden schwierig, sich durch dieses Dickicht hindurchzuarbeiten und nachzuweisen, in welchem Umfang die Rajneeshies die Gesetze übertreten.

Inzwischen wird die Sadhana-Kommune in Amsterdam zu klein und halten die niederländischen Sannyasins Ausschau nach einer neuen und größeren Unterkunft. 1985 finden sie ein geeignetes Anwesen, ein ehemaliges Kloster am Cornelis Troostplein in Amsterdam-Süd. Zu den besten Zeiten der Bewegung leben dort zweihundertvierzig Personen.

Die internationalen Kommunen können als Einheit betrachtet werden. Güter werden zentral eingekauft und dann verteilt. Die gut ausgeklügelten Menüs werden in den USA entwickelt und überall nachgemacht.

Die niederländischen Sannyas-Kinder werden in Begleitung von Erwachsenen in einer Kommune in den Wäldern bei Heerde untergebracht, wo auch eine Schule gegründet wird.

Im September 1985 verlässt Sheela zur Bestürzung aller plötzlich die Ranch, zusammen mit einigen Handlangern. Ein Schock geht durch die Bhagwan-Bewegung, vor allem, als bekannt wird, dass Sheela ein geheimes Laboratorium besitzt, in dem an Mäusen Gift getestet wird, außerdem verfügt sie über Salmonellenkulturen, kugelsichere Westen, Bücher über Mordmethoden und Bänder mit abgehörten Gesprächen. Angeblich wurde ein Tunnel gefunden, der aus dem Gebiet der Ranch herausführt. Als Reaktion auf ihr Verschwinden verkündet Bhagwan, dass Sheela eine Diktatorin gewesen sei, die aus seiner Kommune ein Konzentrationslager habe machen wollen, und sogar er sei von ihr abgehört worden. Darüber hinaus habe sie der Kuh, deren Milch Bhagwan immer bekam, ein langsam wirkendes Gift verabreicht.

Bhagwan informiert das FBI und schickt ihr Interpol auf den Hals. Sheela und Puja werden einen Monat später in der Schweiz verhaftet und in die USA geschickt, um dort wegen versuchten Mordes, Mordvorbereitungen, Massenvergiftung und Misshandlung vor Gericht gestellt zu werden. Sheela wird zu zwanzig Jahren Gefängnis verurteilt. Zwanzig weitere Personen werden verhaftet, unter anderem wegen der Anwendung von Mafia-Methoden.

Bhagwan scheut die Presse nicht und gibt viele Interviews. Er hält Lesungen über Macht und Faschismus. Außerdem schafft er den Rajneeshismus, die rote Kleidung sowie die Mala ab und erteilt allen Sannyasins den Auftrag, Sheelas Rajneeshismus-Buch zu verbrennen. Die Nachricht geht um die ganze Welt.

Die amerikanischen Behörden finden inzwischen genügend Beweise, um auch Bhagwan verhaften zu können. Eingeschleuste Sannyasins, die bereits seit Jahren verfolgen, womit sich die Behörden beschäftigen, durchschauen jedoch die Pläne und raten Bhagwan, mit dem Flugzeug zu fliehen. Ein geeignetes Flugzeug (früher angeblich im Besitz von Oberst Gaddhafi) wird aufgetrieben, und Bhagwan setzt sich ab, unter anderem mit seiner Freundin Vivek und Hasya, Sheelas Nachfolgerin. Ihr Ziel sind vermutlich die Bermuda-Inseln. Bei einer Zwischenlandung in Charlotte, North Carolina, werden sie jedoch verhaftet.

Bhagwan wird unter anderem der Anstiftung zu Scheinehen und des Betrugs bezüglich seines Aufenthaltsstatus beschuldigt. In seinem Flugzeug werden fünfzigtausend Dollar an Bargeld sowie Gold, Uhren und Armbänder, besetzt mit Smaragden und Diamanten, im Wert von einer Million Dollar gefunden. Seine Entourage wird nach vier Tagen gegen Kaution freigelassen. Bhagwans Sicherheitsverwahrung dauert zwei Wochen – in denen er in grauer Gefängniskleidung Interviews gibt –, danach kommt er gegen eine Kaution von fünfhunderttausend Dollar auf freien Fuß. Gegen Ende des Monats bekennt er sich eines Teils der ihm zur Last gelegten Vergehen schuldig und bezahlt vierhunderttausend Dollar Bußgeld. Er bekommt eine Gefängnisstrafe von zehn Jahren auf Bewährung und muss das Land innerhalb von fünf Tagen verlassen. Bei seiner Abreise im November 1985 sagt er: »Kein Problem, ich will nie mehr zurückkehren.« Und: »Wenn man die Hölle erleben möchte, dann braucht man sich nur in die USA zu begeben.«

In Europa werden diese Entwicklungen genau verfolgt. Die Sannyasins sind in heller Aufregung und treffen sich regelmäßig, um zu beraten, was zu tun sei. Nach dem Sheela-Skandal werden die

Kommunen wieder unabhängig und können ihre Politik selbst bestimmen.

Die Ranch, die seit Sheelas Auszug von Leerlauf gekennzeichnet ist, fällt nach Bhagwans Verhaftung endgültig auseinander. Tausende Sannyasins, die dort noch wohnen, müssen mitten im Winter ohne Geld eine andere Unterkunft suchen. Um die enormen finanziellen Verluste aufzufangen, werden mindestens fünfzig der sechsundneunzig Rolls Royce verkauft, doch das kann nicht verhindern, dass die letzten Sannyasins statt Koffern leere Kartons benutzen müssen, um ihre Habseligkeiten mitzunehmen. Dennoch melden verschiedene Quellen, das Vermögen der Ranch belaufe sich auf schätzungsweise fünfzig Millionen Dollar.

Im Laufe der vielen Verhaftungen werden auch noch andere Geschichten verbreitet. Bhagwan soll von Lachgas abhängig gewesen sein und tagelang vor seinem Videorekorder gesessen und amerikanische Filme angesehen haben. Das Küchenpersonal hat angeblich zugegeben, dass schwere Beruhigungsmittel wie Haldol dem Orangensaft, Müsli und den Salaten sowie dem Essen für die Kinder zugesetzt wurden. Bhagwan soll nach Aussage mehrerer Leute geäußert haben, Sheela sei wütend gewesen, weil er nie das Bett mit ihr geteilt habe, und deshalb sei sie ausgezogen. Es heißt, es sei eine Liste mit Menüs für alle internationalen Kommunen gefunden worden, denen klar zu entnehmen sei, dass die Essensmengen langsam verringert wurden, um die Leute auszuhungern und scharf zu halten. In Sheelas Haus soll HIV-verseuchtes Blut gefunden worden sein, und sie soll reichen Sannyasins Getränke mit Ecstasy gegeben haben, um großzügigere Spenden zu bekommen. Die Liste belastender Vorfälle ist unendlich lang.

In dem Versuch, eine neue Kommune zu errichten, reist Bhagwan durch die ganze Welt. Er kommt nach Manila, auf die Bahamas, nach Griechenland, England, Irland, Jamaika und Uruguay. Vergeblich beantragt er in Kanada, Schweden, Deutschland, Italien und den Niederlanden Asyl. Schließlich entscheidet er sich dafür, nach langer Zeit des Herumreisens (*The World Tour*) nach Indien zurückzukehren, wo er sich 1987 im Ashram niederlässt. Er nennt sich jetzt Osho und steht an der Spitze des neuen Osho Meditation Resort, das mit sämtlichen Annehmlichkeiten ausgestattet ist und bis auf den heutigen Tag viel besucht wird.

Sheela wird 1988 nach zweieinhalb Jahren Gefängnisaufenthalt nach Deutschland überstellt, flieht jedoch in die Schweiz, wo es kein Auslieferungsabkommen mit den USA gibt. Mittlerweile arbeitet sie als Altenpflegerin.

Vivek, Bhagwans Freundin, begeht 1989 in einem Hotelzimmer in Poona Selbstmord. Im Januar 1990 stirbt Bhagwan und wird in Anwesenheit vieler Sannyasins eingeäschert. »Macht keine Religion aus mir. Wenn ich weg bin, vergesst mich«, hat er gesagt.

Viele Menschen, die Bhagwan als »die Pforte« betrachteten und in ihm etwas fanden, das sie nirgendwo anders hatten finden können, haben innerhalb weniger Jahre das extreme Anwachsen und danach den ernüchternden Zusammenbruch einer Bewegung erlebt. Seitdem gehen sie alle ihren eigenen Weg, manche in Gemeinschaft mit anderen Sannyasins, manche bei einem anderen Guru, und manche begannen ein neues Leben ohne Meister.

Noch immer gehen die Meinungen der (ehemaligen) Sannyasins über das, was als Ende der Bhagwan-Bewegung betrachtet werden kann, auseinander. Bhagwan war nach Auffassung der einen genau wie der Chef eines multinationalen Unternehmens über alles informiert. Die anderen weisen Sheela die gesamte Schuld zu und halten Bhagwan für unschuldig. Eine dritte Gruppe hält es für möglich, dass Bhagwan nicht verantwortlich für das war, was damals geschah, dass er Sheela aber durchschaute und sie gewähren ließ, damit seine Sannyasins die Erfahrung machen konnten, was Faschismus bedeutet, ein sogenannter »Masterplan«. Denn schließlich diente alles, was er sagte, dem Zweck, die Sannyasins wachzurütteln. Doch da Bhagwan gestorben ist, besteht keine Möglichkeit mehr, die wahren Hintergründe in Erfahrung zu bringen.

In den Niederlanden brach die größte Kommune schließlich auseinander. Viele Sannyasins lebten fortan alleine oder reisten in ihr Heimatland zurück. Noch immer ist ein kleiner Teil der ehemaligen Kommune in dem Gebäude am Cornelis Troostplein in Amsterdam bewohnt. Manche Anhänger von damals sind noch aktive Sannyasins, benutzen ihren indischen Namen und treffen sich. Einige unter ihnen und die Mehrzahl der Sannyasins in Poona, die das Osho Meditation Resort betreiben, haben seit 1985 viel dafür getan, Bhagwans Bild als Messias in Ehren wiedererstehen zu lassen und die Kritik an ihm zu entkräften. Dabei haben sie großen Erfolg, Bhagwan beziehungsweise Osho genießt noch immer viel Interesse, vor allem in den ehemaligen Ostblockländern.

Letztlich ist es ziemlich egal, ob Bhagwan Sheelas Marionette war, oder umgekehrt. Fakt ist, dass das, was als ein menschliches spirituelles Experiment oder als Utopie begann, nicht zum Ziel geführt hat, und dass die Voraussagen einer ultimativen Transformation oder einer ultimativen Zerstörung nicht eingetreten sind. Vielleicht könnte man sagen: Wenn überhaupt eine spirituelle Lektion zu lernen war, dann allenfalls die, wie man es nicht machen sollte.

ERLÄUTERUNG VON NAMEN UND BEGRIFFEN

Air Rajneesh – Fluggesellschaft der Ranch
Alan Watts – Name eines Nebengebäudes der Rajneesh School Medina
Anand – wörtlich: »Glückseligkeit«; Präposition in einem Sannyas-Namen
Annual World Celebration – jährlich stattfindendes Sommerfestival auf der Ranch, rund um den Master's Day
Ashram – Zentrum, meistens um einen spirituellen Lehrer oder Meister

Bankei – Name eines der Büros in der Kommune
Bhagwan – wörtlich: Der Gesegnete; vollständig: Bhagwan Shree Rajneesh; später Osho genannt
Buddhafeld – das »spirituelle Energiefeld«, das die Sannyasins weltweit oder innerhalb einer Kommune bilden

Chaitanya - Name eines der Büros in der Kommune

Deva – wörtlich: »göttlich«; Präposition in einem Sannyas-Namen
Drive-by – jener Moment auf der Ranch, an dem Bhagwan in seinem Rolls Royce vorbeifährt und die Sannyasins sich am Straßenrand aufstellen, um ihn zu begrüßen
Drop the Mind – viel zitierter Spruch und Ratschlag Bhagwans. Das Denken einstellen, nicht analysieren, dem Weg des Herzens folgen
Dynamic-Meditation – Morgenmeditation, bei der durch Hyperventilation Katharsis erreicht wird

Erleuchtung – Zustand des Seins, bei dem der Erleuchtete die höchste Bewusstseinsstufe erreicht

Gachchhami – buddhistisches Gebet
Guru – wörtlich: Jemand, der einen Schüler aus dem Dunkel ins Licht führen kann; Meister, Lehrer

Guru Poornima Day – jener Tag, an dem gefeiert wird, dass Meister wie Bhagwan oder Buddha existieren beziehungsweise existiert haben; fällt auf den Vollmond des Monats Juli; auch Master's Day genannt

Hasya – Bhagwans neue Sprecherin nach dem Verschwinden von Sheela

INS – Immigration and Naturalisation Service, Einwanderungsbehörde der USA, die seit 1981 Ermittlungen gegen die Ranch durchführte

Jesus Grove – Sheelas Haus

Kabir – Name eines der Zeltlager auf der Ranch
Kid's Line – speziell auf Kinder zugeschnittenes Essensbuffet
Krishnamurti-See – Name eines der beiden Seen in Rajneeshpuram
Kundalini-Meditation – Mittagsmeditation, bei der der gesamte Körper durchgerüttelt werden muss

Lao Tzu – Name von Bhagwans Haus, benannt nach dem chinesischen Weisen Laotse
Laxmi – Bhagwans persönliche Sekretärin, bevor Sheela diese Funktion übernahm

Ma – wörtlich: »Mutter«; Bezeichnung für eine weibliche Sannyas
Magdalena – Name der zentralen Küche in Bhagwan-Kommunen
Maggie's – Kurzfassung für Magdalena
Mala – Perlenkette mit 108 Perlen und einem Medaillon mit Bhagwan-Bild
Mandir – Name des großen Meditationsraums, in dem auch die Lesungen stattfinden
Master's Day – andere Bezeichnung für Guru Poornima Day
Meditation – Ruhigstellung des Geistes, um innere Stille zu finden
Message-Box – Nachrichtensystem innerhalb der Kommune in Amsterdam
Music Group – Kommune-Band

Nadabrahma-Meditation – Mittagsmeditation, bei der durch Atemtechniken und ruhige Bewegungen ein Zustand innerer Stille angestrebt wird

Osho – Bhagwans neuer Name nach seiner Rückkehr nach Indien

Prem – wörtlich: »Liebe«; Präposition in einem Sannyas-Namen
Pythagoras – Krankenhaus auf der Ranch

Raidas – Name der Reinigungsabteilung
Rajneesh Peace Force – Bezeichnung der schwerbewaffneten Polizeieinheit auf der Ranch
Rajneesh School Medina – Kinderkommune in England
Rajneesh Times – die Zeitung für und von Sannyasins
Rajneeshies – Anhänger, Sannyasins zu Zeiten des Rajneeshismus
Rajneeshismus – Religion, die Sheela aus Bhagwans Lehren gemacht hat
Rajneeshpuram – Stadt und größte Bhagwan-Kommune in Oregon, USA
Ranch – Kurzbezeichnung für Rajneeshpuram
Reminder – Gebet, in dem man sich selbst und andere für die Arbeit in der Kommune motiviert

Sanai Grove – neuer Name von Sheelas Haus auf der Ranch
Sannyas – Zeremonie, bei der die betreffende Person gelobt, ihr Leben der spirituellen Entwicklung zu widmen; gleichzeitig Bezeichnung für »Anhänger und Schüler« des erleuchteten Meisters
Sannyas Darshan – Audienz bei einem erleuchteten Meister, bei der der Gast eine Einweihung als Schüler erfährt
Satsang – Zusammenkunft mit dem Guru, in Stille oder mit Musik
Sheela – Bhagwans Privatsekretärin von 1981 bis 1985
Socrates – Bezeichnung der Büros in Bhagwan-Kommunen
Swami – wörtlich: »Heiligmann«; Bezeichnung für einen männlichen Sannyas

Vimalkirti – Name des hausinternen Kommuneladens
Vivek – Bhagwans Lebensgefährtin seit 1972, im Jahre 1989 gestorben

Worship – Arbeit als Meditation

Zarathustra – Name der Kantine auf der Ranch, Abteilung von Magdalena
Zennen – Die Anzahl persönlicher Besitztümer auf ein Minimum reduzieren
Zorba the Buddha – Zusammengesetzt aus Zorba, der Grieche und Gautama, der Buddha. Bhagwan propagierte für seine Sannyasins eine Grundeinstellung, bei der Platz war für Spiritualität und Genuss; auch Name der Kommune-Diskos

LITERATUR

Guest, Tim, *My Life in Orange*. London, Granta Books, 2004. Als Übersetzung erschienen unter dem Titel: *De kleuren van de zon*. Vianen, The House of Books, 2005

Ma Anand Diane (Diane Broeckhoven), *Als een lopend vuurtje*. Amsterdam, Arcanum, 1981

Milne, Hugh, *Bhagwan. The God That Failed*. New York, St. Martin's Press, 1987

Strelley, Kate und Robert D. San Souci, *The Ultimate Game. The Rise and Fall of Bhagwan Shree Rajneesh*. San Francisco, Harper & Row, 1987

Die unfassbare Geschichte des Missbrauchs in einem Satanskult

Ulla Fröhling
VATER UNSER
IN DER HÖLLE
Durch Inzest und den Missbrauch in einer satanistischen Sekte zerbrach Angelas Seele
Erfahrungen
448 Seiten
ISBN 978-3-404-61625-1

Seit frühester Kindheit erlebte Angela Lenz sexuelle Gewalt. Mit grausamen Folterungen, Drogen und Gehirnwäsche wurde sie in einer Geheimsekte zur Prostitution gezwungen und musste andere in satanistischen Ritualen quälen. Unter der Last des Unerträglichen zersplitterte ihre Seele in viele Persönlichkeiten. So überlebte sie die Schrecken. Doch die traumatischen Erlebnisse drängten an die Oberfläche. Angela machte eine Therapie, und trotz Schweigegebot und Todesdrohungen wagt sie über das zu sprechen, was man ihr und anderen angetan hat.

»Die schonungslose Darstellung und die einfühlsame Sprache dieses Buches berühren tief.« Nina Petri

Bastei Lübbe Taschenbuch